W0000623

Simone de Beauvoir

Lesebuch

Der Wille zum Glück

Herausgegeben von
Sonia Mikich

ROWOHLT

Schutzumschlag- und Einbandgestaltung Klaus Detjen
(Foto von Simone de Beauvoir: Maywald / Rowohlt-Archiv)

1.–15. Tausend September 1986
16.–21. Tausend November 1986

Satz Garamond (Linotron 202)
Gesamtherstellung Clausen & Bosse, Leck
Printed in Germany
ISBN 3 498 00510 3

Inhalt

Vorwort

Der Wille zum Glück

Heute Simone de Beauvoir lesen: das bedeutet ein Stück Aufbruchsstimmung der Frauenbewegung wieder lebendig werden lassen. Als wir Anfang der siebziger Jahre begannen, uns selbst zum Mittelpunkt unserer Existenz zu wählen und mit allen herrschenden Vorstellungen von Weiblichkeit zu brechen, fanden wir in der damals über sechzigjährigen Schriftstellerin Simone de Beauvoir eine militante Weggefährtin und Schwester. Diese berühmte Figur der Zeitgeschichte, die sich offen zum Feminismus bekannte, war uns Legende und Vorbild zugleich: eine Pionierin der Unbotmäßigkeit, die zeitlebens der Welt vorführte, daß Reflexion eine Leidenschaft sein kann, daß die Lebenswirklichkeit der Menschen ständige Herausforderung zum zielbewußten Handeln ist. Sie, die radikale Intellektuelle, bewies in unseren Augen zudem, daß eine Frau klug und begehrenswert zugleich sein kann. Sie machte uns Mut: Jede Form der Abhängigkeit hat sie in Wort und Tat bekämpft, auch und gerade die, die im Namen der Liebe die Freiheit zu gängeln versucht.

Das Leben als Werk und das Werk als Leben. Simone de Beauvoir hat die eigene Existenz zum Politikum gemacht. Sie publiziert ihre Gedanken, Gefühle, Beziehungen, ihren Alltag, kurzum ihr Dasein als Gegenentwurf zur bürgerlichen und patriarchalischen Gesellschaft. Nicht nur Selbstsicherheit braucht eine Frau, die es wagt, sich dergestalt zum öffentlichen Wesen zu machen, sondern auch Kühnheit und Übermut, Lust am Widerstand und Bereitschaft zur Einsamkeit. Ihre Biographie ist durch zwei voneinander untrennbare Momente geprägt: Wissensgier und Lebensgier. «Ich erwartete von allem alles. Wie konnte ich mir auch nur das Geringste entgehen lassen?» Sie ist lebhaft überzeugt, daß sich die menschliche Existenz durch Rationalität erschließen läßt. Ein scharfer Verstand und eine unbändige Vitalität – in ihrer Person verbindet sich beides.

Denken und Fühlen lassen sich nicht je und je einem Geschlecht zuordnen, sondern sind Seinskonstanten jedes Menschen. Das Spannungsverhältnis von Reflexion und Erfahrung muß sich nicht in ein (oft tragisch erlebtes) «Entweder-Oder» auflösen, sondern kann auch positive Herausforderung sein. Simone de Beauvoir hat immer wieder diese Herausforderung angenommen: Nur wer viel fordert, vor allem von sich selbst, hat Anspruch auf Erfüllung. «In meinem ganzen Leben bin ich niemandem begegnet, der so zum Glück begabt gewesen wäre wie ich, auch niemandem, der sich mit gleicher Hartnäckigkeit darauf versteift hätte. Sobald ich es zu fassen bekommen hatte, wurde es mein Lebensinhalt ... Das Glück war nicht nur eine Wallung meines Herzens; es lieferte mir, wie ich glaubte, die Wahrheit über meine Existenz und die Welt.»

Der Wille zum Glück ist Motor ihres Lebens. Freilich will sie le bonheur, das Glück, nicht billig haben. Weder läßt sie sich durch die private Harmonie mit Jean-Paul Sartre korrumpieren, noch durch die Hochachtung, die ihr als Figur der intellektuellen Elite zuteil wird. Maßstab und Garantie ihres Glücks wird ihre Arbeit: «Erkennen und schreiben», das ist für sie wahres, sinnvolles Leben. Mit Metaphysik hat der Beauvoirsche Begriff von le bonheur nichts zu tun.

Anmaßung und Disziplin – für Frauen immer noch fremdes, aufregendes Terrain. Simone de Beauvoir will ihre Literatur der radikalen Freiheit aus der eigenen Existenz schöpfen, und so ist sie dem Leben, den Mitmenschen und vor allem der eigenen Person gegenüber anspruchsvoll. Beim Lesen ihrer Werke begegnen wir immer wieder einer Extremistin der Reflexion und Emotion, und das erklärt vielleicht, warum sie nach wie vor für aufbegehrende, junge Frauen Identifikationsfigur ist.

Schon als junges Mädchen entscheidet sie sich für die Anstrengung, Subjekt des eigenen Lebensentwurfes zu sein. Die «Tochter aus gutem Hause» nutzt den Freiraum, den ihr die privilegierte Herkunft und Bildung verschaffen, zu einer sezierenden Infragestellung bürgerlicher Normen und Verhaltensweisen. Eine «femme revolté», wie sie Jean Améry nennt, deren

Prozeß der Identitätsfindung zunächst mit einer rigorosen Abkehr vom christlichen Glauben und einer intelligenten Nonkonformität beginnt. Die Leidenschaft, ihre Umgebung zu deuten und zu beurteilen, führt zu einer tief empfundenen Abscheu der Doppelmoral und der Unaufrichtigkeit des Bürgertums gegenüber. Den Bruch mit ihrer Klasse vollzieht sie endgültig, als sie am Ende ihres Philosophiestudiums mit dem zwei Jahre älteren Jean-Paul Sartre eine Liebesbeziehung in Freiheit beginnt und die Perspektive von Ehe und Mutterschaft verwirft.

In der Lebensgemeinschaft mit Sartre setzt sie Maßstäbe. In der Studenten- und Frauenbewegung der späten sechziger und frühen siebziger Jahre wird dieses Paar als Ermutigung empfunden: eine große und zugleich freie Liebe, eine treue und kritische Freundschaft, eine Arbeitsgemeinschaft von Ebenbürtigen. 1965 resümiert Sartre: «Es ist schwer zu sagen, was man einem anderen verdankt. In gewisser Weise verdanke ich ihr alles. Andererseits hätte ich selbstverständlich geschrieben, auch wenn sie nicht existiert hätte, da ich schreiben wollte. Aber wie kommt es, daß das volle Vertrauen, das ich in sie setze, mir immer völlige Sicherheit gegeben hat? Eine Sicherheit, die ich nicht hätte, wenn ich allein geblieben wäre ... Wenn ich ihr ein Manuskript zeige, was ich immer tue, und wenn sie es kritisiert, werde ich zunächst einmal ärgerlich und werfe ihr Schimpfworte an den Kopf. Dann akzeptiere ich ihre Kommentare, immer. Nicht aus Gründen der Disziplin, sondern weil ich sehe, daß sie grundsätzlich zutreffen. Sie kommen nicht von außen, sondern zeigen ein absolutes Verständnis für das, was ich will, und gleichzeitig sind sie von einer Objektivität, die ich nicht aufbringen kann.»

Ähnlich produktiv wertete Simone de Beauvoir die geistige Auseinandersetzung mit dem Lebensgefährten; neidlos erkennt sie die Originalität des Sartreschen Existentialismus an. Sie, die sich ebenfalls intensiv mit Kierkegaard, Nietzsche und Heidegger befaßt hat, untersucht vor allem die Doppelsinnigkeit des menschlichen Seins: Die Erkenntnis der eigenen Nichtigkeit ist die Bedingung der Möglichkeit des Handelns. Zum zentralen Thema wird ihr die Frage nach den Strukturmerkmalen der Individualität. Sartres Gedankengut benutzt sie – die Philosophie stets als lebenswirklichen Gebrauchswert behandelt – als Raster zur Entwicklung einer eigenständigen Morallehre. Gegenstand der Ethik Simone de Beauvoirs ist ein Problem, das sie schon als Jugendliche gereizt hat: die Frage nach der Authentizität der menschlichen Handlung. Die Möglichkeit zu wählen – sie ist die einzige Chance des Individuums, wahrhaft zu handeln. Dem Menschen ist die Entscheidungsfähigkeit Freiheit und Verpflichtung zugleich. Gesellschaftliche Normen, ja, alle Normen, die aus irgendeinem allgemeinen Prinzip (Ideologie, Tradition) abgeleitet sind, werden als Grabstätte der Selbstbestimmtheit entschieden zurückgewiesen. «Mauvaise foi», Unaufrichtigkeit durch Fremdbestimmtheit, ist der existentialistische Begriff für die vom Individuum begangene Sünde wider die Freiheit.

Sartres Aussage, daß wir «zur Freiheit verurteilt sind», liest sich in den Romanen und Essays Beauvoirs als zwingender Appell an die Eigenverantwortlichkeit. Gleichzeitig untersucht sie aber beharrlich das Dilemma, das durch die Existenz der «anderen» entsteht: Weil der Mensch keine Monade ist, sondern nur in Beziehung zum anderen sich konstituiert, stößt er beim Streben um Authentizität stets an Grenzen, die der andere ihm notwendigerweise setzt. Das fremde Bewußtsein als Bedrohung des eigenen und die damit verknüpften Beschränkungen der eigenen Handlungsmöglichkeit sind Beauvoirs Themen in ihren ersten, «existentialistischen» Romanen (*‹Sie kam und blieb›*, *‹Das Blut der anderen›*, *‹Alle Menschen sind sterblich›*). In dieser Phase, die sie später selbstkritisch ihre «moralische» nennt, entstehen auch mehrere philosophische Essays, in denen sie den Menschen als «Entwurf des Ichs auf anderes hin», seine einzigartige Fähigkeit zur Transzendenz untersucht.

Intellektuelle Kritik und politische Kritik sind untrennbar miteinander verbunden, allerdings folgt daraus nicht notwendig ein praktisches Engagement. Simone de Beauvoir und Jean-Paul Sartre lassen es in der Zeit vor dem Zweiten Weltkrieg dabei, auf ihrer bohrenden Suche nach der Wahrheit und der menschlichen Existenz kritische Zeugen der Geschichte zu sein, nicht Partei. Die Erfahrungen mit der nationalsozialistischen Besatzungsmacht, mit den Schrecken des Krieges lehren sie freilich, daß sich Menschen rücksichtslos auf Kosten anderer transzendieren und Selbstbefreiung als Unterwerfung, Ausbeutung und Vernichtung anderer definieren können. Der Komplizenschaft der Unterdrücker hat das isolierte Individuum nichts entgegenzusetzen, nur in der Solidarität mit den Mitmenschen liegt die Erlösung vom bloßen Objekt-Sein. Als gröbste Ungerechtigkeit empfindet Simone de Beauvoir die Macht der Privilegierten, anderen Menschen das zu verweigern, was ihr ein so selbstverständliches Gut ist: das Recht auf die eigene Stimme, die Selbst-Äußerung. Beauvoir, in der Jugend eine eher unpolitische Rebellin, beginnt sich zu engagieren und entdeckt die Notwendigkeit des kollektiven Handelns. Diese Erweiterung des bewußten Seins zum politischen geht einher mit einer zweiten, relativ spät vollzogenen Akzentsetzung: die Besonderheit der weiblichen Existenz wird ihr zum großen Sujet.

Es ist allerdings noch ein weiter Weg, bevor Simone de Beauvoir zur Orientierungsfigur des radikalen Feminismus wird. Noch 1949, als sie *‹Das andere Geschlecht›* veröffentlicht, sieht sie sich selbst als Ausnahme ihres Geschlechts. Ihr schon früh gefaßter Entschluß zur konsequenten Denktätigkeit, zum Kampf gegen erstarrte Traditionen und ihr Wille zum Glück müssen zwangsläufig die Ablehnung der einengenden klassisch weiblichen Rolle zur Folge haben. Ihre Passion für die Freiheit verbietet ihr ohnehin, sich über einen anderen Menschen, und sei es der geliebte Mann, zu definieren (mit Sartre hat sie einen Gefährten gewählt, der ihr Streben nach Autonomie nicht nur erträgt, sondern auch bestärkt). Im Hochgefühl ihrer Einzigartigkeit erlaubt sie sich, Eigenschaften zu beanspruchen, die (auch heute noch) als Vorrechte der Männer gelten: Abenteuerlust, Leistungsbereitschaft, Freude am geistigen Schaffen. Während sie *‹Das andere Geschlecht›* als umfassende Analyse weiblicher Unterprivilegiertheit schreibt, blendet sie die Reflexion über die eigene Lage noch aus. Gewissermaßen als unbestechlicher Geist legt sie die innere und äußere Realität der Frauen vor: Weiblichkeit bedeutet nicht nur das von Männern vorgeschriebene (oder suggerierte) Einrichten in einem Dasein zweiter Klasse, sondern auch das Einverständnis mit dieser Beraubung des Selbst. Das Selbstbild und das Gegenbild der Geschlechter sind von Mythen geprägt, die der Mann kraft seiner Vormachtstellung gesellschaftlich durchsetzt.

«Man kommt nicht als Frau zur Welt, man wird es.» Zu dieser Absage an alle Theorien und Phantasien von der Natur der Frau gehört neben intellektueller Kühnheit auch eine unbeirrbare Haltung. Das ist in jener Nachkriegszeit, in der abermals Weiblichkeit propagiert wird und Frauen ihr Glück in der Kinderaufzucht und Küche finden sollen, nicht so leicht zu haben. Simone de Beauvoirs Kritik an der parasitären Genügsamkeit und am Souveränitätsverzicht der Frauen trägt ihr überdies den Vorwurf der Misogynie ein. Am Ende der Studie gibt sie – wohl von der Aufbruchsstimmung der französischen Linken der Nachkriegszeit beeinflußt – optimistisch ihrer Hoffnung Ausdruck, daß eine Umwälzung der gesellschaftlichen Verhältnisse den Boden für die egalitäre Begegnung der Geschlechter bereiten werde. Das zunächst wenig differenzierende Vertrauen in einen Sozialismus, der die Befreiung der Frau automatisch mitleisten werde, weicht im Laufe der Jahre jedoch anderen Schlußfolgerungen.

Mitte der fünfziger Jahre besucht Simone de Beauvoir die Sowjetunion und die Volksrepublik China. Diese Reisen – «aktives, besitzergreifendes Schauen» – bestätigen bei aller Ablehnung der Orthodoxie stalinistischer Prägung ihren Glauben an das Freiheitsversprechen eines genuinen Kommunismus. Ihr und Sartres kritisches Wohlwollen wird jedoch durch die Niederschlagung des ungarischen Aufstandes im Jahre 1956 erschüttert. Das Paar distanziert sich vom Kommunismus, was ihm scharfe Angriffe von links einträgt, aber es wechselt nie in das Lager der Antikommunisten wie etwa der frühere Gefährte Albert Camus.

Simone de Beauvoir setzt nicht auf eine Partei, sondern auf die intellektuelle Intervention, auf themenbezogene Kampagnen als Instrumente des politischen Engagements. Die Radikaldemokratin, die in den fünfziger und sechziger Jahren mit den Befreiungsbewegungen der Dritten Welt sympathisiert und sich deutlich gegen jeden Rassismus ausspricht, handelt sich Haß und Bombendrohungen von ihren nationalistischen Landsleuten ein, als sie, gemeinsam mit Sartre, öffentlich gegen die französische Kolonialpolitik in Algerien opponiert. Der Chauvinismus vieler Franzosen, der sogar Folter und Terror zu legitimieren versucht, erschüttert den Patriotismus Beauvoirs stark. Illusionslos ist sie sich der Grenzen der Einflußmöglichkeiten von Intellektuellen bewußt; aber bei aller Skepsis fühlt sie sich aus tiefem humanitärem Verantwortungsgefühl heraus immer wieder in die Pflicht genommen. Sie marschiert bei Demonstrationen mit, besucht Friedenskongresse, schreibt gegen Ungerechtigkeit und Ausbeutung an.

Simone de Beauvoir ist aber nicht nur Chronistin und Akteurin der Weltgeschichte, sie besteht auch darauf, die eigene Existenz literarisch zu verarbeiten: *‹Die Mandarins von Paris›*, als Schlüsselroman rezipiert, und ihre vierbändige Autobiographie sind nicht nur Bestandsaufnahme und Nachschöpfung eines radikalen Lebens, sondern – nichts darf verlorengehen – lückenlose Bestätigung der eigenen Wichtigkeit. Eine Frau wagt sich mitzuteilen. Keine Bekenntnisliteratur und doch überreich an reflektierter persönlicher Erfahrung. Die didaktische Qualität dieser Verarbeitungen liegt in der präzisen Offenlegung der Fallen, mit denen die menschliche Existenz konfrontiert ist: Liebe und Begehren, Angst vor Alter und Tod. Ihre späteren Veröffentlichungen (*‹Ein sanfter Tod›*, *‹Die Welt der schönen Bilder›*, *‹Eine gebrochene Frau›*) erzählen von einer gewissen Resignation angesichts der immer wieder drohenden Krisen, denen der Mensch durch Versagen und Verlassenheit ausgeliefert ist. Ihr wissenschaftlicher Essay über das Alter, der in Aufbau, Methode und Zielsetzung starke Parallelen zu *‹Das andere Geschlecht›* aufweist, ist dagegen eine brillante Polemik gegen die Fetischisierung der Jugend, gegen die Verdammung der Alten zur geistigen und gesellschaftlichen Sterilität. Simone de Beauvoir wählt immer das Leben selbst zum Bezugspunkt der wissenschaftlichen Kontemplation und der Meinungsbildung. Lange bevor die aufbrechende Frauenbewegung die provozierende These formuliert, erkennt sie, daß das Private in der Tat politisch ist.

Als sie sich Anfang der siebziger Jahre der «Frauenbewegung zur Verfügung stellt», wie sie ihre Parteinahme spröde-bescheiden nennt, ist dies eine vitale Ermutigung für viele, denen *‹Das andere Geschlecht›* Lehrbuch und Agitationsschrift zugleich war. Ihre Teilnahme an der Kampagne gegen das Abtreibungsverbot, ihr Bekenntnis zur Notwendigkeit eines autonomen

Frauenkampfes ist wertvoll angesichts einer patriarchalischen Linken, die die Befreiung der Frau zur Nebensache deklariert. Bei ‹*Les Temps Modernes*› setzt sie die regelmäßige Veröffentlichung einer Seite «über den alltäglichen Sexismus» durch, sie wird Präsidentin der «Liga für Frauenrechte», sie unterstützt den Aufbau von Häusern für geschlagene Frauen. Und bis zuletzt profitiert der radikale Feminismus von den Gedanken und Taten einer Symbolfigur, die im Alter noch entschiedener gegen alte und neue Weiblichkeitsideologien argumentiert.

Am 14. April 1986 stirbt Simone de Beauvoir in Paris. Dem Trauerzug schließen sich wie bei Sarte tausende von Menschen an, Sozialisten, Feministinnen, Intellektuelle – sie alle nehmen Abschied von dem Symbol einer Epoche der Aufklärung und des radikalen Humanismus.

Simone de Beauvoir wäre selbst die schärfste Kritikerin eines Mythos um ihre Person. Verklärung wäre nichts anderes als süßlich geronnene «mauvaise foi». Aber in einer Zeit, da kritisches Denken zum Anachronismus erstarrt scheint und Haltungslosigkeit modern ist, schaffen Simone de Beauvoirs Schriften die notwendige Unruhe. Ihr Leben, ihr Werk, ihre Person sind eine Aufforderung zur Unbequemlichkeit im Denken und Handeln. In der Auflehnung liegt das einzig verantwortbare Glück.

Sonia Mikich

Memoiren einer Tochter aus gutem Hause

Im Alter von 50 Jahren veröffentlicht Simone de Beauvoir 1958 den ersten Band ihrer Erinnerungen ‹Memoiren einer Tochter aus gutem Hause›. Die Nachschöpfung der eigenen Geschichte dient einer existentiell notwendigen Spurensicherung. Nur das aufgeschriebene Sein hat Bestand. Gleichzeitig will die inzwischen weltbekannte Schriftstellerin, Essayistin und Philosophin ihrem Publikum die Wahrheit über den eigenen Werdegang entdecken. Beauvoirs Lebenszeugnisse sind Spiegel ihrer Kommunikationsbesessenheit, in manchen Passagen überladen mit Details, mit unaufregendem Alltag, mit nachträglichen Interpretationen. Zugleich aber dokumentieren sie fotografisch genau den inneren und äußeren Seinsprozeß einer Frau, die sich schon als Jugendliche mit der Zufälligkeit von Geschehnissen nicht zufriedengab, sondern die richtigen Fragen stellte. In den ‹Memoiren einer Tochter aus gutem Hause› erzählt Beauvoir zunächst von ihrer glücklichen, behüteten Kindheit, vom sozialen Abstieg ihrer großbürgerlichen Familie, von ihrer früh erkannten und geförderten Leidenschaft für die Literatur. Sehr plastisch und im besten Sinne unterhaltsam werden Sehnsüchte, Widersprüche und Prinzipien einer heranwachsenden Intellektuellen mitgeteilt. «Freude, Ziel, Tätigkeit, Mühen» – die reife Analytikerin erlebt die Leitmotive ihrer Jugend noch einmal nach und macht die eigene Person auf faszinierende Weise zugänglich.

Meine Kindheit, meine Jugend hatten sich ohne Störung vollzogen; von einem Jahr zum anderen hielt ich an meiner Einheit fest. Jetzt schien es mir mit einemmal, daß ein entscheidender Bruch in meinem Dasein stattgefunden habe; ich erinnerte mich an den Cours Désir, den Abbé, meine Kameradinnen, aber ich vermochte mich nicht mehr in die gelassen Lernende zurückzuversetzen, die ich vor einigen Monaten noch gewesen war: jetzt interessierte ich mich für meine Seelenzustände weit mehr als für die Außenwelt. Ich begann ein Tagebuch zu führen; ich setzte ihm die Worte voran: ‹Wenn irgend jemand diese Seiten liest, verzeihe ich es ihm nie. Er würde eine häßliche, schlechte Tat begehen!› Ich trug in dieses Buch Stellen aus meinen Lieblingsbüchern ein, ich richtete Fragen an mich selbst, ich analysierte mich und gratulierte mir zu der Wandlung, die sich in mir vollzogen hatte. Worin bestand sie eigentlich? Mein Tagebuch erklärt sie nur mangelhaft; ich übergehe dort viele Dinge mit Schweigen, es fehlte mir wohl auch an Abstand dazu. Doch wenn ich es wiederlese, springen mir trotzdem ein paar Tatsachen in die Augen.

‹Ich bin allein. Man ist immer allein. Ich werde immer allein sein.› Dieses Leitmotiv zieht sich durch das ganze Heft. Niemals hatte ich das gedacht. ‹Ich bin anders›, hatte ich mir zuweilen wohl nicht ohne Stolz gesagt; aber ich sah in meiner Verschiedenheit von den anderen das Unterpfand einer Überlegenheit, die eines Tages die ganze Welt anerkennen würde. Ich hatte nichts von einer Empörerin; ich wollte es zu etwas bringen, etwas tun, den mit meiner Geburt eingeleiteten Aufstieg bis ins Unendliche fortzuführen suchen; ich mußte also die ausgefahrenen Bahnen, die abgenutzten Gewohnheiten überwinden, aber ich hielt für möglich, die bürgerliche Mittelmäßigkeit hinter mir zu lassen, ohne mich von der bürgerlichen Gesinnung selbst zu trennen. Die Verehrung der Bourgeoisie für universale Werte war, so glaubte ich damals, ehrlich; ich hielt mich für autorisiert, Traditionen, Gewohnheiten, Vorurteile, alle privaten Vorbehalte zum Besten der Vernunft, des Schönen, des Fortschritts zu liquidieren. Wenn es mir gelänge, ein Dasein, ein Werk zu gestalten, das der Menschheit Ehre machte, würde man mir dazu gratulieren, daß ich den Konformismus mit Füßen getreten hatte: wie Mademoiselle Zanta würde man mich akzeptieren, mir Bewunderung zollen. Jäh entdeckte ich, daß ich damit einer Täuschung erlegen war; weit davon entfernt, mich zu bewundern, akzeptierte man mich nicht einmal; anstatt mir Kränze zu winden, tat man mich in

Acht und Bann. Angst erfaßte mich, denn es wurde mir klar, daß man mehr noch als meine gegenwärtige Haltung in mir die Zukunft mißbilligte, die ich als Ziel vor mir sah: diese Art von Ostrazismus aber würde nie enden. Ich stellte mir nicht vor, daß es von den meinen grundverschiedene Kreise gab; einige Individuen hoben sich hier und da aus der Masse heraus; aber ich hatte wenig Aussicht, einem davon zu begegnen; selbst wenn ich eine oder zwei Freundschaften schloß, würden sie mich dennoch über die Ächtung nicht trösten, unter der ich jetzt schon litt; ich war immer verwöhnt, umhegt und beachtet worden; ich liebte es, daß man mich liebte; die Härte meines Geschicks erschreckte mich.

Durch meinen Vater besonders wurde sie mir kundgetan; ich hatte auf seine Unterstützung, seine Sympathie, seine Billigung gezählt und wurde aufs tiefste enttäuscht, denn er versagte sie mir! Eine Kluft lag zwischen meinen ehrgeizigen Perspektiven und seiner morosen Skepsis; seine Moral drang auf Achtung vor den bestehenden Institutionen; die Einzelwesen hatten seiner Meinung nach nichts anderes zu tun auf Erden, als Verdruß zu vermeiden und so gut wie möglich ihr Dasein zu genießen. Mein Vater wiederholte oft, man müsse Ideale haben, und obwohl er die Italiener nicht leiden konnte, beneidete er sie doch, weil Mussolini sie mit solchen versorgte: mir indessen versuchte er keines zu bieten. So weit aber gingen auch meine Ansprüche ihm gegenüber nicht. In Anbetracht seines Alters und der Lage, in der er sich befand, fand ich seine Haltung normal; ich hätte mir nur gewünscht, daß er auch die meine achtete. Über viele Punkte – den Völkerbund, den Linksblock, den Krieg in Marokko – hatte ich gar keine Meinung und stimmte allem bei, was er mir darüber sagte. Unsere Meinungsverschiedenheiten kamen mir derart harmlos vor, daß ich zunächst nichts unternahm, um sie zu vermindern.

Mein Vater hielt Anatole France für den größten Schriftsteller des Jahrhunderts: in den Ferien hatte er mir *Les dieux ont soif* und *Le Lys rouge* zu lesen gegeben. Ich hatte mich nur wenig dafür begeistern können. Er aber ließ nicht locker und schenkte mir zu meinem achtzehnten Geburtstag die vier Bände der *Vie littéraire*. Der Hedonismus von France empörte mich. Er suchte in der Kunst nichts weiter als egoistisches Vergnügen. ‹Wie niedrig!› dachte ich. Im gleichen Maße verachtete ich die Plattheit der Romane Maupassants, die mein Vater für Meisterwerke hielt. Ich gab dem höflich Ausdruck, es verstimmte ihn gleichwohl. Er spürte zu deutlich, daß meine Ablehnung noch viele andere Dinge einschloß. Ernstlich böse wurde er, als ich gewisse Traditionen in Frage zu stellen begann. Ungeduldig ließ ich die Mittag- und Abendessen über mich ergehen, die mehrmals im Jahr meine gesamte Verwandtschaft bei der einen oder anderen Kusine zusammenführten; Gefühle allein seien wichtig, behauptete ich, nicht aber die Zufälle der Zusammengehörigkeit durch Bande des Blutes oder der Versippung; mein Vater hatte einen sehr starken Familiensinn und begann jetzt zu denken, es fehle mir an Herz. Ich fand mich mit seiner Auffassung der Ehe nicht ab; weniger streng als das Ehepaar Mabille, gewährte er innerhalb von ihr der Liebe ziemlich großen Raum, ich aber vermochte Liebe und Freundschaft nicht voneinander zu trennen; er seinerseits wollte zwischen diesen beiden Gefühlen nichts Gemeinsames sehen. Ich lehnte strikt ab, daß einer der beiden Ehegatten den anderen ‹betrog›: wenn sie einander nicht mehr gefielen, sollten sie sich trennen. Ich regte mich darüber auf, daß mein Vater den Ehemann dazu autorisierte, den Vertrag ‹hier und da zu durchlöchern›. In politischer Hinsicht war ich nicht frauenrechtlerisch; die Frage des Stimmrechts ließ mich eher kalt. Aber in meinen Augen waren Männer und Frauen in gleicher Weise selbständige Personen, und ich forderte daher für beide absolute Gegenseitigkeit. Die Haltung meines Vaters dem ‹schönen Geschlecht› gegenüber verletzte mich. Alles in allem genommen war mir die in bürgerlichen Kreisen übliche leichtfertige Auffassung von ‹Verhältnissen›, Amouren, Ehebrüchen äußerst widerwärtig. Mein Onkel Gaston führte mich zusammen mit meiner Schwester und meiner Kusine in eine harmlose Operette von Mirande, *Passionnément;* beim Nachhausekommen gab ich meiner Ablehnung mit einer Leidenschaft Ausdruck, die meine Eltern ungemein überraschte, las ich doch, ohne mit der Wimper zu zucken, Autoren wie Gide und Proust. Die gängige sexuelle Moral schockierte mich gleichzeitig durch ihre Nachsicht und durch ihre Strenge. Mit Staunen ersah ich aus einer

Notiz unter Vermischten Nachrichten, daß Abtreibung ein Verbrechen sei: was sich in meinem Körper zutrug, ging doch niemanden außer mir etwas an; kein Gegenargument brachte mich von meinem Standpunkt ab.

Unsere Meinungsverschiedenheiten spitzten sich zusehends zu; hätte sich mein Vater etwas toleranter gezeigt, wäre ich in der Lage gewesen, ihn so zu nehmen, wie er war; ich aber war noch nichts, traf jedoch Entscheidungen darüber, was ich werden wollte: es kam ihm vor, als ob ich dadurch, daß ich mir Meinungen und Geschmacksneigungen, die den seinen zuwiderliefen, zu eigen machte, ihn ausdrücklich verleugnete. Andererseits erkannte er sehr viel deutlicher als ich, in welcher Richtung ich mich treiben ließ. Ich lehnte die Hierarchien, die Werte, die Zeremonien ab, durch welche die Elite sich auszeichnete: ich selbst war der Meinung, daß meine Kritik einzig darauf gerichtet sei, sie von eitlen Überlebtheiten zu befreien, tatsächlich aber zielte sie auf ihre Entthronung ab. Nur das Einzelwesen kam mir wirklich und wichtig vor, zwangsläufig aber würde ich dazu kommen, der Gesellschaft in ihrer Gesamtheit vor meiner Klasse den Vorrang einzuräumen. Alles in allem war ich diejenige, die die Feindseligkeiten eröffnet hatte, doch ich wußte es nicht; ich begriff nicht, weshalb mein Vater und meine gesamte Umgebung mir ablehnend gegenüberstanden. Ich war in eine Falle gegangen: die Bourgeoisie hatte mir die Überzeugung beigebracht, ihre Interessen seien mit denen der Menschheit identisch; ich glaubte im Zusammengehen mit ihr zu Wahrheiten gelangen zu können, die für alle galten: kaum aber näherte ich mich diesen, so stellte sie sich gegen mich. Ich fühlte mich schmerzlich bestürzt und verstört. Wer hatte mich in die Irre geleitet? Warum? Und mit welchen Mitteln? Jedenfalls war ich das Opfer einer Ungerechtigkeit, und allmählich wandelte sich mein Groll in offene Rebellion.

Niemand nahm mich so, wie ich war, niemand liebte mich: ich selbst werde mich genügend lieben, beschloß ich, um diese Verlassenheit wieder auszugleichen. Früher fühlte ich mich zwar im Einklang mit mir, doch ich war wenig darum bemüht, mich selber kennenzulernen: jetzt war ich darauf aus, mich zu spalten, mich von außen zu sehen. Ich erforschte mich: in meinem Tagebuch unterhielt ich mich mit mir selbst. Ich trat in eine Welt ein, deren Neuheit mich überwältigte. Ich lernte, wodurch innere Not sich von Melancholie unterscheidet, und was Verdorren von Abgeklärtheit trennt; ich lernte das Zagen des Herzens kennen, seine Entzückungen, den Glanz der großen Verzichte und die unterirdisch raunende Stimme der Hoffnung. Ich genoß noch einmal einen Rausch wie an jenen Abenden, an denen ich hinter den blauen Hügeln den verfließenden Himmel betrachtete; ich war die Landschaft und der Blick, ich existierte nur durch mich und für mich. Ich beglückwünschte mich zu einem Exil, das mich so hohen Freuden entgegengetrieben hatte; ich verachtete diejenigen, die von ihnen nichts wußten, und staunte, daß ich so lange ohne sie hatte leben können.

Indessen beharrte ich bei meinem Vorsatz zu dienen. Gegen Renan wendete ich in meinem Tagebuch ein, daß auch der große Mensch nicht ein Zweck an sich ist: er erhält seine Daseinsberechtigung nur dadurch, daß er beiträgt, das geistige und moralische Niveau der Menschheit im Ganzen zu heben. Der Katholizismus hatte mir die Überzeugung eingeimpft, daß man kein Einzelwesen, und wäre es noch so elend, übersehen darf: alle hatten das gleiche Recht, das, was ich ihre ewige Essenz nannte, zu verwirklichen. Mein Weg war klar vorgezeichnet: mich vervollkommnen, mich innerlich bereichern und mich in einem Werk ausdrücken, das den anderen zu leben helfen würde. [...]

Anfang März bestand ich mit ‹Sehr gut› meine Prüfung in Geschichte der Philosophie, und bei dieser Gelegenheit machte ich die Bekanntschaft einer Studentengruppe der Linken. Sie forderten mich auf, eine Petition zu unterzeichnen: Paul Boncour hatte den Plan einer Militärgesetzgebung eingereicht, durch die der Wehrdienst der Frauen verhängt werden sollte, und die Zeitschrift *Europe* eröffnete einen Protestfeldzug. Ich war recht verlegen. Was die Gleichheit der Geschlechter anbetraf, so war ich dafür; und mußte man nicht im Falle der Gefahr alles tun, um sein Vaterland zu verteidigen? «Immerhin», sagte ich, als ich den Text des Projektes gelesen hatte, «handelt es sich doch um guten Nationalismus.» Der dicke junge Mann mit wenig Haar auf dem Kopf, der die Petition herumtrug, hohnlachte nur:«Da müßte man erst einmal wissen, ob der Nationalismus etwas Gutes ist!» Das war eine Frage, die ich mir niemals gestellt hatte: ich wußte nicht, was ich darauf antworten sollte. Man erklärte mir aber, daß das Gesetz zu einer allgemeinen Mobilisierung der Gewissen führen würde, und das gab den Ausschlag für mich: die Freiheit des Denkens war mir auf alle Fälle heilig; außerdem unterschrieben alle anderen, also tat ich es auch. Weniger lange ließ ich mich bitten, als es sich um das Gnadengesuch für Sacco und Vanzetti handelte; ihre Namen sagten mir nichts, aber man versicherte mir, daß sie unschuldig seien; auf alle Fälle war ich zudem gegen die Todesstrafe.

Damit hatte meine politische Tätigkeit auch schon wieder ein Ende, und meine Vorstellungen blieben nach wie vor nebelhaft. Ich wußte nur eines: ich haßte die äußerste Rechte. Eines Nachmittags war eine Schar von Schreiern in den Lesesaal der Sorbonne mit den Rufen eingedrungen: «Fremde und Juden raus!» Sie trugen große Stöcke in der Hand und hatten rasch ein paar Studenten mit dunklem Teint hinausbefördert. Dieser Triumph der Roheit und der Dummheit hatte mich in Schrecken und Zorn versetzt. Ich verabscheute den Konformismus und alle Obskurantismen, ich hätte gewünscht, daß die Vernunft alle Menschen regiere; aus diesem Grunde interessierte mich die Linke. Doch alle Etiketten mißfielen mir, ich hatte nicht gern, wenn man die Leute katalogisierte. Mehrere meiner Mitstudenten waren Sozialisten; in meinen Ohren klang dieses Wort nicht gut; ein Sozialist konnte niemals ein Suchender sein; er verfolgte gleichzeitig profane und begrenzte objektive Zwecke: von vornherein war diese Mäßigung mir gründlich unsympathisch. Weit mehr zog der Extremismus der Kommunisten mich an. Aber ich hatte den Verdacht, daß sie ebenso dogmatisch und stereotyp sein möchten wie die Seminaristen. Gegen den Mai hin befreundete ich mich immerhin mit einem ehemaligen Schüler von Alain, der Kommunist war: in jener Zeit hatte diese Verbindung nichts Verblüffendes. Er rühmte mir die Vorlesungen Alains, setzte mir seine Ideen auseinander und borgte mir seine Bücher. Er machte mich auch mit Romain Rolland bekannt, und entschlossen bekannte ich mich nunmehr zum Pazifismus. Mallet interessierte sich auch noch für viele andere Dinge: für Malerei, für Kino, für Theater und sogar für die Music-hall. Es lag Feuer in seinem Blick, seiner Stimme, und ich fand Vergnügen an den Gesprächen mit ihm. Über mich selbst verwundert, notierte ich: ‹Ich habe entdeckt, daß man gescheit sein und sich doch für Politik interessieren kann.› Theoretisch verstand er allerdings nicht viel davon, und ich lernte im Grunde nichts. Auch weiterhin ordnete ich soziale Fragen der Metaphysik und Moral unter: wozu sich um das Glück der Menschheit sorgen, wenn sie keine Daseinsberechtigung hat?

Dieser eigensinnige Standpunkt hinderte mich nicht daran, aus meiner Begegnung mit Simone Weil Nutzen zu ziehen. Obwohl sie sich auf die Ecole Normale vorbereitete, unterzog sie sich an der Sorbonne den gleichen Prüfungen wie ich. Sie interessierte mich wegen des großen Rufes der Gescheitheit, den sie genoß, und wegen ihrer bizarren Aufmachung; auf dem Hofe der Sorbonne zog sie immer von einer Schar alter Alainschüler umgeben umher; in der einen Tasche ihres Kittels trug sie stets eine Nummer der *Libres Propos* und in der anderen ein Exemplar der *Humanité.* Eine große Hungersnot hatte China heimgesucht, und man hatte mir erzählt, daß sie bei Bekanntgabe dieser Nachricht in Schluchzen ausgebrochen sei: diese Tränen zwangen mir noch mehr Achtung für sie ab als ihre Begabung für Philosophie. Ich beneidete sie um ein Herz, das imstande war, für den ganzen Erdkreis zu schlagen. Eines Tages gelang es mir, ihre Bekanntschaft zu machen. Ich weiß nicht, wie wir damals ins Gespräch gekommen sind; sie erklärte in schneidendem Tone, daß eine einzige Sache heute auf Erden zähle: eine Revolution, die allen Menschen zu essen geben würde. In nicht weniger peremptorischer Weise wendete ich dagegen ein, das Problem bestehe nicht darin, die Menschen glücklich zu machen, sondern für ihre Existenz einen Sinn zu finden. Sie blickte mich fest an. «Man sieht, daß Sie noch niemals Hunger gelitten haben», sagte sie. Damit waren unsere Beziehungen auch schon wieder zu Ende. Ich begriff, daß sie mich unter die Rubrik ‹geistig ehrgeizige kleine Bourgeoise› eingereiht hatte, und ich ärgerte mich darüber, wie ich mich früher geärgert hatte, wenn Mademoiselle Litt meine Geschmacksneigungen aus meinem kindlichen Alter erklärte; ich glaubte, ich hätte mich von meiner Klasse freigemacht: ich wollte nichts anderes sein als ich selbst.

[...] Baruzi gab mir meine Arbeit mit großen Lobsprüchen zurück; er ließ mich nach der Vorlesung zu sich kommen und drückte mir mit seiner ersterbenden Stimme die Hoffnung aus, daß hier der Ansatzpunkt eines gewichtigen Werkes geschaffen sei. Ich war ganz Feuer und Flamme. ‹Ich bin sicher, daß ich höher aufsteigen werde als sie alle. Hochmut? Wenn ich kein Genie habe, ja; aber wenn ich es habe – wie ich manchmal glaube, wie ich manchmal fast *sicher* bin –, so ist es nur Hellsichtigkeit›, schrieb ich ganz friedlich in mein Tagebuch. Am folgenden Tage sah ich Chaplin als ‹Vagabunden›; als ich aus dem Kino kam, ging ich in den Tuilerien spazieren; eine orangefarbene Sonne rollte am blaßblauen Himmel dahin und tauchte die Fensterscheiben des Louvre in strahlende Glut. Ich rief mir die alten Wanderungen in der Dämmerung ins Gedächtnis zurück und fühlte mich plötzlich wie vom Blitze getroffen von jener Forderung, die ich so lange schon mit lauter Stimme verkündete: ich mußte mein Werk verfassen. Dieses Projekt war nicht neu. Da ich aber Lust verspürte, daß irgend etwas geschah, sich jedoch nie etwas zutrug, machte ich aus meiner eigenen Ergriffenheit ein Ereignis. Noch einmal sprach ich im Angesicht des Himmels und der Erde feierliche Gelübde aus. Nichts würde mich jemals in irgendeinem Fall daran hindern, mein Buch nunmehr zu schreiben. Tatsache ist, daß ich diesen Entschluß seither nicht mehr in Frage stellte. Ich gelobte mir auch, daß ich von nun an die Freude wolle und zu ihr gelangen würde.

Als Simone de Beauvoir kurz vor der agrégation, dem Abschlußexamen für Lehramtskandidaten steht, lernt sie Jean-Paul Sartre kennen, den geistreichen Wortführer einer elitären Studentenclique an der Ecole Normale Supérieure. Beauvoir imponiert durch ihren Ehrgeiz und ihren Drang zur Selbstverwirklichung. Ihre profunden Kenntnisse der Philosophie verschaffen ihr Respekt und Akzeptanz der männlichen Studienkollegen. Die Neunzehnjährige definiert sich als Ausnahmefrau, die sich selbstverständlich mit den Besten messen kann. «Ich schmeichelte mir, in mir das Herz einer Frau mit dem Hirn eines Mannes zu vereinigen», so beschreibt sie ihr damaliges Selbstverständnis. Diese

Dichotomie von angeblich männlichen und weiblichen Eigenschaften enthüllt eine noch von Konventionen gefärbte Einstellung zur Frauen- und Männerrolle. Leistung und Arbeit, das ist ihre Strategie, dem üblichen Frauenschicksal ihrer Zeit und Klasse zu entgehen. In den Gesprächen mit Sartre und seinen engen Freunden vertieft sich ihre Freude an der eigenen schöpferischen Intelligenz, gleichzeitig entdeckt sie aber, daß sie ihrem Streben, ihrer «Berufung zum Glück» noch eine Richtung verleihen muß.

«Von jetzt an werde ich mich um Sie kümmern», erklärte mir Sartre, nachdem er mir meinen Erfolg verkündet hatte. Er hatte viel Sinn für Freundschaften mit Frauen. Als ich ihn in der Sorbonne zum erstenmal sah, hatte er einen Hut auf und plauderte angeregt mit einer langen Latte von Lehramtsbeflissenen, die ich sehr häßlich fand; sie hatte es bald fertiggebracht, sein Mißfallen zu erregen; darauf hatte er sich mit einer anderen, hübscheren, angefreundet, aber es war auch mit ihr sehr rasch wieder auseinandergegangen, weil sie ihm Ungelegenheiten bereitete. Als Herbaud ihm von mir erzählt hatte, wollte er auf der Stelle meine Bekanntschaft machen, und jetzt war er sehr zufrieden, daß er mich mit Beschlag belegen konnte; mir selbst aber kam es nun so vor, als sei jede Stunde, die ich nicht mit ihm verbrachte, verlorene Zeit. Während der vierzehn Tage, die von den mündlichen Prüfungen für den ‹Concours› eingenommen wurden, verließen wir einander nur gerade, um zu schlafen. Wir gingen in die Sorbonne, um unsere Prüfungen abzulegen und denen unserer Studienkameraden beizuwohnen. Wir gingen mit dem Ehepaar Nizan aus. Im ‹Balzar› tranken wir hier und da etwas mit Aron, der seine Militärzeit im Wetterdienst absolvierte, und mit Politzer, der jetzt eingeschriebenes Mitglied der Kommunistischen Partei war. Am häufigsten aber gingen wir beide allein spazieren. An den Seinequais kaufte Sartre mir Pardaillan- und Fantomashefte, die er der Korrespondenz zwischen Rivière und Alain-Fournier bei weitem vorzog; am Abend ging er mit mir in Cowboyfilme, für die ich mich als Neuling begeisterte, denn bislang war ich besonders mit dem abstrakten und dem Kunstfilm vertraut. Vor Cafés sitzend oder beim Cocktail im ‹Falstaff› unterhielten wir uns viele Stunden hindurch.

«Er hört nie auf zu denken», hatte Herbaud zu mir gesagt. Das bedeutete aber nicht etwa, daß er nun bei jeder Gelegenheit Formeln und Theorien von sich gab: er hatte einen Horror vor jeder Schulmeisterei. Doch sein Geist war immer wach. Er kannte keine Erschlaffung, Schläfrigkeit, Gedankenflucht, Abschweifung, Ermattung, aber auch keine Vorsicht und keinen Respekt. Er interessierte sich für alles und nahm niemals etwas als selbstverständlich hin. Wenn er einem Objekt gegenüberstand, so schob er es nicht um eines Mythos, eines Wortes, eines Eindrucks, einer vorgefaßten Idee willen beiseite, sondern schaute es an und ließ es nicht wieder fallen, bevor er nicht sein Wie und Wohin und jeden ihm möglicherweise innewohnenden Sinn verstanden hatte. Er fragte sich nicht, was man denken müßte oder was zu denken pikant oder interessant sein könnte, sondern nur danach, was er wirklich dachte. Daher enttäuschte er auch die Ästheten, die nach erprobten Formen der Eleganz verlangten. Nachdem Riesmann, der sich stark von Baruzis Wortgefechten blenden ließ, ihn zwei- oder dreimal einen Vortrag hatte halten hören, erklärte er traurig: «Genie hat er nicht!» Im Verlaufe eines Vortrags über ‹Klassifikation› hatte in diesem Jahre einmal seine in alle Einzelheiten gehende Gewissenhaftigkeit unsere Geduld auf eine schwere Probe gestellt: schließlich aber war es ihm doch gelungen, uns zu fesseln. Er interessierte immer die Leute, die vor etwas Neuem nicht zurückschreckten, denn, ohne es auf Originalität abzusehen, geriet er nie in irgendeinen Konformismus hinein. Seine hartnäckige, naive Aufmerksamkeit griff alle Dinge mit all ihrer Unmittelbarkeit und Fülle auf. Wie eng war meine kleine Welt neben diesem wimmelnden Universum! Einzig gewisse Geisteskranke, die in einem Rosenkelch eine Wirrnis düsterer Intrigen zu sehen meinten, zwangen mich zu gleicher Bescheidenheit.

Wir sprachen von unendlich vielen Dingen, vor allem aber über ein Thema, das mich mehr als jedes andere interessierte, nämlich über mich. Wenn andere Leute mein Wesen zu deuten behaupteten, so taten sie es, indem sie mich als einen Annex ihrer eigenen Welt betrachteten, was mich verdroß; Sartre hingegen versuchte meinen Platz in meinem eigenen System zu respektieren, er begriff mich im Lichte meiner Werte und Projekte. Er hörte mir ohne Begeisterung zu, als ich ihm von Jacques erzählte; für eine Frau, die so wie ich erzogen worden war, mochte es schwierig sein, um die Ehe herumzukommen: aber er selbst hielt nicht viel davon. Auf alle Fälle sollte ich mir das bewahren, was das Schätzenswerteste an mir sei: meinen Hang zur Freiheit, meine Liebe zum Leben, meine Neugier, meinen Willen zu schreiben. Nicht nur ermutigte er mich bei diesem Unterfangen, er wollte mir sogar dabei behilflich sein. Da er zwei Jahre älter war als ich – und zwar zwei Jahre, die er wohl ausgenutzt hatte – und sehr viel früher einen viel günstigeren Start gehabt hatte, wußte er über alle Dinge besser Bescheid. Die wahre Überlegenheit aber, die er sich selber zuerkannte und die auch mir in die Augen sprang, war die ruhevolle, besessene Leidenschaft, die ihn zu seinen künftigen Büchern drängte. Früher einmal hatte ich die Kinder verachtet, die weniger als ich auf Krocketspielen oder aufs Lernen brannten; nun aber begegnete ich jemandem, in dessen Augen mein frenetischer Eifer noch immer ein schüchternes Streben war. Und wirklich, wenn ich mich mit ihm vergleiche, wie lau erscheint mir dann mein fieberndes Bemühen! Ich hatte mich für etwas Außergewöhnliches gehalten, weil ich mir mein Leben nicht ohne Schreiben vorstellen konnte: er lebte nur, um zu schreiben.

Er hatte gewiß nicht vor, das Leben eines in sein Studierzimmer eingeschlossenen Menschen zu führen; er verabscheute Routine und Hierarchie, Karriere, Haus und Heim, Rechte und Pflichten, den ganzen sogenannten Ernst des Lebens. Er fand sich nur schlecht mit der Vorstellung ab, einen Beruf, Kollegen, Vorgesetzte zu haben, Regeln beobachten und anderen auferlegen zu müssen; niemals würde er ein Familienvater, ja auch nur ein Ehemann werden. Im Sinne der Romantik jener Epoche und seiner dreiundzwanzig Jahre träumte er von großen Reisen: in Konstantinopel würde er mit Hafenarbeitern fraternisieren; in den verrufenen Vierteln sich mit Zuhältern betrinken; er würde den ganzen Erdkreis durchwandern, und weder die Parias Indiens noch die Popen vom Atlasgebirge noch die Neufundlandfischer sollten Geheimnisse vor ihm haben. Er würde nirgends

Wurzel schlagen, sich mit keinem Besitz belasten; nicht, um sich zwecklos verfügbar zu erhalten, sondern, um von allem Zeugnis ablegen zu können. Alle seine Erfahrungen sollten seinem Werk zugute kommen, kategorisch würde er alle Erlebnisse von sich abweisen, die ihn vermindern könnten. Darüber unterhielten wir uns immer wieder. In der Theorie wenigstens bewunderte ich grandiose Ausschweifungen, gefährlich gelebtes Leben, die Verlorenen, Alkoholexzesse, Rauschgifte, Leidenschaft. Sartre stand auf dem Standpunkt, wenn man etwas zu sagen hätte, sei jede Verschwendung kriminell. Das Kunstwerk, das literarische Werk war in seinen Augen ein absoluter Zweck; es trug seinen Daseinsgrund, den seines Schöpfers und vielleicht sogar – er sagte es nicht, aber ich vermute, er war davon überzeugt – den des ganzen Universums in sich. Metaphysische Probleme riefen bei ihm nur ein Achselzucken hervor. Er interessierte sich für politische und soziale Fragen, er hatte Sympathie für Nizans Standpunkt; sein eigenes Anliegen aber war nur das Schreiben, alles übrige stand dahinter zurück. Im übrigen war er weit mehr Anarchist als Revolutionär; er fand die Gesellschaft, so wie sie war, verabscheuenswert, aber er verabscheute das Verabscheuen nicht; das, was er seine ‹Oppositionsästhetik› nannte, vertrug sich sehr wohl mit dem Vorhandensein von Dummköpfen und von Schelmen, ja postulierte es sogar: wenn es nichts niederzureißen, zu bekämpfen gäbe, wäre, so meinte er, mit der Literatur nicht viel los. [...]

Zum erstenmal in meinem Leben fühlte ich mich geistig von einem anderen beherrscht. Garric und Nodier, die viel älter waren als ich, hatten mir imponiert, aber doch nur von ferne, in unbestimmter Weise, ohne daß ich mich mit ihnen konfrontierte. Mit Sartre aber maß ich mich täglich und ganze Tage hindurch, und in unseren Diskussionen hielt ich ihm nicht die Waage. Im Luxembourggarten setzte ich ihm eines Tages in der Nähe des Medicibrunnens jene pluralistische Moral auseinander, die ich mir zurechtgelegt hatte, um die Leute, die ich liebte, denen ich aber dennoch nicht hätte gleichen mögen, vor mir zu rechtfertigen; er zerpflückte sie mir ganz und gar. Ich legte auf sie Wert, weil sie mir das Recht gab, mein Herz darüber entscheiden zu lassen, was Gut und Böse sei; drei Stunden lang kämpfte ich um sie. Dann mußte ich zugeben, daß ich geschlagen war: im übrigen hatte ich im Laufe der Debatte bemerkt, daß viele meiner Meinungen nur auf Vorurteilen, auf Unaufrichtigkeit oder Oberflächlichkeit beruhten, daß meine Beweisführungen hinkten und meine Ideen verworren waren. ‹Ich bin dessen, was ich denke, nicht mehr sicher, ja, nicht einmal mehr sicher, überhaupt zu denken›, schrieb ich völlig entwaffnet in mein Heft. Ich brachte meine Eigenliebe dabei nicht ins Spiel, da ich viel eher neugierig als rechthaberisch veranlagt war und lieber lernte als glänzte. Doch immerhin war es nach so vielen Jahren anmaßlicher Einsamkeit eine ernste Erfahrung für mich, zu entdecken, daß ich nicht die Einzige und nicht die Erste war, sondern eine unter anderen, die plötzlich ihren wahren Fähigkeiten unsicher gegenüberstand. Denn Sartre war nicht der einzige, der mich zur Bescheidenheit zwang: Nizan, Aron, Politzer hatten vor mir einen beträchtlichen Vorsprung. Ich hatte mich auf den ‹Concours› in aller Eile vorbereitet: ihre geistige Kultur war weit solider unterbaut als die meine, sie waren auf dem laufenden über eine Menge neuer Dinge, von denen ich nichts wußte, sie waren das Diskutieren gewöhnt; vor allem fehlte es mir an Methode und Überblick; das geistige Universum war für mich ein wirrer Haufen, in dem ich mich zurechtzufinden versuchte; ihr eigenes forschendes Bemühen war, wenigstens in großen Zügen, nach einer bestimmten Richtung hin orientiert. Schon wurden zwischen ihnen bedeutsame Abweichungen offenbar: Aron wurde sein Entgegenkommen dem Idealismus eines Brunschvieg gegenüber zum Vorwurf gemacht; alle aber hatten weit radikaler als ich die Folgerungen aus der Nichtexistenz Gottes gezogen und die Philosophie aus dem Himmel auf die Erde zurückgeführt. Was mir gleichfalls imponierte, war, daß sie eine ziemlich genaue Vorstellung von den Büchern hatten, die sie schreiben wollten. Ich hatte mir bis zum Überdruß wiederholt, ich wolle ‹alles sagen›, was teils zuviel, teils zuwenig war. Voller Unruhe entdeckte ich, daß der Roman tausend Probleme stellt, von denen ich nichts geahnt hatte.

Ich verlor den Mut indessen nicht; die Zukunft kam mir plötzlich zwar schwieriger vor, als ich sie mir vorgestellt hatte, aber auch wirklicher und sicherer; anstelle formloser Möglichkeiten sah ich vor mir ein deutlich abgestecktes Feld mit seinen Problemen, Aufgaben, Materialien, Instrumenten und Widerständen. Ich ging mit meinen Fragen noch weiter: Was tun? Alles war noch zu tun, alles, was ich vormals hatte tun wollen: den Irrtum bekämpfen, die Wahrheit finden und künden, die Welt aufklären, vielleicht ihr sogar zu einer Wandlung verhelfen. Ich würde Zeit brauchen und Anstrengungen machen müssen, um auch nur zum Teil die Versprechungen zu halten, die ich mir selbst gegeben hatte: doch das erschreckte mich nicht. Nichts war freilich gewonnen, aber alles blieb möglich.

Marcelle, Chantal, Lisa ...

Nicht nur dem Denken gilt Simone de Beauvoirs große Wertschätzung. Die «femme de lettres» ist unendlich neugierig auf das Leben selbst, auf seine Möglichkeiten. Weit davon entfernt, dem Klischee eines «Blaustrumpfes» zu entsprechen, macht sie sich als Studentin und als junge Philosophielehrerin voller Enthusiasmus daran, Erfahrungen zu sammeln. Noch als sie bei den Eltern wohnt, unternimmt sie heimliche Ausflüge in zweifelhafte Nachtlokale. Die Verworfenheit, die sie dort beobachtet, erscheint ihr aufrichtiger zu sein als die Prüderie des Bürgertums. Ihre kleinen Abenteuerreisen zur exotischen Bauchseite des Lebens sind Akte eines lustvollen Protestes gegen die Verhaltensvorschriften, die «höheren Töchtern» aufgezwungen werden. In einer kleinen Geschichtensammlung arbeitet sie als Dreißigjährige diese Erlebnisse auf. Präzise benennt sie die Auswirkungen moralischer Restriktion des Bürgertums und beschreibt den Versuch der Rebellion. Diese Porträts fünf junger Frauen sind das erste Manuskript, das Simone de Beauvoir einem Verlag anbietet. Sie werden abgelehnt, «nicht ohne Grund», wie die Autorin selbstkritisch zugibt, da die Arbeit kein «in sich geschlossenes und sich selbst genügendes Ganzes ist». Erst 1979 erlaubt sie sich die Veröffentlichung ihres «unbeholfenen Gesellenstückes».

In «Marguerite» erkennen wir die Studentin Simone de Beauvoir wieder. Mit Eifer ertrotzt sich Marguerite ungewöhnliche, manchmal gefährliche Situationen. Das diffuse Protestgebaren hat eine charmante Botschaft: Wer sich von der eigenen Lebensgier beflügeln läßt, kann gar nicht fallen.

Das erste Mal, als ich über zehn Francs verfügte, bin ich in die *Bar de la Rotonde* gegangen und habe einen Aperitif getrunken. Der Raum war fast leer. Einige junge Männer unterhielten sich vertraulich, und ich hatte den unangenehmen Eindruck, mich aufdringlich in ihr Privatleben einzumischen. Ich habe mich auf einen Barhocker gesetzt und einen Gin-Fizz bestellt. Die Holztischchen, die normannischen Stühle, die rot-weißen Vorhänge vor den Fenstern schienen kein Geheimnis zu bergen. Es ist nichts passiert. Ich war ziemlich enttäuscht. Doch als ich bezahlen wollte, hat der dicke rothaarige Barkeeper mein Geld abgelehnt. Dieses glückliche Vorzeichen hat mir mit Sicherheit den Weg gewiesen, den ich befolgen sollte. Ich habe angefangen, eifrig Tanzlokale und Bars zu frequentieren. Die Soziale Kontaktstelle diente mir als Alibi. Anfangs verbrachte ich immer eine Stunde in der Rue de Ménilmontant. Eines Abends, als ich eine Stunde über die Resignation halten sollte, bin ich mit kaltem Schweiß auf der Stirn und zitternden Knien angekommen. Ich hatte in der Métro zwei Gin-Fizz erbrochen. Ich wurde auf ein Sofa gelegt, und man hat sich über meine Härte gewundert. Bald darauf bin ich kühner geworden und habe mich heimlich abgemeldet. Ich konnte also einmal in der Woche den ganzen Abend in der Bar verbringen, in die Denis mich mitgenommen hatte. Ich ging dorthin, wie ich früher zur Messe gegangen war, mit der gleichen Inbrunst, ich hatte nur eben gerade den Gott gewechselt. Die Jazzmusik wühlte mich auf wie früher der volle Klang der Orgel. Seit Denis mir diesen Satz über die Sünde, die der offene Platz für Gott ist, gesagt hatte, verspürte ich angesichts des Lasters die gleiche Ekstase wie als Kind angesichts der wirklichen Gegenwart des Heiligen Sakraments. Pascal hatte eigentlich sehr unrecht, daß er glaubte, ich stünde ihm so fern, und daß er mit Marcelle lange traurige Zusammenkünfte abhielt. Ich diente dem Geistigen auf meine Weise.

Ich ließ Vergewaltigung, Unzucht und Trunksucht gelten. Jeder Satyr konnte ein Stavrogin sein, jeder Sadist ein Lautréamont, jeder Päderast Rimbaud. Voller Verehrung sah ich die rot- und rosahaarigen Prostituierten an, die neben mir auf den Barhockern saßen. Meine Phantasie war so wenig schlüpfrig, daß ich mir keine klare Vorstellung bildete, wenn ich sie sich laut fragen hörte, für wieviel Geld sie bereit wären, einen Freier zu blasen. Ich spielte mit Worten, magischen und dunklen Worten, die mich mit konfusem Entzücken erfüllten. Ich hatte bei den Nutten übrigens keinen Erfolg, sie mißtrauten mir. Ich hätte gerne gewußt, durch welche Initiationserlebnisse sie die herrliche Freiheit erobert hatten, mit der sie sich ihres Körpers freuten, sie waren jenseits der Angst, jenseits des Ekels, nichts war ihnen verboten oder unmöglich. Aber genausowenig, wie ich erwartete, mir jemals einfach mit Geld Kleider wie die ihren zu kaufen, genausowenig hielt ich es für menschenmöglich, wie sie zu werden. Es bedurfte einer Art Auserwähltheit, und ich war nicht auserwählt worden. Ich hatte nur ein ziemlich begrenztes Betätigungsfeld.

«Gehen Sie in eine Bar, tun Sie irgend etwas, und es geschieht etwas», hatte Denis gesagt. Innerhalb der Grenzen, die mir auferlegt waren, befolgte ich seinen Rat. Ich ging in Bars. Ich trug immer noch mein rotviolettes Kleid, Baumwollstrümpfe, die oft Löcher hatten, plumpe Schuhe. Mein Gesicht war nicht geschminkt, meine Fingernägel waren schmutzig; es bekümmerte mich nicht: Allegorien haben weder Augen noch ein Bewußtsein. Es gab dort Laster und ihre vielfältigen Gesichter, Ruhelosigkeit, Oberflächlichkeit und Stumpfsinn, aber keine Wesen aus Fleisch und Blut. Ich schwang mich auf einen Hocker neben der Tür und fing an zu trinken. Wenn ein Gast mit dem Hut auf dem Kopf eintrudelte, rief ich, so laut ich konnte, «Hut ab!», riß ihm den Filzhut herunter und warf ihn weit weg. Ich scherzte mit dem Barkeeper, stibitzte ihm eingelegte Weinbrandkirschen oder Bananenscheiben. Manchmal, wenn ich mein Glas ausgetrunken hatte, schleuderte ich es auf die Fliesen, wo es klirrend zersprang. Einmal habe ich vier Stück hintereinander zerbrochen. Wenn ich betrunken war, wurde ich äußerst redselig; ich sprach alle Stammgäste der Bar an. Es gab da eine Anzahl Söhne aus guter Familie, mehrere kleine Zuhälter und Tunten, ich machte keinen Unterschied zwischen ihnen. Ich glaubte naiv, daß ich sie zum Spaß täuschen könnte, da die Täuschung, wie jedermann weiß, eine Form des Wunders ist. Mal behauptete ich, ein Modell zu sein, mal eine Hure. Niemand ließ sich davon täuschen. Ich bin wütend geworden, als ein Kerl mit einer Hakennase, der sich Zeitungsromanautor nannte, mir eines Tages achselzuckend erklärte: «Sie sind eine Kleinbürgerin, die sich als Bohème aufspielen will.»

Ich habe pikiert gesagt:
«Das stimmt nicht, ich komme hierher, um meinen Beruf auszuüben.»
«Sie haben nicht den nötigen Pfiff», hat ein anderer Typ zu mir gesagt, ein hinkender Dicker mit Schildpattbrille.
«Sie brauchten auffälligere Kleider», hat der Feuilletonist weiter gesagt, «und Schminke auf den Backen und hohe Absätze.»
«Und ein gewitzteres Aussehen», hat ein Dritter hinzugefügt. Sie haben gelacht. Es waren vier, die mich umringten und mich zwischen der Wand und der Theke einkeilten. Der Hinkende hat mir eine Zeichnung hingehalten:
«Hier sehen Sie, was man als Kurtisane machen und mit sich machen lassen muß.»
Ich habe einen gleichgültigen Blick darauf geworfen:
«Das ist wahnsinnig schlecht gezeichnet.»
«Das ist gut getroffen, sehen Sie doch selbst.» Er hat seine Hose aufgeknöpft. Sie haben schallend gelacht, und ich habe die Augen abgewandt:
«Das interessiert mich nicht.»
Sie haben noch lauter gelacht.
«Sie sehen es ja», hat der Feuilletonist gesagt, «eine Hure hätte hingeguckt und hätte gesagt: pah! Ich habe schon bessere als den gesehen.»
Ich war schrecklich beleidigt.
Eines Abends jedoch hat ein Mann mich aufgefordert, mit zu ihm zu gehen. Er war rothaarig, hatte Sommersprossen im Gesicht und wurde Goldhelm genannt. Er saß an der Bar des *Jockey* mit einer Nutte, die er gerade aufgelesen hatte, und einem Freund, einem sehr jungen Mann mit kindlichen Lippen und blauen Augen, der Marcel hieß.
«Kommen Sie doch mit, bei mir kann man besser tanzen», hat er zu mir gesagt. Ich bin mit ihnen in ein Appartement gegangen, dessen Wände voller Tierfelle und Waffen hingen. Wir haben ein paar Tanzplatten aufgelegt und Portwein getrunken, dann ist Goldhelm mit seiner blonden Nutte verduftet. Marcel hat sich neben mich auf den Diwan gesetzt und hat mich küssen wollen. Ich habe ihn zurückgestoßen, aber ganz freundlich, denn er war mir sympathisch.

«Hören Sie, Sie finden leicht andere Frauen, es gibt genug, und vor allem, wenn man so hübsch ist wie Sie. Ich habe einen Freund und möchte ihm treu bleiben.»

Er hat mich ein bißchen bedrängt.

«Also gut, ich will Sie gerne küssen», habe ich gesagt. Ich habe ihm ein Küßchen auf seine rosigen Backen gedrückt. Er hatte ein bißchen getrunken und war ganz gerührt.

«Sie sind anders als die anderen»; er hat einen Moment geschwiegen. «Sie sind nicht so verdorben, das merkt man gleich. Das ist trotzdem wahnsinnig nett, ein liebes kleines Mädchen wie Sie.»

Er hat eine flache Schachtel aus der Tasche gezogen, seine Stimme ist weinerlich geworden:

«Da sehen Sie einmal, was für ein Typ ich bin, ich gehe nie weg, ohne diese Dinger da mitzunehmen, das ist doch widerlich! Das Leben will es so.»

Er hat angefangen, mir seine Geschichte zu erzählen. Manchmal unterbrach er sich und fragte mich ganz verlegen:

«Ekele ich Sie an?»

Ich habe ihn danach oft am Montparnasse wiedergetroffen, und er hat mich immer mit dem größten Respekt behandelt.

Diese Geschichte hat mir ein übertriebenes Selbstvertrauen gegeben, ich habe geglaubt, ich könnte mir die Typen mit schönen Worten und einem Lächeln immer vom Leibe halten. Ich hätte große Schwierigkeiten bekommen können. Ich drang in ein von differenzierten und starren Gesetzen regiertes Milieu ein, ohne etwas von seinen Umgangsformen, seinen Hierarchien, seinem Ehrenkodex zu ahnen. Ich konnte nicht unterscheiden zwischen Fällen, in denen man sich zum Trinken einladen läßt, und solchen, wo man ablehnen muß, den Fällen, in denen eine Frau, als loyale Konkurrentin, es unterlassen muß, den Kunden einer anderen anzusprechen, und solchen, wo es ihr erlaubt ist, ihn ihr wegzuschnappen. Ahnungslos trat ich alle Konventionen mit Füßen. Ich nahm alle Einladungen an, ich ließ mich auf der Straße ansprechen, ich hätte mich geschämt, das mögliche Auftauchen des Wunders durch irgendeine Schüchternheit zu stören. Ich glaubte, das große Spiel der zweckfreien Handlungen, des Abenteuers nach meiner Fasson spielen zu können. Meine

Partner betrachtete ich als bloße Statisten. Was mich, wie ich glaube, gerettet hat, ist die Tatsache, daß ich wohl kaum Begehren erweckte, ich war nicht besonders anziehend. Von mir aus war ich überhaupt nicht vorsichtig.

So habe ich einmal eingewilligt, in ein Auto zu steigen, das mir den Boulevard Raspail entlang gefolgt war. Der junge Mann, der es fuhr, war weder schön noch lustig, aber seine Manieren waren höflich. Er hat mich neben sich Platz nehmen lassen und ist mit Vollgas in den Boulevard Saint-Germain eingebogen.

«Was halten Sie davon, einen Ausflug nach Robinson zu machen?» hat er mich gefragt. Ich habe eine Sekunde gezögert; mir war klar, daß ich Gefahr lief, kilometerweit von Paris im Stich gelassen zu werden. Aber ich hatte meine Prinzipien: «Nichts ablehnen», sagten Gide und Jacques Rivière und André Breton und Denis.

«Fahren wir», habe ich geantwortet.

Wir haben an der Place de la Bastille haltgemacht und in einem menschenleeren Straßencafé Cocktails getrunken. Der Typ war mürrisch. Ich machte ihm keine Avancen, ich lachte nicht. Sobald wir wieder im Auto saßen, hat er mein Bein streicheln wollen. Ich habe es weggezogen. Da ist er böse geworden:

«Wie, Sie lassen sich in meinem Auto herumkutschieren, und dann wollen Sie sich nicht einmal von mir anfassen lassen?» Sein Gesicht hatte sich verändert, in seiner Stimme war keine Spur von Höflichkeit mehr. Ich habe nicht so recht gewußt, was ich antworten sollte. Er hat einen Arm um meine Schultern gelegt und hat mich grob an sich gezogen. Ich habe ihn mit beiden Händen zurückgestoßen und habe mich losgerissen. Er hat jäh aufgehört.

«Bei der dreckigen Visage, die Sie haben, könnten Sie wenigstens nett sein. Wofür halten Sie sich? Komisch, gerade die mickrigen Weiber zieren sich immer am meisten.»

Ich bin schleunigst ausgestiegen. Ich habe noch gehört, wie er mich weiter beschimpfte, während ich mich mit großen Schritten entfernte. Ich war fast am Stadtrand von Paris, und die letzte Metro war schon gefahren, aber ich bereute nichts. Ich war entzückt, ein gänzlich absurdes Ereignis heraufbeschworen zu haben.

In den besten Jahren

Entdecken und Aneignen. Im Hochgefühl ihrer materiellen und ideellen Selbständigkeit entwickelt die junge Philosophielehrerin mit Jean-Paul Sartre das Modell einer Beziehung in Freiheit. Totale Offenheit und das Wissen um die Notwendigkeit des anderen sind die Voraussetzungen dieses Verhältnisses. Im zweiten, 1960 veröffentlichten Memoiren-Band ‹In den besten Jahren› feiert sie das Glück, mit einem Menschen völlige geistige und emotionale Übereinstimmung auszuleben. Nicht Ergänzung, sondern Verdoppelung ihres Zugriffs auf die Welt leistet dieser Bund. Von Anfang an ist die Gemeinschaft vom Bedürfnis zur schonungslosen Ehrlichkeit geprägt. Im Vertrauen darauf, daß «der andere der wichtigste Mensch im eigenen Leben ist, was auch immer kommen mag», realisieren sie ihre Vorstellungen von einer freien Liebe, zu der die Ablehnung von Ehe, Elternschaft und Monogamie gehört. Doch nicht nur vom schieren Entzücken ist in ihren Erinnerungen die Rede. Simone de Beauvoir reflektiert auch die Widersprüche in jener Phase des Aufbruchs. Da ist zunächst einmal die Sinnlichkeit, die sie entdeckt und genießt und doch als schmerzliche Fessel empfindet, wenn sie vom geliebten Mann getrennt ist. Außerdem erkennt sie mit Schrecken, daß das Glück zur Falle werden kann: Die Identifizierung mit einem anderen Menschen birgt die Gefahr einer Vernachlässigung eigener Ziele, ja einer allmählichen Ich-Erosion in sich. Meistens sind es die Frauen, die im Namen der Liebe den höchsten Preis zahlen: die Aufgabe der eigenen Persönlichkeit zugunsten eines Daseins als «relatives Wesen».

Sartre war nicht zur Monogamie berufen; er war gern in Gesellschaft von Frauen, die er weniger komisch fand als Männer. Er war nicht bereit, mit dreiundzwanzig Jahren für immer auf die

Freuden der Abwechslung zu verzichten. «Bei uns beiden», erklärte er mir unter Anwendung seines Lieblingsvokabulars, «handelt es sich um eine notwendige Liebe: es ist unerläßlich, daß wir auch die Zufallsliebe kennenlernen.» Wir waren von gleicher Art, und unser Bund würde so lange dauern wie wir selbst; er bot jedoch keinen Ersatz für den flüchtigen Reichtum der Begegnungen mit anderen Wesen. Warum sollten wir freiwillig auf die Skala der Überraschungen, der Enttäuschungen, der Sehnsüchte, der Freuden verzichten, die sich uns anboten? Auf unseren Spaziergängen beschäftigten wir uns ausführlich mit diesem Thema. Eines Nachmittags hatten wir uns zusammen mit den Nizans auf den Champs-Elysées den Film *Sturm über Asien* angesehen und waren, nachdem wir uns von ihnen getrennt hatten, bis zu den Anlagen beim Carrousel spaziert. Wir setzten uns auf eine Steinbank an einem Seitenflügel des Louvre; als Rückenlehne diente eine Balustrade, die durch einen engen Spalt von der Wand des Gebäudes getrennt war. In diesem Käfig miaute eine Katze; wie war sie hineingeraten? Sie war zu dick, um sich wieder herauszuzwängen. Es wurde Abend, und eine Frau erschien, eine Papiertüte in der Hand: sie holte Küchenabfälle hervor und fütterte die Katze, wobei sie sie zärtlich streichelte. In diesem Augenblick schlug Sartre vor: «Schließen wir einen Zwei-Jahres-Pakt.» Ich konnte es einrichten, diese zwei Jahre in Paris zu bleiben, und wir würden sie in möglichst engem Zusammenleben verbringen. Danach, so schlug er mir vor, sollte auch ich mich um einen Posten im Ausland bewerben. Wir würden einander zwei, drei Jahre nicht sehen und uns dann irgendwo in der Welt wiedertreffen, in Athen zum Beispiel, um auf mehr oder weniger lange Sicht von neuem ein mehr oder weniger gemeinsames Leben zu führen. Wir würden einander nie fremd werden, keiner würde je vergebens an den anderen appellieren, und nichts würde dieser Allianz den Rang ablaufen; aber sie durfte weder in Zwang noch in Gewohnheit ausarten. Um jeden Preis mußten wir sie vor dieser Zersetzung bewahren. Ich willigte ein. Ich gebe zu, daß die Trennung, die Sartre in Aussicht stellte, mich erschreckte; aber sie lag verschwommen in der Ferne, und ich hatte es mir zur Regel gemacht, mich nicht im voraus mit Sorgen zu belasten. Wenn mich dennoch Angst überfiel, hielt ich sie für Schwäche und bemühte mich, sie zu unterdrücken; dabei half mir die bereits erprobte Gewißheit, daß ich mich auf Sartres Wort verlassen konnte. Bei ihm war ein Plan kein vages Geschwätz, sondern ein Bestandteil der Wirklichkeit. Wenn er eines Tages zu mir sagen würde: «Treffpunkt genau heute in zweiundzwanzig Monaten, siebzehn Uhr auf der Akropolis», dann könnte ich mich darauf verlassen, ihn Punkt siebzehn Uhr zweiundzwanzig Monate später auf der Akropolis zu treffen. Allgemeiner ausgedrückt: ich wußte, durch ihn würde mir nie ein Leid zugefügt werden, es sei denn, er stürbe eher als ich.

Von den Freiheiten, die wir uns theoretisch zugestanden, sollte während der Dauer dieses Abkommens kein Gebrauch gemacht werden. Wir hatten vor, uns ohne Zögern und ohne Einschränkung der Neuartigkeit unserer Existenz hinzugeben. Wir schlossen einen weiteren Pakt: weder würden wir einander je belügen noch etwas voreinander verbergen. Die ‹petits camarades› empfanden den größten Abscheu vor dem sogenannten ‹Innenleben›. In jenen Gärten, wo die edlen Seelen zarte Geheimnisse hegen, sahen sie nur stinkenden Morast; dort war die heimliche Brutstätte für Lug und Trug, dort labte man sich an den fauligen Wonnen des Narzißmus. Um diese Schatten und Miasmen zu verscheuchen, stellten sie ihr Leben, ihre Gedanken, ihre Gefühle öffentlich zur Schau. Begrenzt wurde dieser Drang nach Zurschaustellung nur durch ihren Mangel an Neugier: wer zu viel von sich sprach, langweilte die anderen. Aber zwischen Sartre und mir galt diese Einschränkung nicht: es wurde also abgemacht, daß wir einander alles sagen würden. Ich war an Schweigen gewöhnt, und die Befolgung dieser Regel fiel mir zunächst schwer. Aber ich begriff schnell ihre Vorteile; ich brauchte mich nicht mehr mit mir selbst auseinanderzusetzen; ein Blick, wohlwollend zwar, aber unparteiischer als mein eigener, lieferte mir von jeder meiner Bewegungen ein Abbild, das ich für objektiv hielt; diese Kontrolle schützte mich vor Ängsten, falschen Hoffnungen, müßigen Zweifeln, Hirngespinsten, den Erregungszuständen, gängigen Begleiterscheinungen der Einsamkeit. Ich trauerte der Einsamkeit nicht nach, im Gegenteil, ich war glücklich, ihr entronnen zu sein. In Sartre konnte ich hineinsehen wie in mich selbst: welche Beruhigung! Gelegentlich verließ ich mich zu sehr darauf; da er mir nichts verbarg, glaubte ich, mir über ihn überhaupt keine Fragen mehr stellen zu müssen. Später wurde mir des öfteren klar, daß ich es aus Trägheit unterließ. Dann machte ich mir Vorwürfe, nicht genügend wachsam gewesen zu sein, niemals jedoch schob ich die Schuld auf den Pakt, den wir eingegangen waren und von dem wir nie abwichen: kein anderer wäre für uns in Frage gekommen.

Das heißt nicht, daß ich die unbedingte Offenheit als Gesetz oder Allheilmittel für jedermann und in jedem Fall betrachte; in der Folge hatte ich hinlänglich Gelegenheit, über ihr Für und Wider nachzudenken. Eine ihrer Gefahren habe ich in einer Szene meines letzten Romans, *Les Mandarins [Die Mandarins von Paris]*, gezeigt. Anne, deren Klugheit ich in jenem Absatz billige, rät ihrer Tochter Nadine, dem jungen Mann, den sie liebt, nicht zu gestehen, daß sie ihm untreu war. Nadine hat gar nicht die Absicht, ihm ein Geständnis zu machen: sie will nur seine Eifersucht wecken. In vielen Fällen bedeutet sprechen nicht nur mitteilen, sondern handeln. So tun, als übe man auf den andern keinerlei Druck aus, wenn man ihm eine indiskrete Wahrheit verpaßt, ist Betrug. An dieser Doppelbödigkeit der Sprache braucht die Ehrlichkeit nicht zu scheitern, man muß nur einige Vorsicht walten lassen. Gewöhnlich genügt eine kurze Zeitspanne, um den Wörtern ihre Schlagkraft zu nehmen. Bei einigem Abstand kann man *sine ira* Fakten und Gefühle aufdekken, deren sofortige Enthüllung als Machenschaft oder zumindest als Einmischung gegolten hätte.

Sartre hat diese Frage oft mit mir diskutiert, und im 2. Buch von *Les Chemins de la liberté [Wege der Freiheit]* hat auch er sich damit auseinandergesetzt. Im ersten Kapitel geben Mathieu und Marcelle vor, ‹einander alles zu sagen›, in Wahrheit sagen sie gar nichts. Reden ist manchmal nur eine geschickte Methode, etwas zu verschweigen. Selbst da, wo das Wort aussagt, hat es nicht die Macht, die Realität zu unterdrücken, zu überwinden, zu entwaffnen: es dient dazu, ihr zu trotzen.

Wenn zwei Gesprächspartner einander einreden, daß sie über den Ereignissen und den Leuten stehen, über die sie sich vertrauliche Mitteilungen machen unter dem Vorwand, der Wahrheit die Ehre zu geben, betrügen sie sich selbst. Es gibt eine Form der Aufrichtigkeit, die ich häufig beobachtete und die nichts als flagrante Heuchelei ist. Auf das Gebiet der Sexualität beschränkt, zielt sie nicht etwa darauf, ein inniges Verstehen zwischen Mann und Frau zu schaffen, sondern darauf, einem von beiden – meistens dem Mann – ein beruhigendes Alibi zu liefern: er wiegt sich in der Illusion, durch das Geständnis seine Untreue wieder wettzumachen, während er in Wahrheit seiner Partnerin eine doppelte Wunde schlägt.

Im Grunde gibt es keine eherne Regel, die allen Paaren totale Offenheit vorschreibt: jedes muß selbst entscheiden, zu welchem Grad des Gleichklangs es gelangen möchte; niemand hat Rechte noch Pflichten *a priori*. In meiner Jugend behauptete ich das Gegenteil: da war ich zu sehr geneigt anzunehmen, was für mich gelte, gelte auch für alle anderen.

Heute dagegen irritiert es mich, wenn Dritte sich billigend oder tadelnd über unsere Beziehung aussprechen, ohne die Eigenständigkeit zu berücksichtigen, die sie erklärt und rechtfertigt: dieses Zwillingszeichen auf unseren Stirnen. Die Brüderlichkeit, die unser Leben zusammenschmolz, machte jede andere Bindung, die wir hätten eingehen können, überflüssig und lächerlich. Wozu, zum Beispiel, unter dem gleichen Dach wohnen, wenn doch die Welt unser gemeinsamer Besitz war? Und warum eine räumliche Entfernung fürchten, die uns doch niemals trennen könnte? Ein einziger Vorsatz belebte uns: alles erfassen, von allem Zeugnis ablegen; er befahl uns zuweilen getrennte Wege zu gehen, ohne uns deswegen den geringsten unserer Funde vorzuenthalten; wenn wir zusammen waren, beugten wir uns den Forderungen dieses Vorsatzes derart, daß uns sogar im Augenblick der Trennung ein gemeinsamer Wille einte. Das band und das löste uns; und durch dieses Lösen fanden wir uns wieder im Innersten gebunden. [...]

Ich arbeitete ohne Überzeugung; das Schreiben erschien mir bald als Strafaufgabe, bald als Scherz. Jedenfalls hatte ich es nicht eilig. Im Augenblick war ich glücklich, das genügte. Und doch auch wieder nicht. Ich hatte ganz anderes von mir erwartet. Ich führte kein Tagebuch mehr, aber gelegentlich notierte ich einzelne Bemerkungen in einem Heft: «Ich kann mich nicht damit abfinden, zu leben und nutzlos zu leben», schrieb ich im Frühjahr 1930; und kurz danach, im Juni: «Ich habe meinen Stolz verloren – und damit alles verloren.» Es war vorgekommen, daß ich im Widerspruch zu meiner ganzen Umgebung lebte, aber niemals im Widerspruch zu mir selbst. In diesen eineinhalb Jahren lernte ich, daß es möglich ist, nicht zu wollen, was man will, und welches Unbehagen dieser Unentschlossenheit entwächst. Ich war deshalb nicht mit weniger Leidenschaft den Annehmlichkeiten dieser Welt zugewandt, und dennoch, dachte ich, lenkten sie mich von meiner Berufung ab. Ich war auf dem besten Wege, mich zu verraten und zu verlieren. Ich nahm diesen Konflikt tragisch, wenigstens zeitweise. Heute finde ich, daß das Ganze nicht der Rede wert war; damals jedoch war ich jederzeit bereit, alles der Rede wert zu finden.

Was also warf ich mir vor? Vor allem, daß ich zu sorglos in den Tag hineinlebte. Anfangs war ich davon berauscht, bald jedoch empfand ich einen gewissen Ekel. Die Musterschülerin in mir wollte diese unverhohlene Schulschwänzerei nicht länger mitmachen. Meine wahllose Lektüre war reine Zerstreuung, sie brachte mich nicht weiter. Meine einzige Arbeit war Schreiben: ich schrieb, was die Feder hielt, und weil Sartre mich energisch dazu anhielt. Viele junge Mädchen und junge Männer, die mit Ehrgeiz und Mut harte Studien betrieben haben, lernen später die gleiche Enttäuschung kennen. Die täglich erzielten Leistungen, Eroberungen, Fortschritte verschaffen souveräne und unersetzliche Befriedigung. Im Vergleich dazu erscheinen die passiven Wonnen des Müßiggangs nur fade und noch so glanzvoll ausgefüllte Stunden unberechtigt.

Zudem hatte ich mich noch nicht von dem Schlag erholt, den die Gegenüberstellung mit den ‹petits camarades› mir versetzt hatte. Um ein wenig von meinem Stolz zurückzugewinnen, hätte ich etwas tun müssen, und zwar gut; aber ich faulenzte. Meine Trägheit bestätigte mir, daß ich mittelmäßig war. Ein klarer Fall, ich dankte ab. Eine friedliche Koexistenz mit einem anderen Menschen zu führen fällt wahrscheinlich niemandem leicht; ich war dazu nie fähig gewesen. Ich herrschte oder ich verkümmerte. Unter Zazas Tyrannei hatte ich in der Erniedrigung dahingedämmert. Die gleiche Geschichte wiederholte sich, nur daß ich diesmal einen noch tieferen Fall tat und mein Selbstvertrauen brutal zerstört wurde. In beiden Fällen hatte ich meine Heiterkeit bewahrt. Mein Gegenüber faszinierte mich; ich gab mich so weit auf, daß von meiner Person nichts übrigblieb, das sich hätte sagen können: ich bin nichts. Dennoch meldete sich diese Stimme manchmal. Dann stellte ich fest, daß ich meine eigene Existenz aufgegeben hatte, daß ich als Parasit lebte. Als ich mich mit Herbaud entzweite, warf er mir vor, den Individualismus, der mir einst seine Achtung eingetragen hatte, verraten zu haben, und ich mußte ihm recht geben. Noch empfindlicher aber traf mich, daß selbst Sartre sich beunruhigte: «Aber früher, Biber, haben Sie sich doch allerhand Sächelchen gedacht», sagte er befremdet. «Geben Sie acht, daß Sie kein Hausmütterchen werden», sagte er auch. Ich lief gewiß nicht Gefahr, mich in eine Hausfrau zu verwandeln, aber er verglich mich mit jenen Heldinnen bei Meredith, die erbittert für ihre Unabhängigkeit kämpfen und sich am Ende doch damit zufriedengeben, die Gefährtin eines Mannes zu sein. Ich war über mich selbst ärgerlich, weil ich ihn enttäuschte. Wie recht hatte ich damals gehabt, dem Glück zu mißtrauen. Unter welcher Maske es auch auftrat, immer brachte es mich dazu, jeden Verzicht zu leisten. Als ich Sartre begegnet war, hatte ich geglaubt, nun sei alles gewonnen. An seiner Seite konnte meine Selbstverwirklichung nicht mißlingen. Jetzt sagte ich mir: auf das Heil eines anderen mitzusetzen ist der sicherste Weg zum Untergang.

Aber warum eigentlich diese Gewissensbisse, diese Ängste? Ich war doch keine Frauenrechtlerin, ich hatte keine Theorie über Rechte und Pflichten der Frau. So wie ich mich früher geweigert hatte, mich als ‹Kind› bezeichnen zu lassen, so hielt ich mich jetzt nicht für eine ‹Frau›; ich war ich. Und als ‹ich› fühlte ich mich schuldig. Die Heilsidee hatte in mir weitergelebt, auch nachdem Gott tot war, und ich war fest davon überzeugt, daß jeder persönlich für sein eigenes Heil zu sorgen habe. Der Widerspruch, unter dem ich litt, war nicht sozialer, sondern moralischer, ja beinahe religiöser Natur. Ein Leben als ‹Zweitwesen›, als ‹relatives› Wesen hätte für mich geheißen, mich in meiner Eigenschaft als menschliches Geschöpf zu erniedrigen; meine ganze Vergangenheit lehnte sich gegen diese Degradierung auf.[1]

Ich hätte sie weniger ätzend empfunden, wenn nicht noch eine zweite, brennendere, hinzugekommen wäre, die nicht meiner Beziehung zu anderen, sondern einer inneren Zerrissenheit entsprang. Mit Begeisterung hatte ich aufgehört, reiner Geist zu sein. Wenn Herz, Kopf und Fleisch sich in Einklang befinden, bedeutet es ein großes Fest, sich zu ‹verkörpern›. Zuerst erfuhr ich nur die Freude: das entsprach meinem Optimismus und kam meinem Stolz gelegen. Bald jedoch stellten die Umstände mich schonungslos vor eine Tatsache, die ich mit zwanzig Jahren voll Unruhe geahnt hatte: das Entbehren. Bisher hatte ich weder Hunger noch Durst noch Schlaflosigkeit gekannt; plötzlich fiel ich ihnen zum Opfer. Ich verbrachte Tage und Wochen von Sartre getrennt, und am Sonntag in Tours hatten wir Hemmungen, am hellen Tage in ein Hotelzimmer zu gehen. Außerdem wehrte ich mich dagegen, daß die Liebe auf ein abgemachtes Unternehmen hinausliefe: sie sollte frei sein, aber nicht vorsätzlich. Meiner Meinung nach durfte man keinem Begehren nachgeben, das einem widerstrebt, noch sein Vergnügen kaltblütig organisieren. Die Liebesfreude mußte ebenso schicksalhaft und unberechenbar sein wie eine Sturzflut, wie das Blühen eines Pfirsichbaumes. Ich hätte nicht erklären können warum, aber die Vorstellung, daß zwischen den Emotionen meines Körpers und den Entscheidungen meines Willens eine Kluft bestehen könnte, erschreckte mich. Und genau diese Spaltung trat ein. Mein Körper hatte seine Launen, und ich war unfähig, sie zu zügeln. Ihre Heftigkeit überrannte meine Verteidigung. Ich entdeckte, daß die Sehnsucht nicht nur ein seelisches Leid, sondern ein körperlicher Schmerz sein kann; von den Haarwurzeln bis zu den Fußsohlen wob sie ein Nessushemd über meine Haut. Ich haßte das Leiden; ich haßte meine Bereitschaft zu diesem Leiden, das seinen Ursprung in meinem Blut hatte, und ich haßte schließlich das Rauschen des Blutes in meinen Adern. Morgens in der Metro be-

1 Selbstverständlich stellte das Problem sich mir nur in dieser Form, weil ich eine Frau war. Ich versuchte aber, es als Individuum zu lösen. Die Frauenbewegung, der Kampf der Geschlechter, besaß für mich keine Bedeutung.

trachtete ich, noch schlafbefangen, die Leute und fragte mich: Kennen sie diese Marter auch? Wie kommt es, daß kein Buch mir jemals ihre Grausamkeit beschrieben hat? Allmählich fiel das Nessushemd ab, die kühle Luft erfrischte wieder meine Lider. Aber am Abend erwachte die Qual von neuem, Tausende von Ameisen liefen über meinen Mund. Im Spiegel strotzte ich vor Gesundheit, aber ein heimliches Übel zerfraß meine Knochen.

Ein schmachvolles Übel. Ich hatte meine puritanische Erziehung gerade weit genug abgeschüttelt, um meinen Körper ohne Hemmung genießen zu können, aber nicht genug, um seine Aufdringlichkeit hinzunehmen; seine Gier, sein Betteln und Jammern stießen mich ab. Ich war gezwungen, eine Wahrheit einzugestehen, die ich seit meiner Jungmädchenzeit zu verschleiern gesucht hatte: seine Begierden waren stärker als mein Wille. In den Fieberschauern, den Gesten, den Akten, die mich an einen erwählten Mann banden, erkannte ich die Impulse meines Herzens und meiner Freiheit wieder; aber mein einsames Schmachten verlangte wahllos nach irgendeinem Partner. Nachts, im Zug Tours–Paris, konnte eine fremde Hand, die an meinem Bein entlangstrich, einen Aufruhr in mir wecken, der mich in Selbstverachtung stürzte. Ich verschwieg diese Schmach; jetzt, da ich gelernt hatte, alles zu sagen, erschien mir dieses Schweigen als ein Prüfstein: wenn ich etwas nicht zu gestehen wagte, dann war es wirklich unaussprechlich. Durch dieses Schweigegebot, das er mir auferlegte, wurde aus meinem Körper statt einer Brücke eine Schranke, und das erbitterte mich maßlos.

Dabei stand mir doch eine ganze Garnitur von Moralprinzipien zur Verfügung, die mich ermutigten, die Sexualität leichtzunehmen: meine Erfahrung strafte sie Lügen. Ich konnte nicht, wie Alain und seine Jünger, Geist und Körper trennen und jedem das Seine zugestehen, dazu war ich zu durchdrungen vom Materialismus: für mich waren Geist und Körper eins, und mein Körper stellte mich als Ganzes in Frage. Ich neigte eher zu den Claudelschen Sublimierungen und vor allem zum naturalistischen Optimismus, der sich bemüht, Vernunft und Triebhaftigkeit im Menschen in Einklang zu bringen. Bei mir jedoch stellte dieser Einklang sich nicht her. Meine Vernunft versöhnte sich nicht mit dem Entbehren und seiner Tyrannei. In meinem Fleisch entdeckte ich, daß die Menschheit nicht im sanften Licht des Guten ruht. Sie kennt das stumme, vergebliche, ausweglose Ringen des wehrlosen Tieres. Die Erde mußte ein teuflisches Antlitz tragen, wenn immer wieder solche Höllenflammen mich durchzucken konnten.

In dieses Inferno tat ich eines Tages, als Zuschauer, einen Blick, der mich entsetzte, weil ich nicht dagegen gewappnet war. An einem Augustnachmittag saß ich lesend am Rande dieser Gestrüppinsel in Sainte-Radegonde, von der ich berichtet habe. Ich hörte hinter mir ein merkwürdiges Geräusch: knackende Zweige, ein Tier, dessen keuchender Atem einem Röcheln glich. Ich drehte mich um: ein Mann, ein Landstreicher, lag im Gebüsch; die Augen starr auf mich gerichtet, befriedigte er sich. Ich floh in panischem Schrecken. Welch brutale Tragik lag in diesem einsamen Akt! Lange war mir die Erinnerung daran unerträglich.

Der Gedanke, daß ich mit allen Menschen das gleiche Los teilte, war mir kein Trost. Daß die Stimme meines Blutes mich verurteilte zu gehorchen, anstatt zu befehlen, verletzte meinen Stolz. Es ist nicht leicht, von allen Anklagen, die ich gegen mich erhob, die schwerwiegendste herauszugreifen; sie verliehen sich gegenseitig Gewicht. Ich hätte die Unbotmäßigkeit meines Körpers leichter hingenommen, wenn ich in meinem sonstigen Leben mit mir zufrieden gewesen wäre; und mein intellektuelles Parasitentum hätte mich weniger beunruhigt, wenn ich nicht gespürt hätte, wie meine Freiheit von meinem Fleisch aufgesogen wurde. Aber meine brennenden Besessenheiten, die Nichtigkeit meiner Beschäftigungen, meine Selbstaufgabe zugunsten eines anderen, all das trug dazu bei, mir ein Gefühl der Schuld und des Versagens einzuflößen. Es reichte zu tief, als daß ich hätte versuchen können, mich seiner durch Tricks zu entledigen. Ich hatte nicht die Absicht, meine Gefühle zu verfälschen, durch Taten und Worte eine Freiheit vorzutäuschen, die ich nicht besaß. Ich hoffte auch nicht auf eine plötzliche Bekehrung. Ein einfacher Willensakt genügt nicht, um wieder Selbstvertrauen zu gewinnen, um den schlummernden Ehrgeiz wieder zu wecken, um eine echte Unabhängigkeit neu zu erobern, das wußte ich. Meine

Ethik gebot, daß ich im Mittelpunkt meines Lebens bliebe, während ich spontan eine andere Existenz der meinigen vorzog. Um mein Gleichgewicht ohne Betrug wiederzufinden, hätte es einer langen Arbeit bedurft, das war mir klar.

Sie kam und blieb

1938 beginnt Simone de Beauvoir die Arbeit an ihrem ersten Roman ‹Sie kam und blieb›, der 1943 erscheint. Entwicklung und Zerfall einer Dreiecksbeziehung sind Beauvoirs Stoff für eine Auseinandersetzung mit einer zentralen Kategorie des Existentialismus: dem «Anderen». Dem Buch ist das Wort Hegels vorangestellt, daß jedes Bewußtsein auf den Tod des anderen gehen muß. Das Subjekt, das sich notwendig als Mittelpunkt der eigenen Existenz setzt, erfährt das fremde Bewußtsein als Bedrohung. Simone de Beauvoirs eigene Erfahrungen sind die Grundlage dieser mitreißenden Erzählung, sie hat kurz zuvor die Wucht des Eindringens einer fremden Existenz in ihrer Beziehung zu Sartre schmerzvoll fühlen müssen. Trotz aller aufrichtig empfundenen Vorsätze erlebt sie das intensive Interesse Sartres an einer anderen Frau als Angriff auf die eigene Souveränität, als Aushöhlung des «Paktes». Die Launen, die Handlungen der Dritten gewinnen eine feindselige Bedeutung. Es geht aber nicht nur um das vordergründige Problem der Eifersucht, um das Auseinanderklaffen von hehren Ansprüchen und kleinlichem Handeln (obwohl die Autorin die therapeutische Wirkung des literarischen Mordes an der Rivalin durchaus zu schätzen weiß), sondern anhand erlebter Realität geht Beauvoir einer Frage nach, mit der sie sich schon länger in der Philosophie beschäftigt: Wieviel darf der andere sein / bedeuten? Wie erleben wir die Schnittstellen verschiedener Existenzen?

Simone de Beauvoir stürzt drei Figuren, Françoise, Pierre und Xavière in ein zunächst bereicherndes Experiment mit der freien Liebe. Die selbstsichere Schriftstellerin Françoise entdeckt die junge, antriebsschwache Xavière. Sie macht das kapriziöse Mädchen zu ihrem Geschöpf, dem sie Form und Sinn verleihen will. Doch als sich ihr Lebensgefährte Pierre ebenfalls Xavières annimmt, kommt es zu einem bedrückenden Machtkampf um den

Status, den jeder Protagonist im Leben der beiden anderen einnimmt. Nur die Vernichtung Xavières, so die etwas melodramatische Konsequenz, erlaubt es Françoise, wieder in Übereinstimmung mit sich selbst zu leben. Das Scheitern der Konstellation ist in dem Augenblick vorprogrammiert, da Pierre und Xavière der kranken Françoise ihre Liebe zueinander gestehen.

Trotz des leichten Tones, in dem es hingesagt war, fiel das Wort doch schwer in den Raum, und Schweigen nahm es auf. Xavière lächelte etwas verkrampft. Françoise bemühte sich auszusehen, als ob nichts geschehen wäre; es handelte sich nur um ein Wort, doch dieses Wort war entscheidend, und bevor Pierre es aussprach, hätte er mit ihr reden sollen. Sie war nicht eifersüchtig auf ihn, aber sie verlor doch nicht ohne ein inneres Aufbegehren dies kleine Mädchen aus Gold und Seide, das sie an einem grimmigkalten Morgen an sich gezogen hatte.

Mit ruhiger Gelassenheit fuhr Pierre in seiner Rede fort:

– Xavière sagte mir, sie habe bis dahin gar nicht recht begriffen, daß es Liebe sei; er lächelte; sie stellte freilich fest, daß die Stunden, die wir zusammen verbrachten, glücklich und inhaltsreich seien, aber sie kam nicht auf den Gedanken, daß das an meiner Gegenwart lag.

Françoise schaute zu Xavière hinüber, die ihrerseits den Blick mit unbeteiligter Miene auf den Fußboden heftete. Sie war ungerecht, Pierre hatte sie wohl um Rat gefragt; sie hatte als erste gesagt – es war nun schon lange her –: ‹Du kannst dich in sie verlieben›; beim Fest in der Weihnachtsnacht hatte er sich bereit erklärt, auf Xavière zu verzichten. Er war jetzt vollkommen im Recht mit dem Gefühl eines reinen Gewissens.

– Und das kam euch wie eine magische Fügung des Schicksals vor? fragte Françoise etwas ungeschickt.

Xavière warf heftig den Kopf zurück.

– Aber nicht doch, sagte sie. Sie schaute Pierre an: Ich wußte, daß es an Ihnen lag, aber ich dachte, es sei nur, weil Sie so interessant und unterhaltend seien. Nicht wegen ... sonst etwas.

– Und was denken Sie jetzt? Sie haben doch seit gestern, sagte Pierre mit gewinnender und etwas besorgter Miene, nicht Ihre Meinung geändert?

– Natürlich nicht, ich bin doch keine Wetterfahne, gab Xavière steif zurück.

– Sie könnten sich doch aber getäuscht haben, meinte Pierre, dessen Stimme zwischen Kühle und Liebenswürdigkeit schwankte. Vielleicht haben Sie in der gehobenen Stimmung des Augenblicks Freundschaft für Liebe gehalten.

– Habe ich gestern abend so einen besonders hochgestimmten Eindruck gemacht? forschte Xavière mit einem etwas gespannten Lächeln.

– Sie waren dem Augenblick so völlig hingegeben, sagte Pierre.

– Nicht mehr als sonst, meinte Xavière. Sie faßte nach einer Haarsträhne und schielte mit töricht-lasterhaftem Blick darauf hin. Es ist nur so, setzte sie mit schleppender Stimme hinzu, daß diese großen Worte alles gleich so gewichtig machen.

Pierres Miene wurde verschlossen.

– Wenn die Worte angemessen sind, warum dann Angst davor haben?

– Das ist auch wieder richtig, meinte Xavière und fuhr mit dem schrecklichen Schielen fort.

– Liebe, sagte Pierre, ist doch kein Geheimnis, das man schamvoll verbergen muß. Ich sehe es als Schwäche an, wenn man die Dinge, die in einem vorgehen, nicht mit dem rechten Namen nennen will.

Xavière zuckte die Achseln.

– Niemand kann aus seiner Haut, sagte sie, ich bin nun einmal so gar nicht für Publizität.

Pierre sah auf einmal derartig bestürzt und verfallen aus, daß es Françoise zu Herzen ging; er konnte etwas so Zerbrechliches haben, wenn er sich seiner Waffen begab.

– Ist es Ihnen unangenehm, fragte er, daß wir hier zu dritt darüber reden? Aber wir hatten es gestern doch so ausgemacht. Vielleicht wäre es besser gewesen, wenn jeder von uns mit Françoise allein gesprochen hätte? Er blickte unsicher auf Xavière. Sie warf ihm einen gereizten Blick zu.

– Es ist mir ganz gleich, entgegnete sie, ob wir zwei oder drei oder eine große Versammlung sind, nur kommt es mir komisch vor, daß Sie zu mir von meinen eigenen Gefühlen reden.

Sie lachte nervös.

– Es ist sogar so komisch, daß ich es kaum glauben kann. Bin ich das wirklich, von der die Rede ist? Mich wollen Sie analysieren? Und ich soll mir das gefallen lassen?

– Warum denn nicht? Es handelt sich doch um uns beide, sagte Pierre; er lächelte sie schüchtern an; heute nacht kam es Ihnen doch ganz natürlich vor.

– Heute nacht … sagte Xavière; ihr Lächeln war jetzt fast schmerzhaft verzerrt. Sie kamen mir endlich einmal so vor, als erlebten Sie die Dinge, anstatt nur darüber zu reden.

– Sie sind wirklich gar nicht nett, sagte Pierre.

Xavière griff sich in die Haare und preßte dann die Hände gegen die Schläfen.

– Das ist doch Wahnsinn, stieß sie heftig hervor, so von sich selber zu sprechen, als sei man ein Stück Holz.

– Sie wollen alle Dinge nur im Dunkel und im Verborgenen abmachen, hielt Pierre ihr jetzt in ergrimmtem Tone vor. Sie sind unfähig, sie am hellen Tag zu denken und zu wollen. Nicht die Worte stören Sie: worüber Sie so aufgebracht sind, ist die Zumutung, sich heute offen und freiwillig zu dem zu bekennen, was Sie gestern abend unversehens zugestanden haben.

Xavières Antlitz verlor allen Glanz; sie blickte Pierre an wie ein gehetztes Wild. Françoise hätte Pierre am liebsten zum Schweigen gebracht; seine Züge wirkten so hart bei dem scharfen, fordernden Ton, den er anschlug, daß sie gut verstand, wenn man Angst bekam und sich ihm zu entziehen versuchte; auch er war nicht glücklich in diesem Augenblick, aber bei all seiner Verwundbarkeit konnte Françoise sich doch nicht enthalten, einen Mann in ihm zu sehen, der seinen Triumph als Mann leidenschaftlich zu sichern bestrebt war.

– Sie haben mich erklären lassen, fing Pierre von neuem an, daß Sie mich lieben. Es wird jetzt Zeit, daß Sie es widerrufen. Ich wäre ganz und gar nicht erstaunt festzustellen, daß Sie eben immer nur Augenblicksregungen haben.

Böse schaute er auf Xavière.

– Kommen Sie, sagen Sie nur ganz offen, daß Sie mich nicht lieben.

Xavière warf Françoise einen verzweifelten Blick zu.

– Oh, ich wünschte, das wäre alles nicht gewesen, stieß sie klagend hervor, vorher war doch alles gut! Warum haben Sie es verdorben?

Dieser Ausbruch schien Pierre nahezugehen; er sah Xavière an, dann Françoise, und wußte nicht, was tun.

– Laß sie doch erst einmal wieder zu sich kommen, sagte Françoise, du quälst sie ja.

Lieben oder nicht lieben; wie kurz und vernunftbestimmt Pierre in seinem Durst nach Gewißheit wurde. Françoise hatte ein schwesterliches Mitgefühl für die Verwirrung Xavières; welche Worte hätte sie finden sollen, um sich selbst zu beschreiben? Alles war trübe in ihr.

– Verzeihen Sie mir, sagte Pierre; es war unrecht von mir, so heftig zu werden; ich möchte auf keinen Fall, daß Sie denken, irgend etwas zwischen uns sei zu Schaden gekommen.

– Das ist es aber doch, Sie sehen ja! rief Xavière; ihre Lippen bebten, sie war am Ende ihrer Nervenkraft; mit einem Male vergrub sie das Gesicht in den Händen.

– Was soll ich jetzt tun, was soll ich tun? hauchte sie.

Pierre beugte sich über sie.

– Aber es ist doch nichts geschehen, nichts hat sich geändert, redete er ihr zu.

Xavière ließ die Hände auf die Knie sinken.

– Es hat jetzt alles soviel Gewicht bekommen, es erdrückt mich, als sei ich zwischen schwere Steine geraten. Sie zitterte am ganzen Leib. Es ist jetzt schwer wie Stein.

– Glauben Sie doch nicht, daß ich jetzt etwa mehr von Ihnen erwarte, ich will gar nichts von Ihnen, versicherte Pierre. Es ist alles genau, wie es war.

– Sie sehen ja, sagte Xavière, wie jetzt schon alles geworden ist; sie reckte sich im Sitzen auf und warf den Kopf nach hinten, um ihre Tränen festzuhalten; ihr Hals schwoll von krampfhaftem Schluchzen an. Es ist ein Unglück, ich weiß es, und ich habe einfach nicht die Kraft dafür.

Françoise sah alles todtraurig und im Gefühl ihrer Ohnmacht mit an; es war wie damals im ‹Dôme›, nur konnte Pierre sich heute erst recht nicht irgendeine tröstende Geste gestatten; es wäre nicht nur Kühnheit, sondern geradezu eine Anmaßung gewesen. Françoise hätte am liebsten den Arm um diese zuckenden Schultern gelegt und die richtigen Worte gefunden, aber sie war ja hilflos an ihr Lager gefesselt; keine Berührung war möglich, sie hätte nur steif klingende Worte sagen können, die von vornherein einen falschen Ton hatten. Xavière versuchte sich ganz allein wie eine einsame Seherin gegen die drohenden Gefahren zu wehren, von denen sie sich rings umlauert fühlte.

– Zwischen uns dreien, sagte Françoise, kann es kein Unglück geben. Du solltest Vertrauen haben, Xavière. Wovor hast du denn Angst?

– Ich habe Angst, sagte Xavière.

– Pierre ist zwar eine Natter, wie du sagst, aber er zischt mehr, als er beißt; wir werden ihn bändigen. Nicht wahr, du läßt dich doch bändigen, Pierre?

– Ich werde nicht einmal mehr zischen, das schwöre ich, sagte Pierre.

– Nun also? fragte Françoise.

Xavière atmete tief.

– Ich habe Angst, wiederholte sie mit erlahmender Stimme.

Wie am Vortage zur gleichen Stunde ging die Tür leise auf, und mit der Spritze in der Hand trat die Schwester ein.

Xavière sprang von ihrem Sitz auf und ging zum Fenster.

– Es ist gleich geschehen, sagte die Schwester. Pierre erhob sich und machte eine Bewegung, als wolle er Xavière folgen, blieb aber dann am Kamin stehen.

– Ist das jetzt die letzte Spritze? fragte Françoise.

– Morgen bekommen Sie noch eine, sagte die Schwester.

– Und dann kann ich mich ebensogut zu Hause auskurieren?

– So eilig haben Sie es, von uns wegzukommen? Sie müssen noch etwas warten, bis Sie besser bei Kräften sind und den Transport vertragen.

– Wie lange? Acht Tage?

– Acht bis zehn Tage noch.

Die Schwester machte den Einstich.

– So, das ist geschehen, sagte sie. Sie deckte Françoise wieder zu und ging gutmütig lächelnd hinaus. Xavière fuhr auf dem Absatz herum.

– Wie ich diese Person hasse mit ihrer honigsüßen Stimme,

stieß sie giftig hervor. Einen Augenblick lang stand sie still im Hintergrund des Zimmers, dann schritt sie auf den Sessel zu, auf dem ihr Regenmantel lag.

– Was machst du? fragte Françoise.

– Ich muß jetzt frische Luft schöpfen, sagte Xavière, hier ersticke ich. Pierre machte eine Bewegung. Ich habe das Bedürfnis, allein zu sein, setzte sie heftig hinzu.

– Xavière! Seien Sie doch nicht so eigensinnig! bat Pierre. Kommen Sie, setzen Sie sich, wir wollen vernünftig reden.

– Reden! Es ist schon viel zuviel geredet worden! sagte Xavière. Sie schlüpfte rasch in den Mantel und wandte sich zur Tür.

– Gehen Sie nicht so, bat Pierre mit sanfter Stimme. Er streckte seine Hand aus und berührte leicht ihren Arm; Xavière schnellte förmlich zurück.

– Sie werden mir jetzt keine Befehle geben, sagte sie mit tonloser Stimme.

– Geh an die Luft, sagte Françoise, aber komm gegen Abend noch einmal herein zu mir, willst du?

Xavière warf ihr einen Blick zu.

– Ja, ich will gern, sagte sie gefügig.

– Sehe ich Sie heut abend um zwölf? fragte Pierre etwas kurz.

– Ich weiß nicht, brachte Xavière fast unhörbar hervor. Rasch öffnete sie die Tür und schloß sie wieder hinter sich.

Pierre trat ans Fenster und blieb, die Stirn an die Scheibe gelehnt, einen Augenblick lang unbeweglich stehen; offenbar sah er ihr nach.

– Da habe ich etwas Schönes angerichtet, sagte er und kam an das Bett zurück.

– Es war aber auch furchtbar ungeschickt von dir, sagte Françoise nervös. Was ist nur in dich gefahren? Es war wirklich das Letzte, was du tun durftest, hier mit Xavière zu erscheinen und mir brühwarm eure Unterhaltung zu wiederholen. Die Situation war peinlich für alle Beteiligten; selbst eine weniger scheue Person hätte das nicht ertragen.

– Was sollte ich denn tun? fragte Pierre. Ich hatte vorgeschlagen, sie solle allein zu dir gehen, aber natürlich fand sie, daß das über ihre Kräfte ginge und daß wir sehr viel besser täten, zusammen vor dich zu treten. Für mich kam gar nicht in Frage, daß ich dir etwas sagte, ohne daß sie dabei wäre; das hätte ja so ausgesehen, als wollten wir die Sache über ihren Kopf hinweg unter uns Erwachsenen abmachen.

– Ich weiß nicht recht, sagte Françoise, jedenfalls war es eine sehr heikle Angelegenheit.

Mit einem gewissen Behagen beharrte sie auf ihrem Standpunkt:

– Unter allen Umständen war die Lösung nicht glücklich, die du gefunden hast.

– Gestern abend, sagte Pierre, sah alles so einfach aus. Geistesabwesend starrte er vor sich hin. Wir machten die Entdeckung, daß wir uns liebten, und wollten es dir erzählen wie etwas Schönes, das uns widerfahren ist.

Das Blut stieg Françoise in die Wangen, und in ihrem Herzen war Groll; wie sie diese Rolle der gleichmütig segnenden Gottheit haßte, die sie ihr zuschieben wollten, aus Bequemlichkeit, unter dem Vorwand ihrer beiderseitigen Verehrung.

– Ja, und dadurch war das Ganze von vornherein sanktioniert, sagte Françoise. Ich verstehe schon; Xavière mußte noch mehr als dir an der Vorstellung gelegen sein, daß mir berichtet würde, was heute nacht sich zugetragen hat.

Sie sah sie wieder vor sich, die Mienen beseligten Einverständnisses, mit der sie ins Zimmer getreten waren; sie brachten ihr ihre Liebe wie ein schönes Geschenk, und sie sollte sie ihnen in Tugend umgewandelt wiedergeben.

– Nur stellt sich Xavière die Dinge nie bis ins einzelne vor; sie hatte nicht daran gedacht, daß man die Sache in Worte kleiden müsse; sobald du aber den Mund aufgetan hast, war sie einfach entsetzt; von ihrer Seite verwundert mich das nicht; aber du hättest es voraussehen müssen.

Pierre zuckte die Achseln.

– Ich war ganz frei von Berechnung, sagte er. Ich war ganz ohne Arg. Du hättest sehen sollen, wie schmelzend und hingegeben diese kleine Furie gestern abend war. Als ich das Wort Liebe gebrauchte, fuhr sie etwas zusammen, aber ihre Züge drückten sofort ihre Einwilligung aus. Ich habe sie nach Hause gebracht.

Er lächelte, aber es sah aus, als sei er sich dessen gar nicht bewußt; seine Augen blieben starr.

– Als ich mich verabschiedete, habe ich sie in die Arme genommen, und sie hat mir ihren Mund dargeboten. Es war ein ganz schwesterlicher Kuß, aber in ihrer Gebärde lag soviel Zärtlichkeit.

Die Vorstellung wirkte auf Françoise, als wenn man an eine Brandwunde rührt; sie sah Xavière in ihrem schwarzen Kostüm, mit der schottischen Bluse, in der ihr Hals so weiß erschien, Xavière geschmeidig und warm in Pierres Armen, die Augen halb geschlossen und mit geöffneten Lippen. Niemals würde sie selbst dies Gesicht so vor sich sehen können. Sie nahm sich gewaltsam zusammen; sie durfte nicht ungerecht sein, nicht diesen wachsenden Groll Macht über ihre Seele gewinnen lassen.

– Einfach ist diese Liebe nicht, sagte sie, die du ihr da bietest. Kein Wunder, daß sie Angst bekommt. Wir sind gar nicht gewohnt, sie unter diesem Gesichtspunkt zu betrachten, aber schließlich ist sie ein junges Mädchen und hat noch nicht geliebt. Das macht immerhin etwas aus.

– Daß sie nur keine Dummheiten macht, meinte Pierre.

– Was soll sie denn tun? fragte Françoise.

– Man kann nie wissen bei ihr; bedenke, in was für einer Verfassung sie war.

Er sah Françoise ängstlich an.

– Du mußt versuchen, ihr alles zu erklären. Du bist die einzige, die die Sache wieder in Ordnung bringen kann.

– Ich will es versuchen, versprach Françoise.

Sie blickte ihn sinnend an, und das Gespräch mit ihm am Vortage fiel ihr wieder ein: allzulange hatte sie ihn blindlings geliebt für alles, was sie von ihm empfing; aber sie hatte sich ja geschworen, ihn um seiner selbst willen zu lieben und noch bis in die freie Entscheidung hinein, durch die er sich ihr entzog; sie wollte doch nicht gleich beim ersten Hindernis straucheln. Lächelnd sah sie ihm in die Augen.

– Ich will versuchen, ihr klarzumachen, sagte sie, daß du nicht etwa ein Mann zwischen zwei Frauen bist, sondern daß wir drei zusammen etwas ganz Besonderes darstellen, etwas, was vielleicht schwierig ist, aber sehr schön und glücklich werden könnte. [...]

Schon fing es wieder an; ätzend wie Säure stieg der Haß aus Xavière in schweren Wolken auf; es hatte gar keinen Zweck, sich vor diesem brennenden Schmerz schützen zu wollen, man konnte nur hinnehmen und abwarten, aber Françoise hatte das Gefühl, am Ende ihrer Kraft zu sein. Pierre war nicht so resigniert, er hatte keine Angst vor Xavière.

– Warum hassen Sie uns auf einmal? fragte er sie streng.

Xavière brach in schrilles Gelächter aus.

– Ach! Fangen Sie wieder an! sagte sie. Ihre Wangen glühten, ihre Lippen waren verzerrt, sie schien ganz außer sich zu sein. Ich verschwende meine Zeit nicht damit, Sie zu hassen, ich höre auf die Musik.

– Sie hassen uns, beharrte Pierre.

– Durchaus nicht, antwortete Xavière. Sie atmete wieder ruhiger: Das ist nicht das erste Mal, daß ich mich wundere, wie Sie die Dinge von außen her betrachten, als wäre alles nur eine Bühnendekoration. Sie legte die Hand auf ihre Brust und fuhr mit leidenschaftlichem Lächeln fort: Ich bin aus Fleisch und Blut, verstehen Sie das nicht?

Pierre warf Françoise einen verzweifelten Blick zu; er zögerte einen Augenblick, dann überwand er sich offenbar: Was ist denn eigentlich geschehen? fragte er in versöhnlicherem Ton.

– Nichts ist geschehen, sagte Xavière.

– Sie haben gefunden, daß wir uns eben wie ein Liebespaar benommen haben, sagte Pierre.

Xavière blickte ihm in die Augen.

– Genau das, gab sie hochmütig zurück.

Françoise biß die Zähne zusammen, sie war von einer wilden Lust erfüllt, Xavière zu prügeln, sie mit Füßen zu treten; stundenlang mußte sie geduldig ihren Liebesduetten mit Pierre lauschen, und wenn sie selbst auch nur das kleinste Zeichen der Freundschaft mit ihm tauschte, bestritt Xavière ihr das Recht dazu! Das ging zu weit, so konnte es nicht bleiben. Sie ertrug es einfach nicht mehr.

– Sie sind wirklich seltsam ungerecht, sagte Pierre zornig zu Xavière. Wenn Françoise niedergeschlagen war, so war es wegen meines Verhaltens Ihnen gegenüber. Ich glaubte nicht, daß man das so auslegen kann, als träten wir als Liebespaar auf.

Ohne zu antworten, beugte Xavière sich vor. An einem Nachbartisch war eine Frau aufgestanden und trug mit rauher Stimme ein spanisches Gedicht vor; alles schwieg, alle Blicke ruhten auf ihr. Selbst wenn man nicht den Sinn der Worte verstand, wurde man bis ins Innerste von dem leidenschaftlichen Tonfall und von dem durch eine innere Glut verzehrten Gesicht gepackt. Das Gedicht handelte von Haß und Tod, vielleicht auch von Hoffnung, und durch all das Sichaufbäumen und die Klage hindurch war es das zerrissene Spanien selbst, das vor einem erstand. Feuer und Blut hatten aus den Straßen die Gitarren, die Lieder, die leuchtenden Mantillen, die Nardenblüten verbannt; die Tanzhäuser waren dahingesunken, und Bomben hatten die Schläuche mit Wein zum Platzen gebracht; in der warmen Süße des Abends irrten Hunger und Furcht durch die Stadt. Die Flamencogesänge, der Duft des Weins, an dem man sich berauschte, waren nur noch düstere Beschwörung einer toten Vergangenheit. Einen Augenblick lang saß Françoise mit starr auf diesen roten, tragischen Mund gehefteten Blicken da und gab sich den trostlosen Bildern hin, die dieser rauhe Zaubergesang im Geiste erstehen ließ; sie hätte sich mit Leib und Seele an diese Klagerufe, diese Sehnsuchtslaute verlieren mögen, die unter dem geheimnisvollen Reichtum an Lauten und Tonlagen zitterten. Sie wendete den Kopf; sie konnte nicht an sich selber denken, aber auch nicht vergessen, daß Xavière an ihrer Seite saß. Xavière schaute die Frau nicht mehr an, sie starrte vor sich ins Leere; eine Zigarette verglomm zwischen ihren Fingern, und die Glut berührte schon fast ihre Haut, ohne daß sie es zu bemerken schien; sie war wie eine in Trance versenkte Hysterikerin. Françoise strich sich mit der Hand über die Stirn; sie war feucht, die Luft war drückend heiß, und in ihrem Innern brannten Gedanken wie Flammen. Die feindselige Gegenwart, die sich soeben in einem Wahnsinnslachen geoffenbart hatte, rückte immer näher heran; sie konnte sie sich mit der unverhüllten Drohung, die darin beschlossen war, nicht mehr länger verhehlen; Tag für Tag, Minute für Minute war Françoise geflüchtet vor der Gefahr; jetzt aber war es soweit, jetzt war das Unüberwindliche da, das sie in vielerlei unbestimmten Formen seit ihrer frühesten Kindheit schon hatte herannahen fühlen: in der wahnhaften Verzückung Xavières, ihrem Haß, ihrer Eifersucht brach das Ärgernis aus, ungeheuerlich wie der Tod und unwiderruflich wie er; Auge in Auge mit Françoise und dennoch außerhalb von ihr existierte etwas wie ein endgültiges Verdikt, das unabänderlich war: frei, absolut, unerschütterlich erhob ein fremdes Bewußtsein sein Haupt. Es bestand wie der Tod in völliger Verneinung und ewiger Abwesenheit, und dennoch konnte durch einen bestürzenden Widerspruch dies Nichts sich selber gegenwärtig sein und für sich selbst existieren; das Universum versank darin, und Françoise, für immer der Welt verlustig, ging unter in dieser Leere, deren unendlichen Horizont kein Bild zu umschreiben vermochte.

– Geben Sie acht, sagte Pierre.

Er beugte sich zu Xavière hinüber und streifte die rote Glut von ihren Fingern ab; sie sah ihn an, als wache sie aus einem Alptraum auf, dann blickte sie auf Françoise. Plötzlich ergriff sie beider Hände, ihre Handflächen waren glühend heiß. Françoise bebte bei der Berührung mit den fiebrigen Fingern, die sich um ihre krampften; sie hätte am liebsten ihre Hand zurückgezogen, den Kopf abgewandt, mit Pierre gesprochen, aber sie war nicht fähig, eine Bewegung zu machen; an Xavière gefesselt, betrachtete sie mit starrem Staunen diesen Körper, den man berühren konnte, und dies schöne sichtbare Antlitz, hinter dem sich eine so unheilvolle Anwesenheit verbarg. Lange war Xavière für Françoise nichts anderes als ein Stück ihres eigenen Lebens gewesen; jetzt war sie plötzlich zu einer alles beherrschenden, alleinigen Wirklichkeit geworden, und Françoise hatte nur die blasse Stofflichkeit, die ein Abbild besitzt.

– Warum sie und nicht ich? Das war die Frage, die Françoise leidenschaftlich an sich selber richtete; man hätte nur ein Wort zu sagen brauchen, man brauchte nur zu sagen: ‹Ich›. Aber man hätte daran glauben müssen, man müßte die Fähigkeit haben, sich für sich selbst zu entscheiden; seit Wochen schon war Françoise nicht mehr imstande, Xavières Haß, ihre Zärtlichkeit, ihre Gedanken als harmlose Schäume anzusehen; sie hatte sich von ihnen ergreifen und verletzen lassen, sie hatte sich selbst zur Beute gemacht; aus freien Stücken hatte sie sich in Widerstand und Auflehnung als ein Werkzeug der eigenen Vernichtung betätigt; sie wohnte ihrer Geschichte als teilnahmsloser Zeuge bei, und hatte niemals gewagt, sich selber zu bestätigen, während Xavière von Kopf bis Fuß nichts als lebendige Selbstbehauptung war. Sie setzte ihre Existenz mit einer so machtvollen Sicherheit durch, daß Françoise wie gebannt dadurch so weit gekommen war, Xavière sich selber vorzuziehen und sich ihr unterzuordnen. Sie hatte sich dazu herbeigefunden, mit Xavières Augen Orte, Menschen, sogar das Lächeln Pierres zu sehen; sie war so weit, daß sie sich selbst nur noch in den Gefühlen erkannte, die Xavière ihr entgegenbrachte, und jetzt noch versuchte, sie mit ihr zu verschmelzen; aber bei diesem unmöglichen Bemühen gelang ihr nur, sich selber vollends zu vernichten. [...]

– Wie steht es denn mit dir? fragte Pierre, der sich ihr gegenüber niederließ.

– Mit mir? fragte Françoise. In ruhigen Augenblicken war sie immer befangen, wenn von ihr selbst die Rede war.

– Ja, sagte Pierre. Empfindest du auch weiterhin Xavières Existenz als eine Störung deines Gleichgewichts?

– Du weißt ja, daß ich das immer nur augenblicksweise tue, sagte sie.

– Aber von Zeit zu Zeit ist es wieder da? beharrte Pierre.

– Das kann nicht anders sein, sagte Françoise.

– Ich muß mich über dich wundern, sagte Pierre. Du bist der einzige Mensch, den ich kenne, der imstande ist, Tränen bei der Entdeckung zu vergießen, daß ein anderer ein Bewußtsein hat wie er selbst.

– Du findest das natürlich dumm?

– Aber nicht doch, sagte Pierre. Es ist ganz wahr, daß jeder sein Bewußtsein als ein Absolutes erlebt. Wie aber wären mehrere Absolute miteinander vereinbar? Das ist ebenso geheimnisvoll wie Geburt und Tod. Es ist sogar ein solches Problem, daß alle Philosophen sich die Zähne daran ausbeißen.

– Worüber wunderst du dich dann? fragte Françoise.

– Was mich wundert, ist, daß du dich auf eine so konkrete Weise von einer metaphysischen Situation betroffen fühlen kannst.

– Aber das ist doch etwas Konkretes, sagte Françoise. Der ganze Sinn meines Lebens steht dabei auf dem Spiel.

– Dagegen sage ich auch nichts, meinte Pierre. Er schaute sie unverhohlen neugierig an. Aber es ist ungewöhnlich, wie du eine Idee in dieser Weise mit Leib und Seele erlebst.

– Aber für mich, sagte Françoise, ist eben eine Idee nichts Theoretisches; man erlebt sie, oder sie bleibt Theorie, und dann zählt sie nicht. Sie lächelte: wenn es nicht so wäre, hätte nicht erst Xavière kommen müssen, damit ich spürte, daß mein Bewußtsein nicht das einzige auf der Welt ist.

Pierre fuhr sich nachdenklich mit dem Finger über die Unterlippe.

– Ich verstehe sehr gut, daß du diese Entdeckung an Xavière gemacht hast.

– Ja, sagte Françoise. Mit dir hat es da nie eine Schwierigkeit gegeben, weil ich zwischen dir und mir kaum einen Unterschied mache.

– Und unter uns beiden, sagte Pierre, besteht ja da auch absolute Gegenseitigkeit.

– Wie meinst du das?

– In dem Augenblick, wo du mir ein Bewußtsein zuerkennst, weißt du, daß ich dir auch eines zuerkenne. Dadurch ist alles ganz anders.

– Vielleicht, sagte Françoise. Sie blickte ratlos auf den Grund ihres Glases. Alles in allem ist das Freundschaft: jeder verzichtet darauf, die Oberhand zu haben. Wenn aber einer von beiden nicht darauf verzichten will?

– In dem Falle ist Freundschaft unmöglich, sagte Pierre.

– Und was macht man dann?

– Ich weiß auch nicht, sagte Pierre.

Xavière gab sich niemals auf; wenn sie einen auch noch so hoch stellte, wenn sie einen selbst liebte, immer blieb man Objekt für sie.

– Da kann man nichts machen, sagte Françoise.

Sie lächelte. Man müßte Xavière töten ... Sie stand auf und trat ans Fenster. An diesem Abend lag Xavière ihr nicht so schwer auf der Seele. Sie hob den Vorhang auf; sie liebte den kleinen ruhigen Platz, auf den die Leute der umliegenden Straßen sich erholen kamen; ein alter Mann saß auf einer Bank und zog etwas zu essen aus seiner Tasche, ein Kind lief rings um einen Baum, dessen Blätter durch das Licht der Straßenlaterne klar ausgeschnitten wurden, als wären sie aus Blech. Pierre war frei. Sie selber war allein. Aber auf dem Grunde dieses Getrenntseins konnten sie dennoch eine ebenso wesentliche Einheit finden, wie es die gewesen war, von der sie früher allzu sorglos träumte.

– Woran denkst du? fragte Pierre.

Sie nahm sein Gesicht in beide Hände und bedeckte es mit Küssen, ohne ihm Antwort zu geben.

– Was für einen netten Abend haben wir heute verlebt, sagte Françoise und drückte in freudiger Stimmung Pierres Arm. Lange hatten sie zusammen die Fotografien angesehen, alte Briefe noch einmal gelesen und dann einen großen Spaziergang die Seinequais entlang, vorbei am Châtelet und den Hallen gemacht und dabei von dem Roman, an dem Françoise schrieb, ihrer Jugend, der Zukunft Europas gesprochen; das erste Mal seit Wochen hatten sie eine so lange, unbefangen sachliche Unterhaltung geführt. Endlich einmal war der Kreis von Leidenschaft und Unruhe durchbrochen gewesen, in den Xavière sie magisch bannte, und sie hatten sich zusammengehörig im Herzen dieser unendlichen Welt gefühlt. Hinter ihnen breitete sich grenzenlos die Vergangenheit aus; Kontinente und Ozeane zogen sich in riesigen Flächen über das Antlitz der Erde hin, und die ans Wunderbare grenzende Gewißheit, mitten unter diesen unzähligen Reichtümern zu existieren, griff über die engen Grenzen von Raum und Zeit hinaus.

– Schau, bei Xavière ist Licht, sagte Pierre.

Françoise zuckte zusammen: nach diesem freien Fluge landete sie nicht ohne schmerzlichen Aufprall in der kleinen düsteren Straße vor ihrem Hotel; es war zwei Uhr morgens; mit der Miene eines wachhabenden Polizisten sah Pierre zu dem beleuchteten Fenster in der schwarzen Hausfront empor.

– Was ist daran so erstaunlich? fragte Françoise.

– Nichts, sagte Pierre. Er machte die Haustür auf und eilte die Treppe hinauf; auf dem Absatz des zweiten Stockes blieb er stehen; durch die Stille vernahm man das Gemurmel von Stimmen.

– Es wird bei ihr gesprochen, sagte Pierre. Er stand unbeweglich da und lauschte; ein paar Schritte unter ihm, die Hand auf dem Treppengeländer, stand Françoise und rührte sich gleichfalls nicht. Wer mag das sein? fragte er.

– Mit wem wollte sie denn heute abend ausgehen? fragte Françoise.

– Sie hatte nichts Bestimmtes vor, sagte Pierre. Er machte einen Schritt: Ich will wissen, wer es ist.

Er machte noch einen Schritt, und die Dielen krachten.

– Sie werden dich hören, meinte Françoise.

Pierre zögerte einen Augenblick, dann beugte er sich hinunter und löste seine Schuhbänder. Verzweiflung überflutete Françoise, bitterer als alle Gefühle, die sie bisher erlebte. Pierre schlich sich an den gelben Wänden entlang und hielt das Ohr dicht an die Tür; wie mit einem Schwamm war alles ausgelöscht, der glückliche Abend, Françoise, die ganze Welt; es gab nur noch diesen schweigenden Korridor, die Holzverkleidung und die flüsternden Stimmen. Mit Trauer im Herzen sah Françoise ihm zu; in diesem besessenen und gehetzten Gesicht konnte sie nur mit Mühe die geliebten Züge wiedererkennen, die ihr noch eben zärtlich lächelnd vor Augen gestanden hatten. Sie stieg die letzten Stufen hinauf; sie hatte das Gefühl, als hätte sie sich durch die fragwürdigen lichten Augenblicke eines Wahnsinnigen täuschen lassen, der schon durch einen bloßen Anhauch in seinen Wahn zurückgestürzt werden konnte; diese Stunden der Vernunft und Entspannung waren nur ein Aufschub ohne Dauer gewesen, eine Heilung gab es nicht.

Pyrrhus und Cineas

Nicht nur literarisch setzt sich Simone de Beauvoir mit der Grundverfassung des Seins auseinander. Sie vertieft ihre Untersuchungen zur Freiheit, zur Selbsttreue und zur Legitimität des Handelns in mehreren philosophischen Essays, in denen eine eigene Ethik entwickelt wird. 1944 erscheint der Aufsatz ‹Pyrrhus und Cineas›, in dem Simone de Beauvoir die Fähigkeit des Individuums zur existentiellen Sinngebung abhandelt. Ausgangspunkt ist die scheinbare Beliebigkeit, ja, Absurdität menschlichen Handelns. Wenn es keine übergeordneten, uns äußerlichen Prinzipien gibt, die unserem Tun eine Gerichtetheit verleihen – so die entschiedene Atheistin de Beauvoir – was hindert uns daran, uns in einem statischen Narzißmus einzurichten? Ihre Antwort: Die menschliche Existenz fordert – als Konstituierungsmoment ihrer selbst – beharrlich ein ständiges Überschreiten der eigenen Ziele. Die Fähigkeit zur Transzendenz, zum Über-sich-selbst-Hinauswachsen, macht authentisches Sein möglich: «Mein ist vor allem die Verwirklichung meines Entwurfes: ein Sieg ist mein, wenn ich für ihn gekämpft habe.» Ihre Ausführungen sind aber keineswegs als Plädoyer für bezugslosen, einsamen Tatendrang mißzuverstehen. Zwar widmet sie der sozialen und historischen Grundlage der menschlichen Existenz noch nicht allzuviel Aufmerksamkeit, aber das Miteinanderleben der Individuen ist ihr ein wesentlicher Aspekt: In der emphatischen Bejahung der Freiheit der anderen beweist sich das eigentliche Menschsein. «Die Achtung vor der Freiheit des anderen ist keine abstrakte Regel, sondern die grundlegende Voraussetzung für den Erfolg meines Bemühens.» In diesen Gedanken zeichnet sich auch der Beginn des sozialen Engagements von Simone de Beauvoir ab.

Die Tätigkeit

Das ist also meine Situation den anderen gegenüber: die Menschen sind frei, und ich bin unter diese fremden Freiheiten in die Welt geworfen. Ich brauche sie, denn wenn ich meine eigenen Ziele überschritten habe, würden meine Akte erstarren und auf sich zurückfallen, wenn sie nicht durch neue Entwürfe auf eine neue Zukunft hingeführt würden. Ein Mensch, der als einziger eine weltweite Sintflut überleben würde, müßte wie Ezechiel bemüht sein, die Menschheit wiederzuerwecken; andernfalls bliebe ihm nur übrig zu sterben. Die Bewegung meiner Transzendenz erscheint mir als vergeblich, sobald ich sie transzendiert habe; wenn jedoch meine Transzendenz durch andere Menschen immer wieder über den Entwurf hinausgeführt wird, den ich im Augenblick schaffe, dann kann ich sie niemals überschreiten.

Meine Transzendenz könnte nur dann absolut nicht transzendiert werden, wenn die ganze Menschheit meinen Entwurf auf Ziele hinführen würde, die die meinen sind: wer könnte sie dann transzendieren? Es gibt keinen Menschen außerhalb der Menschheit, die gesamte Menschheit würde an mir teilhaben: niemand würde über mich zu Gericht sitzen. Aber diese Hoffnung muß man aufgeben, sind doch die Menschen vereinzelt, widerstreitend. Ich muß mich entschließen zu kämpfen.

Aber für wen oder um was soll ich kämpfen? Mein Ziel ist es, das Sein zu erlangen. Nochmals sei wiederholt, daß es sich hierbei nicht um Egoismus handelt: die Idee des Eigennutzes beruht auf der Idee eines fix und fertigen Ichs, auf das hin das Subjekt, das ich bin, sich transzendiert, indem es dieses Ich als höchstes Ziel setzt. In Wirklichkeit aber werfe ich mich durch meinen Entwurf auf Ziele hin, die von einem Ich verschieden sind, das nirgendwo als Gegebenheit existiert. Sein wollen ist *das Sein* wollen, denn Sein *gibt es nur* durch das Dasein einer Subjektivität, die es enthüllt, und ich werfe mich notwendigerweise in meiner Subjektivität auf dieses Sein. Ich kämpfe also, um zu sein. Ich kämpfe darum, dieses Spielzeug, dieses Geschmeide zu besitzen, diese Reise zu machen, dieses Obst zu essen, dieses Haus zu bauen. Aber das ist noch nicht alles. Wenn ich mich schmücke, wenn ich reise, wenn ich baue, dann tue ich dies stets inmitten der Menschen. Ich kann nicht in hermetischer Abgeschlossenheit leben. Der Irrtum von Theorien wie jener des L'art pour l'art besteht darin, zu glauben, daß ein Gedicht oder ein Bild etwas Nichtmenschliches wäre, das sich allein genügen könnte: vielmehr ist das Gedicht oder das Bild ein vom Menschen für den Menschen geschaffenes Objekt. Gewiß, es ist nicht zur Zerstreuung oder zur Erbauung geschaffen worden, es entspricht keinem Bedürfnis, das im voraus vorhanden war und durch es befriedigt würde: es ist eine Überschreitung der Vergangenheit, eine willkürliche, freie Erfindung. Aber da es neu ist, verlangt es danach, verstanden und gerechtfertigt zu werden; die Menschen müssen es lieben, wollen, fortführen. Dem Künstler kann die Situation der Menschen, die ihn umgeben, nicht gleichgültig sein. In den anderen ist sein eigenes Fleisch eingesetzt. Ich kämpfe also darum, daß freie Menschen meinen Handlungen, meinen Werken ihren notwendigen Platz geben.

Aber warum soll man hier zum Kampf Zuflucht nehmen, da doch diese Menschen mich aus freien Stücken bestätigen sollen? Gewiß, es wäre absurd, wollte man eine Liebe, eine spontane Bewunderung mit Gewalt erzwingen: man lacht über Nero, der durch Zwang verführen will. Ich wünsche, daß der andere meine Handlungen als gültig anerkennt, daß er sie sich zu eigen macht, indem er sie seinerseits aufgreift, um sie weiterzuführen. Wenn ich jedoch von vornherein dem Entwurf des anderen entgegenstehe, kann ich mit einer solchen Anerkennung nicht rechnen, denn dann wird der andere in mir nur ein Hindernis sehen. Es ist ein Irrtum, einen Menschen, der sterben möchte, zum Leben zu zwingen unter dem Vorwand, daß ich einen Gefährten bräuchte, der mein Dasein zu rechtfertigen vermag: er wird leben, aber mich verfluchen. Die Achtung vor der Freiheit des anderen ist keine abstrakte Regel, sondern die grundlegende Voraussetzung für den Erfolg meines Bemühens. Die Freiheit des anderen kann ich nur anrufen, nicht aber zwingen; wohl kann ich die dringlichsten Anrufe ersinnen, den anderen zu beschwören suchen: aber was ich auch tue, stets bleibt es der Freiheit des anderen überlassen, auf diese Anrufe zu antworten oder auch nicht.

Damit jedoch diese Beziehung zum anderen hergestellt werden kann, müssen zwei Voraussetzungen erfüllt sein. Zuerst einmal muß mir die Möglichkeit gegeben sein, ihn anzurufen. Ich kämpfe also gegen alle, die mich zum Schweigen bringen, die mich daran hindern wollen, mich auszudrücken, zu sein. Um mich den freien Menschen gegenüber seiend zu machen, werde ich oft gezwungen sein, manche Menschen als Objekte zu behandeln. Der Gefangene tötet seinen Wärter, um wieder zu seinen Kameraden zurückkehren zu können; es ist bedauerlich, daß nicht auch der Wärter ein Kamerad sein kann, aber noch bedauerlicher wäre es für den Gefangenen, wenn er überhaupt nie mehr einen Kameraden haben könnte.

Zum zweiten muß ich mir gegenüber Menschen haben, die *für mich* frei sind, die auf meinen Anruf antworten können.

Die Freiheit des anderen ist in jeder Situation vollständig, denn die Situation ist nur dazu da, überschritten zu werden, und in jeder Überschreitung ist die Freiheit die gleiche. Ein unwissender Mensch, der bemüht ist, sich zu bilden, ist ebenso frei wie der Gelehrte, der eine neue Hypothese aufstellt. Dieses freie Bemühen, sich auf das Sein hin zu transzendieren, respektieren wir in jedem Menschen in gleicher Weise; wir verachten nur den Verzicht auf die Freiheit. Die menschlichen Situationen lassen sich in keine sittliche Rangordnung bringen. Was mich angeht, so gibt es lediglich bestimmte Transzendenzen, die ich transzendieren kann und die dann für mich zu Objekten erstarren, und es gibt andere Transzendenzen, die ich lediglich begleiten kann oder die mich überschreiten. Tess d'Urbervilles liebt Clare; die drei Bauerntöchter, die Clare ebenfalls lieben, transzendieren nicht die Liebe von Tess: mit Tess transzendieren sie sich auf Clare hin. Wenn wir aber die Schwächen von Clare entdecken, wenn wir ihn nicht lieben, dann erkennen wir zwar die Freiheit von Tess an, sehen aber in dieser Liebe nur ein uns fremdes Objekt. Insofern die Freiheit des anderen auf ein mir fremdes oder von mir bereits überschrittenes Ziel hinstrebt, existiert sie von mir getrennt. Ein unwissender Mensch, der seine Freiheit dazu benützt, seinen Zustand der Unwissenheit zu überschreiten, vermag nichts für einen Physiker, der soeben eine komplizierte Theorie entwickelt hat. Der Kranke, der seine Kraft im Kampf gegen die Krankheit verzehrt, der Sklave, der ganz im Kampf gegen die Sklaverei aufgeht, bekümmern sich weder um Dichtung noch um Astronomie oder die Vervollkommnung der Luftfahrt; dazu bräuchten sie zuerst Gesundheit, Muße, Sicherheit, die Möglichkeit, frei über sich selbst zu verfügen. Die Freiheit des anderen vermag für mich nur etwas, wenn meine Ziele wiederum dem anderen als Ausgangspunkt dienen können; durch die Benützung des von mir geschaffenen Werkzeugs setzt der andere dessen Existenz fort; der Gelehrte kann nur mit Menschen sprechen, deren Wissensgrad dem seinen entspricht; diesen Menschen legt er seine Theorie als Grundlage für neue Arbeiten vor. Meine Transzendenz kann der andere nur dann begleiten, wenn er sich auf dem gleichen Abschnitt des Weges befindet wie ich.

Damit mein Anruf nicht im Leeren verklingt, müssen in meiner Nähe Menschen sein, die bereit sind, mich zu hören; die Menschen müssen mit mir auf einer Stufe stehen. Ich kann nicht zurückgehen, da mich die Bewegung meiner Transzendenz unaufhörlich weiterführt. Ich kann aber auch nicht allein der Zukunft entgegengehen, weil ich mich dann in einer Wüste verirren würde, in der keiner meiner Schritte mehr eine Bedeutung hätte. Also muß ich bemüht sein, für die Menschen Situationen zu schaffen, die es ihnen ermöglichen, meine Transzendenz zu begleiten und zu überschreiten; es ist für mich eine Notwendigkeit, daß ihre Freiheit die Möglichkeit hat, sich meiner zu bedienen, mich zu überschreiten und mich dadurch zu erhalten. Ich verlange für die Menschen Gesundheit, Bildung, Wohlbefinden, Muße, auf daß ihre Freiheit nicht im Kampf gegen Krankheit, Unwissenheit, Not aufgezehrt werde.

Also muß der Mensch zwei konvergierende Richtungen einschlagen: er begründet Objekte, in denen er die geronnene Widerspiegelung seiner Transzendenz findet, er transzendiert sich in einer Vorwärtsbewegung, die die Freiheit ist; und gleichzeitig ist er bei jedem Schritt bemüht, die Menschen mit sich zu ziehen. Darin gleicht er dem Leiter einer Expedition, der für seinen Zug einen neuen Weg bahnt, immer wieder nach hinten geht, um die Nachzügler zu sammeln, und dann wiederum nach vorn eilt, um die Gruppe weiterzuführen. Nur sind nicht alle Menschen bereit, ihm zu folgen; manche bleiben auf der Stelle oder schlagen andere Wege ein, manche sind sogar bemüht, ihn und seine Gefolgschaft auf ihrem Marsch aufzuhalten. Wenn sich mit gütlichen Mitteln nichts mehr ausrichten läßt, muß man zu seiner Verteidigung zur Gewalt greifen.

In bestimmter Hinsicht ist die Gewalt nichts Böses, da man ja weder für noch gegen einen Menschen etwas vermag: ein Kind zeugen heißt nicht es begründen, einen Menschen töten heißt nicht ihn zerstören: stets können wir nur auf die Faktizität des anderen einwirken. Wenn wir uns jedoch dafür entscheiden, auf diese Faktizität einzuwirken, dann verzichten wir darauf, den anderen als Freiheit gelten zu lassen, und entsprechend beschränken wir die Möglichkeiten für eine Ausweitung unseres Seins: der Mensch, dem ich Gewalt antue, ist nicht auf der gleichen Stufe wie ich; zur Verwirklichung meines Seins brauche ich jedoch Menschen, die meinesgleichen sind. Man greift um so bedenkenloser zur Gewalt, je weniger es möglich scheint, an die Freiheit des Menschen, dem Gewalt geschieht, zu appellieren: skrupellos wendet man gegenüber einem Kind, einem Kranken Gewalt an. Wenn ich aber allen Menschen Gewalt antäte, dann wäre ich allein auf der Welt und damit verloren. Wenn ich aus einer Gruppe von Menschen eine Viehherde mache, dann verringere ich im gleichen Maße die Herrschaft des Menschen über die Natur. Selbst wenn ich nur einen einzigen Menschen unterdrücke, erscheint mir in ihm die ganze Menschheit als bloße Sache. Wenn ein Mensch für mich eine Ameise ist, die man bedenkenlos zertreten kann, dann sind alle Menschen zusammen nur ein Ameisenstaat. Man kann also mit dem Rückgriff auf die Gewalt nicht leichten Herzens einverstanden sein: ein solcher Rückgriff ist das Zeichen eines nicht wiedergutzumachenden Scheiterns. Die allgemeinen Morallehren von Kant und Hegel sind nur deshalb letzten Endes optimistisch, weil sie mit der Individualität auch die Möglichkeit des Scheiterns leugnen. Aber das Individuum ist ebenso vorhanden wie das Scheitern. Ein gewissenhafter Mensch zögert nicht deshalb so lange, ehe er eine politische Entscheidung fällt, weil die politischen Probleme schwierig sind, sondern weil sie unlösbar sind. Und doch ist es ebenso unmöglich, untätig zu bleiben: man ist immer tätig. Wir sind zum Scheitern verurteilt, weil wir zur Gewalt verurteilt sind; wir sind zur Gewalt verurteilt, weil der Mensch in sich geteilt und widersprüchlich ist, weil die Menschen vereinzelt und widerstreitend sind. Durch Gewalt macht man aus dem Kind einen Menschen, aus der Horde eine Gesellschaft. Wenn man auf den Kampf verzichten würde, so würde man auf die Transzendenz, auf das Sein verzichten. Und doch wird der absolute Skandal jedes einzelnen Scheiterns durch keinen Erfolg je ausgelöscht.

Man darf jedoch nicht glauben, daß der Erfolg darin besteht, in aller Ruhe ein Ziel zu erreichen: unsere Ziele sind stets nur neue Ausgangspunkte. Wenn wir den anderen zu diesem Ziel hingeführt haben, dann beginnt alles von neuem: wohin wird er von diesem Ziel aus weitergehen? Ich gebe mich nicht mit dem Gedanken zufrieden, daß er auf jeden Fall irgendwohin gehen wird: auch ohne mich wäre er irgendwo gewesen. Ich will, daß er *meinen* Entwurf fortführt. Es kommt jedem einzelnen zu, darüber zu entscheiden, wie weit sein Entwurf sich erstreckt, ohne sich zu zerstören: Hätte sich Kant in Hegel wiedergefunden? Hätte er das Hegelsche System als die Verneinung seiner Philosophie betrachtet? Um diese Frage beantworten zu können, müßte man wissen, welches in seinen Augen die wesentliche Wahrheit seiner Philosophie war. Auf jeden Fall reichte sein Entwurf nicht bis ins Unendliche: Wenn Kant nur die reine Philosophie gewollt hätte, dann hätte er nicht zu schreiben brauchen, denn die Philosophie als solche war auf jeden Fall bereits vorhanden; er wollte eine ganz bestimmte Philosophie, durch eine bestimmte, nämlich seine eigene philosophische Entwicklung geschaffen. Wir wollen als Einzelwesen notwendig sein, und das können wir nur durch einzelne Entwürfe. Wir sind von der Freiheit des anderen abhängig: er kann uns vergessen, uns verkennen, uns für Ziele benützen, die nicht die unseren sind. Das ist eine der Bedeutungen des von Kafka beschriebenen «Prozesses», der durch keinen Urteilsspruch je abgeschlossen wird: wir leben in einem Zustand eines unendlichen Aufschubs. So ist auch der Ausspruch von Blanchot in ‹*Aminadab*› zu verstehen: es ist wesentlich, niemals zu verlieren, aber man gewinnt auch niemals. Wir müssen unsere Handlungen im ungewissen, als Wagnis auf uns nehmen, und gerade das ist das Wesen der Freiheit: die Freiheit trifft ihre Entscheidungen nicht im Hinblick auf ein schon im voraus gewährtes Heil, sie schließt keinen Pakt mit der Zukunft. Wenn die Freiheit durch das von ihr angestrebte Ziel festgelegt werden könnte, dann wäre sie keine Freiheit mehr. Aber ein Ziel ist niemals ein Endpunkt, ein Abschluß, sondern bleibt auf das Unendliche hin offen: Ziel ist es nur, weil die Freiheit dort innehält und dadurch mein besonderes Sein inmitten der gestaltlosen Unendlichkeit bestimmt. Mir kommt es lediglich zu, mein Ziel zu erreichen; alles andere hängt nicht mehr von mir ab. Was der andere auf mir begründet, gehört ihm, nicht aber mir. Ich bin nur tätig, indem ich das Wagnis dieser Zukunft auf mich nehme; dieses Wagnis ist die Kehrseite meiner Endlichkeit, und ich bin frei, wenn ich meine Endlichkeit auf mich nehme.

Der Mensch kann also handeln, ja, er muß handeln: nur wenn er sich transzendiert, ist er; Handeln ist für ihn Wagnis und Scheitern. Er muß das Wagnis auf sich nehmen: indem er sich auf die ungewisse Zukunft hinwirft, begründet er mit Gewißheit seine Gegenwart. Das Scheitern jedoch kann er nicht auf sich nehmen.

Das Blut der anderen

Etwa zur gleichen Zeit wie Simone de Beauvoirs existentialistische Ethik entsteht ihr Roman ‹Das Blut der anderen›, der nach seinem Erscheinen im Jahre 1945 als wichtiges Beispiel der Literatur des Widerstandes gefeiert wird. Simone de Beauvoir, die vor dem Zweiten Weltkrieg die Tagespolitik im großen und ganzen ignorierte, entdeckt während der nationalsozialistischen Besetzung von Paris die Notwendigkeit der Solidarität. Zwar wird sie kein aktives Mitglied der Résistance (sie weigert sich, Aktionen zu verantworten, die das Leben anderer bedrohen könnten), aber in ihrer schriftstellerischen Arbeit kristallisiert sich der Abscheu vor den Besatzern und ihren Kollaborateuren heraus. Simone de Beauvoirs eher moralische Opposition gewinnt militante Konturen angesichts der Konfrontation mit Judenverschleppungen, mit dem Verschwinden enger Freunde, mit der eigenen Todesangst.

‹Das Blut der anderen› ist die Geschichte des Widerstandskämpfers Jean Blomart und seiner Geliebten Hélène. Jeans Tätigkeit für die Résistance zwingt ihm ein moralisches Dilemma auf: Mit jedem Angriff auf die Deutschen riskiert er nicht nur sein eigenes Leben, sondern auch das anderer Menschen, mit seiner freien Entscheidung steht er im Widerspruch zur Freiheit anderer. Aber Hélènes Beispiel lehrt ihn schmerzvoll, daß es ein Gebot der Rationalität und der Würde ist, sich für die Freiheit aller zur Verfügung zu stellen. Die wahre Schuld, die wahre Unmoral wäre es, sich um diese Entscheidung zu drücken. Hélène, zuvor Gefangene der eigenen Egozentrik und einer narzißtischen Liebe zu Jean, verwirklicht sich in dem Augenblick als Mensch, als sie die Existenz der anderen wahrnimmt.

Hélène legte die Feile auf den Nachttisch und tauchte die linke Hand in ein Schälchen mit Seifenwasser. Sie lag halb ausgestreckt auf dem Diwan; sie hatte die Vorhänge zugezogen und die Nachttischlampe angemacht: auf die Weise konnte man sich einbilden, der Tag würde bald zu Ende gehen; aber sie wußte genau, daß das nicht stimmte. Sie spürte, daß draußen ein blauer Himmel war, und daß sich hinter den Vorhängen die ganze Langeweile eines Maisonntags verbarg. Unten stand die Tür des Schokoladengeschäftes offen, und die Kinder aßen rosa Eis aus Pappbechern. Hélène zog ihre Hand aus dem Schälchen, nahm ein mit Watte umwickeltes Stäbchen und tauchte es in eine weiße Flüssigkeit; sie begann die tote Haut bis an die Wurzel des Nagels zurückzuschieben. Jeden Tag mußten soundsoviel Stunden totgeschlagen werden ... wie viele Jahre noch? Und selbst wenn er mich geliebt hätte, was hätte es geändert? Zwei Austern in einer Schale. Immer wäre da dieses Schweigen gewesen und dieses langweilige, blaue Plätschern ... Sie zog ihren Rock über die Beine. Irgend jemand hatte geklopft.

«Herein!»

Es war Yvonne. Sie hielt einen Veilchenstrauß in der Hand. Sie sah ganz merkwürdig aus.

«Ja–» sagte sie, «es ist soweit.» Ihr Gesicht verzog sich zu einem unbestimmten Lächeln, als hätte sie vor, Hélène einen Streich zu spielen.

«Was? Was ist denn los?»

«Sie sind im Haus; sie nehmen alle Juden mit.»

«Das kann doch nicht wahr sein», sagte Hélène.

Sie starrte Yvonne fassungslos an: Yvonnes Lippen lächelten weiter, aber ihre Gesichtszüge verkrampften sich.

«Es ist wahr.» Das Lächeln verschwand, und ihre Wangen begannen zu zittern: «Was soll ich tun? Ich will nicht, daß sie mich nach Polen bringen.»

«Erzähl mal richtig, was passiert ist.»

«Ich weiß es nicht genau. Ich hatte ein wenig Luft geschöpft. Auf dem Rückweg habe ich Veilchen gekauft, und die Blumenverkäuferin hat mir gesagt, ich sollte machen, daß ich wegkomme.»

Hélène sprang auf: «Hab keine Angst. Sie werden dich nicht mitnehmen.»

«Aber ich ängstige mich um meine Mutter», sagte Yvonne. «Wenn ich nicht nach Hause komme, werden sie ihr etwas antun. Vielleicht schlagen sie sie jetzt schon.»

«Du darfst nicht hierbleiben», sagte Hélène. «Deine Mutter wird sie sofort hierher schicken. Komm. Wir müssen fort.»

«Hélène, ich kann sie nicht einfach allein lassen, ohne zu wissen ...» Sie sah Hélène angstvoll an: «Würde es dir etwas ausmachen, mal eben bei ihr vorbeizugehen? Wenn ich zurückkommen muß, sagst du es mir, dann gehe ich eben.»

«Ich gehe sofort hin», sagte Hélène. Sie zog ihren Mantel an. «Und wo treffen wir uns?»

«Ich wollte mich in Saint-Étienne-du-Mont verstecken. Sie kämmen das ganze Stadtviertel durch, aber ich glaube nicht, daß sie auch in den Kirchen nachsehen werden.»

Sie liefen schnell die Treppe hinunter.

«Sie bringen die Juden fort; ich kann es einfach nicht glauben», sagte Hélène.

Yvonne sah sie an; in ihren Augen lag ein Zug von trauriger Ironie.

«Ich kann es. Ich wußte genau, daß es so kommen würde.» Sie berührte Hélènes Schulter: «Mach schnell. Ich bin am Marienaltar.»

Hélène rannte fort; aber so schnell sie auch lief, sie wurde Yvonnes Blick nicht los; sie fühlte, wie sich ihr die Kehle vor Scham zusammenschnürte. Ich hatte nicht daran geglaubt, ich hatte nicht einmal daran gedacht, ich schlief; sie hatte sich nachts in ihrem Bett gewälzt und konnte nicht schlafen; sie wartete. Ich lackierte meine Fingernägel, und währenddessen holten sie die Juden ab! Ich hatte mich mit dem Schlaf, mit dem Schweigen und der Langeweile in meinem Zimmer eingeschlossen, draußen aber war Tag, und die Menschen lebten und litten. Sie ging langsamer; sie war außer Atem. Die Straßen sahen genauso aus wie alle Tage. Es war ein Sonntag wie jeder andere, einer dieser langen Sonntage, an denen sich nichts ereignet. Sie ging durch den Torweg. Zwei Agenten standen an der Haustür; von drinnen hörte man laute, streitende Stimmen; Türen knallten und schwere Gegenstände fielen mit großem Krach zu Boden; eine harte Frauenstimme schrie etwas in einer fremden Sprache. Auf der

Treppe begegnete Hélène einem Agenten, der einen Säugling auf dem Arm trug; er war ungeschickt und verlegen. In der zweiten Etage auf dem Flur blieb sie stehen; die Tür war offen; man hörte Männerstimmen in der kleinen Wohnung. Hélène trat ein.

«Yvonne!»

Ein Agent kam aus dem hinteren Zimmer. «Ah! Da sind Sie ja», sagte er.

«Ich bin nicht Yvonne», antwortete Hélène.

«Das werden wir ja sehen. Gehen Sie da hinein.»

Hélène zögerte eine Sekunde. Das verbotene Zimmer, das Zimmer der Nacht, der Alpträume und des Wahnsinns stand heute weit offen; das Licht brannte, und zwei Männer standen am Fußende des Bettes. Madame Kotz hatte sich ängstlich unter der Bettdecke versteckt, nur ihr Kopf mit den kurzgeschnittenen Haaren sah hervor; ihre dicken Wangen waren voller schwarzer Härchen.

«Wo ist Yvonne?» fragte sie.

«Haben Sie einen Ausweis?» fragte der Agent.

Hélène zog ihren Personalausweis und ihre Lebensmittelkarten aus der Handtasche.

«Was ist denn los?»

«Wo ist Yvonne?» fragte Madame Kotz noch einmal. «Sie bleibt sonst nie so lange fort.»

Der Agent prüfte den Ausweis und schrieb etwas auf einen Notizblock.

«In Ordnung», sagte er mit enttäuschter Stimme. «Weshalb sind Sie hierher gekommen?»

«Ich wollte meine Freundin besuchen.»

«Wissen Sie nicht, wo sie ist?»

«Nein.»

«Sie muß jeden Augenblick wiederkommen», sagte Madame Kotz flehentlich.

«Schön. Es wäre gut, wenn Sie ihr sagten, daß sie besser gar nicht erst zu fliehen versucht», sagte der Agent. «Morgen kommen die Deutschen, um sie zu holen, und wenn sie nicht da ist, werden sie bestimmt nicht viel Umstände machen.»

Die beiden Männer gingen aus dem Zimmer. Die Wohnungstür schlug zu.

«Sie wird mich noch umbringen!» sagte Madame Kotz. Sie schloß die Augen: «Oh, mir wird schlecht», wimmerte sie, «mir wird schlecht. Geben Sie mir meine Medizin, schnell.»

Hélène nahm die erste beste Flasche vom Nachttisch und goß die Flüssigkeit auf einen Löffel.

«Danke», sagte Madame Kotz; sie atmete tief: «Sagen Sie ihr, sie soll schnell wiederkommen. Sie bringen mich sonst um.»

«Ich glaube nicht, daß sie Sie umbringen werden», sagte Hélène. «Haben Sie keine Angst. Ich sehe heute abend noch einmal nach Ihnen. Ich werde mich um Sie kümmern.»

«Aber Yvonne! Wo ist Yvonne?»

«Ich habe keine Ahnung», sagte Hélène. «Bis nachher.»

Sie schloß die Tür hinter sich. Auf Yvonnes Tisch lagen Nadeln, Garnrollen und Schere neben einer leeren Vase. Ein blaues, mit weißen Fäden geheftetes Wollkleid hing am Fenster. Alles sah so aus, als würde sie in fünf Minuten wiederkommen. Sie hatte Veilchen gekauft. Und die Vase wird leer bleiben, sie wird nicht wieder nach Hause kommen. Auf dem Bücherregal saß ein kleiner Plüschbär, den Hélène vor zehn Jahren einmal für sie gestohlen hatte: er sah nun ganz verwaist aus. Hélène nahm ihn und steckte ihn in ihre Handtasche.

Auf der Treppe war kein Geräusch mehr zu hören. Man hatte den Eindruck, das ganze Haus sei leer. Hélène ging die Straße hinauf; die Blumenverkäuferin saß auf einem Klappstuhl neben ihrem grünen Wagen. Yvonne wird keine Blumen mehr bei ihr kaufen; sie wird nicht mehr in die Bäckerei gehen. Wo wird sie bleiben? Allein, verloren, ohne Freunde ...? Ich hatte meine Vorhänge zugezogen und manikürte meine Fingernägel!

Sie blieb plötzlich wie erstarrt stehen; auf der Place de la Contrescarpe standen vier Autobusse am Trottoir; zwei davon, die links standen, waren leer; die beiden Busse auf der rechten Seite waren voller Kinder. Zwei Agenten hielten am Trittbrett Wache. Von der Rue Mouffetard kamen viele Frauen, die von anderen Agenten begleitet wurden. Sie gingen zu zweit in einer langen Reihe und hielten Bündel in der Hand. Auf dem kleinen Platz herrschte Totenstille. Hinter den Scheiben der großen Wagen sah man kleine braune ängstliche Gesichter. Um den Platz standen Menschen und sahen regungslos zu.

Die Frauen überquerten den Platz und näherten sich den leeren Autobussen. Eine von ihnen hatte ein kleines Mädchen an der Hand: ein ganz kleines Mädchen mit braunen Zöpfen und roten Schleifen. Ein Agent ging auf sie zu und sagte einige Worte, die Hélène nicht verstehen konnte.

«Nein», antwortete die Frau. «Nein.»

«Los», sagte der Agent. «Machen Sie keine Geschichten. Sie bekommen es später zurück.» Er nahm das Kind auf seinen Arm.

«Nein! Nein!» schrie die Frau. Mit beiden Händen hing sie sich an den Arm des Agenten. Ihre Stimme wurde schrill: «Lassen Sie mir das Kind. Ruth, meine kleine Ruth!»

Das kleine Mädchen begann zu schreien. Hélène ballte die Fäuste, und die Tränen stiegen ihr in die Augen. Können wir denn nichts tun? Wenn wir uns alle auf den Agenten stürzen und ihm das Kind fortreißen würden? Aber niemand regte sich. Der Agent stellte Ruth auf das Trittbrett eines der Omnibusse auf der rechten Seite. Sie schrie immer noch. Im Innern des Wagens schrien andere Kinder mit ihr.

Die Frau blieb unbeweglich mitten auf dem Platz stehen. Der Autobus fuhr langsam an.

«Ruth! Ruth!» Sie streckte die Arme aus und lief hinter dem Wagen her. Sie trug Pumps mit hohen schiefgetretenen Absätzen und lief ungeschickt und stolpernd. Ein Agent ging ihr ohne Eile mit langen Männerschritten nach. Sie rief noch einmal: «Ruth!» Es war ein schriller, hoffnungsloser Schrei. Und dann blieb sie an der Straßenecke stehen und bedeckte ihr Gesicht mit den Händen. Der kleine Platz war ganz ruhig, und sie stand dort, mit zerrissenem Herzen, das Gesicht in den Händen vergraben – mitten in dem blauen Sonntag. Der Agent legte seine Hand auf ihre Schulter.

‹Oh! Warum? Warum?› dachte Hélène verzweifelt. Sie weinte, aber sie stand ebenso unbeweglich da wie alle anderen und sah zu. Sie war da, aber ihr Da-sein änderte nichts an den Tatsachen. Sie ging über den Platz. ‹Als ob ich gar nicht lebte. Aber ich lebe. Ich lebe in meinem verschlossenen Zimmer, lebe in einem leeren Raum. Ich zähle nicht. Bin ich schuld daran?› Vor dem Panthéon stand ein Reiseautobus, deutsche Soldaten stiegen aus; sie sahen müde aus und erinnerten nicht an jene munteren Sieger, die auf den Landstraßen ‹Heil!› geschrien hatten. ‹Ich sah die Geschichte an mir vorbeiziehen; es war meine Geschichte. All das geschieht mir.›

Sie trat in die Kirche. Orgelmusik klang von dem steinernen Gewölbe herab; im Hauptschiff waren viele Menschen: sie beteten; die kleinen Kinder neben ihren Müttern, die Familien – sie alle waren von Musik, Licht und Weihrauch erfüllt. Hinten in einer Seitenkapelle hinter einem Dunstschleier, der von den Kerzen aufstieg, lächelte unschuldig die Heilige Jungfrau. Hélène berührte Yvonnes Schulter.

«Ah! Du bist schon zurück. Nun?»

«Ich habe mit deiner Mutter gesprochen», sagte Hélène. Sie kniete neben Yvonne nieder: «Die Agenten waren sehr freundlich. Sie haben gesehen, daß sie krank ist, sie werden sie in Ruhe lassen. Sie läßt dir sagen, du sollst dir keine Sorge um sie machen.»

«Das hat sie gesagt?» fragte Yvonne erstaunt.

«Ja. Es geht ihr recht gut.» Sie öffnete ihre Tasche. «Hier, ich hab dir deinen Bären mitgebracht; er schien sich nach dir zu sehnen.»

«Wie lieb von dir», sagte Yvonne.

«So. Und nun wollen wir sehen, was mit dir geschieht. Ich werde zu Jean gehen. Ich glaube, er kann dich über die Demarkationslinie bringen.»

«Du willst zu Jean gehen?»

«Denise hat mir gesagt, daß ich mich an ihn wenden sollte, wenn ich etwas brauchte.»

«Und das ist dir nicht unangenehm?»

«Nein. Warum denn auch?» Hélène erhob sich. «Bleib hier. Ich komme so bald wie möglich zurück.»

«Hier», sagte Yvonne, «... nimm sie.» Sie drückte Hélène den Veilchenstrauß in die Hand. «Ich danke dir», sagte sie mit erstickter Stimme.

«Sei nicht dumm», antwortete Hélène.

Sie schritt durch die Kirche. Die Orgel war verstummt; eine Glocke tönte schrill in das Schweigen, und der Priester hob die goldene Monstranz hoch über seinen Kopf. Hélène lief die Rue Soufflot hinunter, holte ihr Fahrrad und fuhr los. ‹Ich werde Jean sehen.› Es war gleichgültig und selbstverständlich. Sie hatte keine Angst, sie erwartete nichts von ihm. ‹Ruth! Meine kleine Ruth!› Sie konnte den Schrei nicht vergessen, diesen Schrei, den sie von nun an immer hören würde. Und nichts anderes war mehr wichtig: ‹Ruth! Ruth!› Auf den Straßen war Sonntag abend, in der Kirche war Sonntag, um den Kaffeetisch herum war Sonntag und auch für die müden Herzen war Sonntag. ‹Meine Geschichte: sie entsteht ohne mein Zutun. Ich schlafe, und manchmal betrachte ich etwas: und alles geschieht ohne mich.›

Sie stieg die Treppe hinauf, preßte einen Augenblick lang das Ohr an die Tür und horchte. Sie hörte ein Rascheln. Er war da. Sie klingelte.

«Guten Tag», sagte sie. Die Stimme versagte ihr. Sie hatte nicht daran gedacht, daß er sie mit seinen Augen ansehen würde. Er lächelte nicht. Sie bemühte sich, als erste zu lächeln: «Kann ich dich fünf Minuten sprechen?»

«Natürlich. Komm herein.»

Sie setzte sich und sagte sehr schnell:

«Erinnerst du dich noch an meine Freundin Yvonne? Man sucht sie, um sie nach Deutschland zu schicken. Denise hat mir gesagt, du könntest sie in die freie Zone bringen lassen.»

«Das ist möglich», antwortete Jean. «Hat sie Geld?»

«Nein», sagte Hélène; sie dachte an den hellen Mantel und an das schöne Kostüm in ihrem Schrank: «Ich kann ihr etwas besorgen, aber nicht gleich.»

«Das macht nichts. Sag ihr, sie soll gegen fünf Uhr zu Lenfant, Rue d'Orsel 12 gehen. Er wird sie dort erwarten.»

«Lenfant, Rue d'Orsel 12», wiederholte Hélène.

Plötzlich sprudelten die Worte über ihre Lippen; sie hatte nichts sagen wollen, aber sie drängten sich mit einer solchen Selbstverständlichkeit hervor, daß sie glaubte, nur deswegen gekommen zu sein: «Jean, ich möchte mit euch arbeiten.»

«Du?»

«Hast du keine Arbeit für mich?»

Er betrachtete sie lange: «Weißt du, was wir tun?»

«Ich weiß, daß ihr Menschen helft. Ich weiß, daß ihr etwas unternehmt. Gib mir etwas zu tun.»

Les Temps Modernes

Ende August 1944 marschiert Charles de Gaulle in Paris ein, die deutsche Okkupation ist zu Ende. Schon vor der Befreiung diskutieren Jean-Paul Sartre und Simone de Beauvoir mit zahlreichen Freunden aus der Kunst- und Literaturwelt über die politischen Perspektiven: Sie würden sich mit ganzer Kraft am Aufbau eines neuen Frankreich beteiligen, dem Kommunismus gegenüber offen sein, ohne ihre Individualität einer Parteidisziplin zu unterwerfen. Die Literatur würde sich in den Dienst einer demokratischen Neuordnung stellen, und sie selbst, die nicht gebundenen Linksintellektuellen, würden die Politik der Nachkriegszeit mitformulieren. In Simone de Beauvoirs Erinnerungen heißt es dazu euphorisch: «...von nun an wollte ich mich über die Enge meines persönlichen Lebens erheben und in der Weite des Kollektivs schweben. Mein Glück würde das wunderbare Abenteuer einer sich neu schaffenden Welt spiegeln... Gemeinsam mit allen handeln, kämpfen, zum Sterben bereit sein, damit das Leben einen Sinn behält...»

Im Oktober 1945 ist es dann soweit. Das Literaturmagazin ‹Les Temps Modernes› erscheint und macht sich die unabhängige Kritik und Unterstützung der linken Sache zur Aufgabe. Zum 40. Geburtstag der Zeitschrift verfaßt Simone de Beauvoir (bei der Gründung die einzige Frau der Redaktion) eine würdigende Reportage über die Entstehungszeit.

Gegen Ende der Besatzungszeit gewannen Sartre und ich neue Freunde: Leiris und seine Frau, die Quéneaus, Camus und andere. In vielem hatten wir den gleichen Geschmack, die gleichen Meinungen und Neugierden, das schuf eine große Nähe zwischen uns. Aber teuer war uns die Freundschaft nicht deshalb, sondern weil praktische Solidarität uns verband. Wir hörten alle die BBC und unterhielten uns über die Neuigkeiten; gemeinsam freuten, ängstigten und empörten wir uns; und teilten Hoffnung und Haß. Wir gelobten, uns auf immer gegen die Systeme, Menschen und Ideen zu verbünden, die wir verdammten. Als die Hoffnung der Gewißheit wich und die Zukunft sich auftat, meinten wir, daß es an uns sei, sie zu gestalten, wenn schon nicht auf politischer Ebene, so doch auf intellektueller. Wir mußten der Nachkriegszeit eine Ideologie liefern. Sartre machte genaue Pläne. Am wichtigsten war in seinen Augen die Gründung einer Zeitschrift, die wir alle gemeinsam leiteten und die auf unsere Weise von der neuen Zeit künden würde. Sartre hat seine Idee später schriftlich erläutert: Wenn es eine Wahrheit gibt, dachte ich, dann ist sie, wie Gide über Gott gesagt hatte, nirgendwo anders zu suchen als überall. Alles gesellschaftliche Handeln und Verhalten, das intimste wie das öffentlichste, verkörpert in Andeutungen diese Wahrheit. Eine Anekdote spiegelt eine Epoche nicht weniger als eine politische Verfassung. Wir wären die Jäger des Sinns, wir würden uns nicht scheuen, die Wahrheit über die Welt und über unser Leben zu sagen. Dieses Programm gefiel unseren Freunden, und sofort nach der Befreiung von Paris gründeten wir den Vorstand. Merleau-Ponty, der Sartres Denken sehr nahe stand, war selbstverständlich mit dabei, Leiris kam mit Begeisterung, Paulhan, der vor dem Krieg die ‹Nouvelle Revue Française› geleitet hatte, war so freundlich, uns an seiner Erfahrung teilhaben zu lassen; ebenso Aron, der aus London zurückkam, wo er eine anti-gaullistische Zeitschrift – ‹La France Libre› – herausgegeben hatte; Albert Ollivier schloß sich uns an. Camus lehnte ab, weil er, wie er sagte, schon vom ‹Combat› zu stark in Anspruch genommen sei; ich nehme aber auch an, daß ihm daran lag, nicht als Anhänger Sartres in Erscheinung zu treten. Malraux anzusprechen kam nicht in Frage: Niemals hätte er sich an einem Unternehmen beteiligt, dessen Initiator und Chef nicht er gewesen wäre. Gaston Gallimard war sofort bereit, uns herauszugeben, und stellte uns ein großes Büro zur Verfügung. Aber in Frankreich herrschte Mangel an Papier, wie an allen Dingen, und eine Zeitschrift konnte nur entstehen, wenn das Ministère de l'Information eine Zuweisung erteilte. Informationsminister war damals Soustelle, den Leiris durch das

Musée de l'Homme kannte. Da Sartre sich gerade in Amerika aufhielt, war ich es, die Leiris zu Soustelle begleitete. Soustelle empfing uns mit großer Liebenswürdigkeit, aber als wir ihm die Zusammensetzung unseres Vorstands mitteilten, stutzte er bei einem Namen: «Aron, warum Aron?» Er verübelte ihm seinen Anti-Gaullismus. Doch schließlich überwand er sich und machte uns Zusagen, die er auch alle hielt. Mit der Gewißheit, im Oktober zum ersten Mal erscheinen zu können, suchten wir nach einem Titel. Leiris, der sich aus seiner surrealistischen Jugend den Hang zum Skandal bewahrt hatte, machte einen ziemlich provokanten Vorschlag: ‹Le Grabuge› (etwa Krakeel, Randale, Zoff). Aber wir wollten nicht nur für Unordnung sorgen, sondern auch konstruktiv sein: diesen Namen wählten wir nicht. Wir wollten unser aktuelles Engagement zum Ausdruck bringen, nicht gerade ein neues Anliegen, viele Zeitschriften vor und neben uns teilten es, und so standen nicht mehr allzu viele Titel zur Wahl. Wir einigten uns zu guter Letzt auf ‹Temps Modernes›, die Anspielung auf Chaplins Film machte uns Spaß. Und außerdem, sagte Paulhan in seinem gespielt ernsten Ton, der nie ganz unernst war, muß man eine Zeitschrift bei ihren Initialen nennen können, so wie die ‹NRF›[2], und ‹TM› klang nicht schlecht. Als nächstes stellte sich das Problem des Titelblatts. Picassos Entwurf war ganz hübsch, hätte aber besser zu einer Kunstzeitschrift gepaßt als zu den ‹Temps Modernes›: es war gar kein Platz für ein Inhaltsverzeichnis. Schließlich legte uns ein Designer von Gallimard einen Entwurf vor, der einstimmig angenommen wurde und von dem wir in vierzig Jahren kaum abgewichen sind.

Die erste Ausgabe erschien im Oktober 1945. Sartres Eröffnungsartikel erregte ein ungeheures Aufsehen. Er definierte darin seine Vorstellung von engagierter Literatur. Er wollte die Literatur vom Himmel auf die Erde holen; das heißt ganz und gar nicht, daß er ihr mißtraute, im Gegenteil: Er schätzte sie so sehr, daß er ihr Schicksal mit dem der Menschheit verweben wollte. Er forderte die totale Anwesenheit des Schreibenden in der Schrift. Noch heute gibt es nicht viele, die ihn verstanden ha-

2 N.R.F. = Nouvelle Revue Française, Literaturzeitschrift, 1909 gegründet

ben. Aber das behinderte den beträchtlichen Erfolg der Zeitschrift kaum. Sartres Ruf und der Streit, den seine Theorie des Engagements entfacht hatte, trugen viel dazu bei. In erster Linie verstand sich die Zeitschrift als Reflex einer Epoche, die Lust hatte, sich kennenzulernen. Und die Leser wünschten nichts mehr, als den Graben zu füllen, der die Presse von der Literatur und ihren Alltag von der Kultur trennte; wenn die Kunst diese lebendige, brennende Wirklichkeit, die ihnen jahrelang vorenthalten worden war, nur ergriffe, so hätte ihre Neugier eine würdige Nahrung.

Es gab viele Zeugen, die diese Wirklichkeit offenbaren, über sie diskutieren wollten; weder die Presse noch die Verlage hatten die materiellen Möglichkeiten, all diese Stimmen zu Gehör zu bringen: Es gab Texte im Überfluß. Einmal empfingen wir im Büro der Zeitschrift die Autoren, die uns ihre Schriften brachten oder Vorschläge machten oder um unseren Rat nachsuchten. Ich war glücklich, wenn ich einem Autor sagen konnte, daß wir seine Arbeit nehmen; wenn es dann aber um Schnitte ging, erschien ihm jede Zeile wesentlich. Noch undankbarer war die Aufgabe, nein zu sagen. Dann sträubte sich der Autor, bewies, daß sein Text gut war, daß er Talent hatte. Und ging in der Überzeugung, einer Intrige zum Opfer gefallen zu sein. Es gab junge Autoren, die den Durchbruch um jeden Preis sofort erzielen wollten, alte, die ihre letzte Chance witterten, Unverstandene, die schrieben, um der täglichen Langeweile zu fliehen, Männer und Frauen jeden Alters, die Geld brauchten. Viele suchten im Schreiben ernstlich eine Art Heil, aber die meisten wollten es mit Rabatt, ohne die nötige Arbeit und Sorgfalt aufzuwenden. Trotzdem schafften es die ‹Temps Modernes›, im Laufe der Jahre nicht wenige sehr interessante und sogar einige bemerkenswerte Texte zu publizieren.

Die Zeitschrift paßte sich den Vorstellungen Sartres an: Ihre Originalität lag in der Betrachtung der kleinen Dinge, der nichtigen, aber verräterischen Vorkommnisse. Ein anderes war die Hoffnung, unsere Zeitgenossen durch die Richtung unserer Artikel zu beeinflussen. Und außerdem fanden wir es nützlich, ein Mittel in der Hand zu halten, das uns erlaubte, unsere Ungeduld, Überraschung, Zustimmung ohne weiteres zu artikulieren. Ein

Buch braucht lange, bis es erscheint; mit einer Zeitschrift kann man das Geschehen im Flug ergreifen; man kann sich fast so prompt wie in einem privaten Briefwechsel an seine Freunde wenden, sich seine Gegner vornehmen. Ständig galt es in dieser Zeit der tastenden, brodelnden Wiedergeburt heiße Fragen zu stellen, Herausforderungen zu bestehen, Irrtümer zu berichtigen. So viele Bücher und Zeitschriften gab es nicht: Deshalb hatten unsere intellektuellen Polemiken noch etwas von der Vertrautheit, Dringlichkeit und Wärme von Familienstreitigkeiten.

Am wichtigsten war der Streit mit den Kommunisten: Die Einheit der Résistance war in Scherben gefallen. Eigentlich stand Sartres Philosophie – zumindest in ihren Anfängen – nicht in radikalem Gegensatz zur marxistischen Doktrin. Sartre wünschte den Dialog. Aber die Kommunisten weigerten sich. Sie übernahmen lieber die Beleidigungen der Rechten: Sartre singt das Hohelied des Abschaums, Sartre, der Philosophie des Nichts und der Verzweiflung. Sartre hoffte noch 1945 bis '46, diese Situation bereinigen zu können; er irrte sich. Aber Sartres und Merleau-Pontys Bemühungen, das Gespräch zu retten, verstörten einige Mitglieder unseres Vorstandes. Sie nahmen ihren Abschied. Wir hatten keine Mühe, sie zu ersetzen.

Trotz dieser Brüche und Veränderungen blieb diese Zeitschrift lebendig und stand zu ihren Anfängen. Aber das ist eine lange Geschichte, die ich hier nicht erzählen kann: Andere haben es getan. Ich wollte an diesem vierzigsten Geburtstag nur an die Bedingungen und Gründe für ihre Entstehung erinnern und sagen, was für eine Bedeutung diese Zeitschrift anfangs für uns hatte.

Alle Menschen sind sterblich

Der Existentialismus entwickelt sich zur wichtigsten philosophischen Strömung der Nachkriegszeit, gleichzeitig subsumiert sich unter diesem Begriff eine Modewelle, zu deren Kennzeichen schwarzer Rollkragenpullover, Jazzmusik und ein halböffentliches Leben in bestimmten Bars und Cafés gehören. Simone de Beauvoir genießt die Popularität, die sie dem Erfolg ihrer beiden Romane und ihrer journalistischen Arbeit bei Temps Modernes verdankt. Den Versuchen einiger Kritiker, sie auf die Rolle der «Notre Dame de Sartre», der Jüngerin also, kleinzustutzen, begegnet sie mit Gleichmut; wichtiger als ihr Bild ist für sie nach wie vor die Gültigkeit ihres Werks. Sie gibt endgültig den Lehrerinnenberuf auf, um sich ganz auf ihre Projekte konzentrieren zu können. Allerdings muß sie nacheinander zwei Fehlschläge hinnehmen: Ihr erstes Theaterstück, ‹Les Bouches inutiles›, fällt bei der Kritik durch, und ihr dritter Roman, 1946 erschienen, ‹Alle Menschen sind sterblich›, wird ebenfalls negativ aufgenommen.

‹Alle Menschen sind sterblich› ist der Versuch Simone de Beauvoirs, das Thema der Existenzberechtigung des Menschen unter einem neuen Aspekt wieder aufzugreifen: Gleichgültigkeit als Verneinung von Freiheit, als «mauvaise foi». Weil der Mensch sterben muß, hat er die Chance, seinen Handlungen Bedeutung zu verleihen; eine Unendlichkeit der Existenz würde alle Handlungen zur Nichtigkeit verurteilen, das Bewußtsein eines Unsterblichen würde in Gleichgültigkeit erstarren und somit der Freiheit des geplanten Entwurfs entsagen. Dazu konstruiert Beauvoir die Begegnung eines unsterblichen italienischen Adeligen mit einer ehrgeizigen Schauspielerin des 20. Jahrhunderts. Régine faßt die Beziehung zu Fosca als einmalige Chance, ihrer Existenz Ewigkeit zu schenken: Durch Foscas Erinnerungen an sie würde sie über den eigenen Tod hinaus einmalige, unvergängliche Bedeutung erhalten. Als ihr Fosca jedoch von der Beliebigkeit

seiner Abenteuer, Beziehungen und Pläne der vergangenen Jahrhunderte berichtet, erkennt sie die Unmenschlichkeit seiner Existenz und wird wahnsinnig.

Simone de Beauvoir bemängelt selbst die Thesenhaftigkeit, die Widersprüche in der Konstruktion der Geschichte. Dennoch ist ihr mit Régine eine ungewöhnliche weibliche Romanfigur gelungen. Régines Neid auf die Existenz anderer verkörpert einen brutalen Willen zur Vermessenheit, ihre aggressive Sucht nach Einmaligkeit ist Signum einer falschen, aber heftig gelebten Auflehnung gegen die Mittelmäßigkeit.

«Es wird ein Erfolg», sagte Roger. – Er drückte Regines Arm an sich. «Du wirst eine große Schauspielerin.»

«Sie ist eine große Schauspielerin», wies Annie ihn zurecht.

«Nett, daß du das meinst.»

«Meinst du es denn nicht?» fragte Roger.

«Was beweist das schon?» sagte sie. Sie zog den Schal fester um den Hals. «Es müßte ein Zeichen kommen. Man müßte zum Beispiel plötzlich eine Aureole um den Kopf haben, so daß man wüßte, man ist wirklich eine zweite Duse oder Rachel ...»

«Auch Zeichen werden kommen», meinte Roger vergnügt.

«Keines wird zuverlässig sein. Was für ein Glück für dich, daß du nicht ehrgeizig bist.»

Er lachte: «Warum machst du es mir nicht nach?»

Sie lachte auch, war aber nicht froh dabei: «Weil ich eben nicht kann», sagte sie.

Eine rotleuchtende Grotte tat sich am Ende der finsteren Straße auf. Das war das *Royal*. Als sie eintraten, sah sie sie gleich mit dem übrigen Ensemble an einem Tisch sitzen. Sanier hatte den Arm um Floras Schultern gelegt, er hielt sich sehr gerade in seinem eleganten Anzug aus bestem englischem Stoff und sah sie mit Blicken an, die Regine kannte, war sie ihnen doch oft genug in Rogers Augen begegnet; Flora lächelte und zeigte dabei ihre schönen Kinderzähne; sie hörte gleichsam in sich selbst die Worte, die er eben gesagt haben mochte und die er sagen würde: Eines Tages wirst du eine große Schauspielerin sein. Du bist nicht wie andere Frauen. Regine nahm an Rogers Seite Platz. Sanier täuscht sich, dachte sie, und Flora täuscht sich auch; sie ist ein kleines Mädchen ohne wahres Genie; keine andere Frau kann sich mit ihr vergleichen. Aber wie das beweisen? Flora fühlt in sich die gleiche Sicherheit wie ich. Und sie macht sich über mich keinerlei Gedanken; während sie wie eine Wunde in meinem Herzen schwärt. Ich werde es beweisen, dachte sie leidenschaftlich.

Sie nahm einen kleinen Spiegel aus der Handtasche und zog den Bogen ihrer Lippen nach; sie hatte das Bedürfnis, sich im Spiegel zu sehen; sie liebte ihr Gesicht; sie liebte den lebendigen Ton ihrer blonden Haare, die stolze Strenge der Nase und der hohen Stirn; die warme Glut ihres Mundes, die Kühnheit der blauen Augen; sie war schön, von einer so spröden und einsamen Schönheit, daß sie zunächst überraschte. Ach! dachte sie, könnte ich doch aus zwei Wesen bestehen, einem, das spricht, und einem, das zuhören kann, einem, das lebt, und einem anderen, das nur zuschauen darf: wie würde ich mich lieben! Keinen Menschen auf der Welt würde ich dann beneiden. Sie schloß die Handtasche. In dieser gleichen Minute lächelten Millionen Frauen ihrem Bild wohlgefällig zu.

«Tanzen wir?» fragte Roger.

«Nein, ich habe keine Lust.»

Die beiden anderen waren aufgestanden, sie tanzten; sie tanzten schlecht, aber wußten es nicht und waren glücklich dabei. In ihren Augen stand Liebe: die Gesamtheit der Liebe; zwischen ihnen spielte sich das große Drama der Menschen ab, als habe niemals zuvor jemand auf Erden geliebt und als ob Regine nie Liebe empfunden hätte. Zum erstenmal begehrte ein Mann in Angst und Zärtlichkeit eine Frau, und zum erstenmal spürte eine Frau, wie sie in den Armen des Mannes zu einem Idol aus Fleisch und Blut erstand. Ein neuer Frühling brach blütenschauernd auf, einmalig wie jeder Frühling, und Regine war bereits tot. Sie grub ihre spitzen Nägel in die Fläche ihrer Hand. Es gab da nichts abzustreiten; kein Erfolg, kein Triumph konnten ungeschehen machen, daß in diesem Augenblick Flora in Saniers Herzen in höchster Glorie erstrahlte.

«Ich werde es nicht aushalten, ich halte es nicht aus.»

«Du willst doch nicht nach Hause?» fragte Roger.

«Nein.»

Sie wollte dableiben; sie wollte ihnen zusehen. Sie sah sie an und dachte: Flora lügt Sanier an; Sanier täuscht sich über Flora, ihre Liebe beruht auf einem Mißverständnis. Aber da Sanier nichts von Floras Falschheit wußte und Flora sich daran zu denken enthielt, unterschied sich ihre Liebe, sobald sie sich selbst überlassen waren, in nichts von wahrer großer Leidenschaft. Warum bin ich so beschaffen? fragte Regine sich. Wenn Leute um mich her leben, lieben und glücklich sind, habe ich das Gefühl, daß sie an mir einen Mord begehen.

[...]

Regine bog in die Straße zu ihrer Rechten ein. Es war nicht eigentlich ihr Weg, aber sie liebte diese Gasse mit den schwarzen Wassergräben, deren Seitenwände mit Balken abgestützt waren; sie liebte diese feuchtwarme Frühlingsnacht und den riesigen Mond, der am Himmel lachte. Annie war jetzt im Bett, sie wartete auf Regines Kuß, um einschlafen zu können; Fosca schrieb; von Zeit zu Zeit blickten sie sicher auf die Uhr an der Wand und dachten, daß Regine jetzt hätte vom Theater zu Hause sein müssen; aber sie wollte noch ein wenig in diesen Straßen spazierengehen, die sie liebte und durch die sie eines Tages nicht mehr wandeln würde.

Noch einmal bog sie rechts ein. So viele Männer, so viele Frauen hatten mit gleicher Leidenschaftlichkeit die Süße der Frühlingsnächte gespürt, und nun war die Welt für sie ausgelöscht! Gab es wirklich kein Mittel gegen den Tod? Konnte man sie nicht für eine Stunde wieder auferwecken? Ich habe meinen Namen vergessen, meine Vergangenheit, mein Gesicht: nur der Himmel ist da und der feuchte Wind, und die vage Bitterkeit in dieser Abendsüße; ich bin es nicht, und nicht sie; sie sind es so gut wie ich.

Regine wendete sich links. Ich bin es. Der gleiche Mond am Himmel, doch in jedem Herzen besteht er für sich, unteilbar mit anderen. Fosca wird durch die Straßen gehen und an mich denken, aber ich werde es nicht sein. Ach! Warum kann man nicht die durchsichtige, harte Schale zerbrechen, die jeden für sich umschließt? Ein einziger Mond in einem einzigen Herzen: in welchem? In Foscas Herzen oder in dem meinen? Ich würde nicht ich mehr sein. Um alles zu gewinnen, müßte man alles verlieren. Wer hat dies Gesetz gemacht?

Sie durchschritt den Toreingang und den Hof des alten Hauses, Annies Fenster war hell, hinter keinem anderen mehr war Licht. Ob denn Fosca schon schläft? Rasch stieg sie die Treppe hinauf und steckte geräuschlos den Schlüssel in die Tür. Hinter Annies Zimmertür hörte man Lachen: ihre und Foscas Stimme. Das Blut stieg Regine in die Wangen, und es war ihr, als ob sich Krallen in ihre Kehle schlügen: lange schon hatte sie keinen solchen Riß im Innern gespürt. Mit leisen Schritten trat sie ganz nahe heran.

«Und alle Abende», sagte Annie, «habe ich mich oben auf die Galerie gesetzt. Ich konnte einfach die Idee nicht ertragen, daß sie für andere spielte und ich es nicht sehen könnte.»

Regine zuckte die Achseln. Jetzt erzählt sie ihre Kümmernisse, dachte sie ärgerlich. Sie klopfte und öffnete die Tür. Annie und Fosca saßen vor einem Teller mit Crêpes und zwei Gläsern mit Weißwein; Annie hatte ihr weinbeerfarbenes Nachmittagskleid angezogen und Ohrringe angelegt; sie war so animiert, daß ihre Wangen glühten. Das ist wie eine Parodie, dachte Regine mit einem Anflug von Zorn.

«Ihr seid ja sehr vergnügt», sagte sie mit eisiger Stimme.

«Sehen Sie nur, Reginchen, was für schöne Crêpes wir gemacht haben. Er ist ganz geschickt, müssen Sie wissen; er hat sie gewendet, ohne auch nur einen neben die Pfanne zu werfen.» Sie hielt lächelnd Regine den Teller hin: «Sie sind noch warm.»

«Danke, ich habe keinen Hunger», sagte Regine.

Sie blickte sie haßerfüllt an. Gibt es denn kein Mittel, sie daran zu hindern, daß sie ohne mich weiterexistieren? Wie können sie es nur wagen. Eine Unverschämtheit! dachte sie. Es gab Augenblicke, in denen man stolz auf dem Gipfel eines einsam ragenden Berges stand, man umfing mit dem Blick eine Oberfläche, die völlig nivelliert war, ohne Erhebungen, und auf der nur Linien und Farben eine Landschaft ergaben. Und in anderen befand man sich tief am Boden und mußte die Beobachtung machen, daß jedes einzelne Stück für sich selbst existierte mit seinen Höhlungen, seinen Buckeln und kleinen Aussichtspunkten. Da erzählte Annie Fosca ihre Erinnerungen, und Fosca hörte ihr zu!

«Wovon habt ihr denn gesprochen?»

«Ich habe Fosca erzählt, wie ich Ihre Bekanntschaft gemacht habe.»

«Wieder mal?» meinte Regine.

Sie trank einen Schluck Wein. Die Crêpes kamen ihr warm und appetitlich vor, sie hatte Lust, davon zu essen, und das ärgerte sie erst recht.

«Ja, das ist ihre klassische Tirade. Die muß sie allen meinen Freunden vordeklamieren. Übrigens ist an der Geschichte gar nichts Besonderes dran. Annie neigt zur Romantik; man darf ihr nicht alles glauben, was sie sich ausgedacht hat.»

Annie kamen die Tränen in die Augen. Aber Regine tat, als sähe sie es nicht; und mit Befriedigung dachte sie: Du sollst mir noch richtig weinen.

«Ich bin zu Fuß nach Hause gekommen», sagte sie möglichst unbefangen. «Wissen Sie, was ich beschlossen habe? Zwischen zwei Vorstellungen von ‹*Wie es euch gefällt*› gehen wir ein bißchen aufs Land.»

«Das ist eine gute Idee», sagte Fosca.

Ohne sich stören zu lassen, aß er eine Crêpe nach der anderen.

«Nehmt ihr mich mit?» fragte Annie.

Auf diese Frage hatte Regine gewartet.

«Nein», sagte sie. «Ich möchte ein paar Tage mit Fosca allein sein. Auch ich habe ihm ein paar Geschichten zu erzählen.»

«Wieso?» fragte Annie. «Ich würde euch doch nicht stören. Früher haben Sie mich immer mitgenommen und gesagt, ich würde Sie niemals stören.»

«Früher vielleicht», sagte Regine.

«Aber was habe ich denn getan?» rief Annie schluchzend aus. «Warum sind Sie so hart zu mir? Wofür bestrafen Sie mich?»

«Rede nicht wie ein Kind», sagte Regine. «Du bist zu alt, es steht dir nicht mehr. Ich bestrafe dich nicht. Ich habe keine Lust, dich mitzunehmen, das ist alles.»

«Wie böse!» rief Annie. «Wie böse!»

«Durch Weinen bringst du mich bestimmt nicht dazu, meinen Entschluß zu ändern. Du bist furchtbar häßlich, wenn du weinst.»

Regine warf noch einen Blick des Bedauerns auf die Crêpes.

«Ich gehe schlafen», sagte sie gähnend.

«Sie sind böse! Böse!»

Annie hatte sich schluchzend über den Tisch geworfen.

Regine trat in ihr Zimmer, legte den Mantel ab und fing an, ihre Haare aufzumachen: Er bleibt bei ihr! Er tröstet sie! dachte sie. Mit den Absätzen hätte sie Annie zertreten mögen.

Sie lag schon im Bett, als es klopfte.

«Herein.»

Fosca kam lächelnd näher.

«Sie hätten sich nicht so zu beeilen brauchen», sagte sie. «Haben Sie sich auch Zeit genommen, die Crêpes aufzuessen?»

«Verzeihen Sie mir», sagte Fosca. «Ich konnte Annie nicht allein lassen, sie war so verzweifelt.»

«Sie hat nahe am Wasser gebaut.» Regine lachte. «Natürlich hat sie Ihnen alles erzählt: wie sie die Kasse der Theaterbar besorgte und mein Auftreten dort als Zigeunerin mit einem Pflaster über dem Auge?»

Fosca setzte sich an das Fußende des Bettes: «Man darf ihr nicht böse sein. Auch sie will existieren.»

Amerika – Tag und Nacht

Dem Reisen gilt Simone de Beauvoirs große Leidenschaft, ihr Interesse an der Welt ist geradezu unerschöpflich. 1947 bezahlt ihr die Kulturabteilung des Außenministeriums eine Vortragsreise in die USA. Während des viermonatigen Aufenthalts führt sie ein Tagebuch, das sie später – angereichert mit den Erfahrungen eines zweiten Amerika-Besuchs – zu einer Reportage verarbeitet. ‹Amerika – Tag und Nacht›, 1948 veröffentlicht, ist nicht nur eine temporeiche Liebeserklärung an die Großartigkeit der Neuen Welt, deren Jazzmusik, Literatur und Filme Simone de Beauvoir schon lange bewundert, sondern auch die kritische Chronik einer europäischen Intellektuellen, die menschliche und gesellschaftliche Defizite mit scharfem Blick registriert.

26. Januar

Mitten in der Nacht, in meinen Schlaf hinein, sagt plötzlich eine Stimme ohne Worte: «Etwas ist mir passiert.» Ich schlafe noch und weiß nicht, ob nun ein großes Glück oder eine Katastrophe über mich gekommen ist. Etwas ist mir passiert. Vielleicht bin ich gestorben, wie das häufig in meinen Träumen vorkommt, vielleicht werde ich auf der anderen Seite des Todes erwachen. Ich öffne die Augen und habe Angst. Und es fällt mir ein: das ist keineswegs das Jenseits – das ist New York.

Es war kein Trugbild. New York ist da, und alles ist wahr. Die Wahrheit leuchtet vom blauen Himmel herunter, lebt in der feuchten, milden Luft und ist triumphierender als der ungewisse Zauber der Nacht. Es ist neun Uhr morgens, es ist Sonntag, die Straßen sind leer. Hier und da noch ein paar Lichter auf den Neonreklamen. Kein Passant, kein Wagen, nichts unterbricht die gerade Fluchtlinie der 8. Avenue. Kuben, Prismen,

Rechtecke, die Häuser sind abstrakte Körper und die Oberflächen abstrakte Schnittpunkte zweier Volumen; die Materialien sind ohne Dichtigkeit, ohne Verbindung: es ist der Raum selbst, den man in eine Form gegossen hat. Ich bewege mich nicht, ich schaue. Ich bin da, und New York wird mir gehören. Wieder überkommt mich jene Freude, die ich vor fünfzehn Jahren kennenlernte. Ich trat aus dem Bahnhof heraus und von der Höhe der monumentalen Treppe sah ich zu meinen Füßen alle Dächer von Marseille. Ein Jahr, zwei Jahre sollte ich allein in einer unbekannten Stadt verbringen. Ich bewegte mich nicht und schaute, dabei dachte ich: diese fremde Stadt ist meine eigene Zukunft und wird einmal meine Vergangenheit gewesen sein. Zwischen diesen Häusern, die Jahre, jahrhundertelang ohne mich existiert haben, verlaufen Straßen für Tausende von Menschen, die nicht Ich waren, die nicht Ich sind. Und nun gehe ich hier, laufe den Broadway hinab, jawohl – Ich. Ich gehe auf den Straßen, die nicht für mich geschaffen wurden, auf denen mein Leben noch keine Spur hinterließ, in denen kein Duft der Vergangenheit weht. Niemand kümmert sich hier um meine Gegenwart, ich bin immer noch ein Phantom und gleite durch die Stadt, ohne etwas an ihr zu ändern. Und doch wird von nun ab mein Leben die Straßenflucht, die Häuserflucht tief in sich aufnehmen: New York wird mir gehören, und ich werde New York gehören.

Ich trinke einen Orangensaft an einer Theke, ich setze mich in die Bude eines Stiefelputzers, auf einen der drei erhöhten Sessel; allmählich werde ich wieder ein Mensch aus Fleisch und Blut, die Stadt wird mir vertrauter, die Oberflächen sind Fassaden und die festen Körper Häuser geworden. Auf dem Fahrdamm wirbelt der Wind Staub und alte Papierfetzen durcheinander. Hinter dem Washington Square hört die Welt der Mathematik auf. Keine starren Ecken mehr, die Straßen haben keine Zahlen mehr, sondern Namen, die Linien runden sich und laufen durcheinander. Ich verlaufe mich wie in einer europäischen Stadt. Die Häuser haben nur drei oder vier Etagen und dickaufgetragene Farben, schwankend zwischen Rot, Ockergelb und Schwarz. Wäsche hängt zum Trocknen an den Feuertreppen, die im Zickzack an den Mauern hochlaufen. Diese Wäsche mit ihrer Hoffnung auf Sonnenschein, die Stiefelputzer an den Straßenecken, die terrassenförmigen Dächer, das alles erinnert von fernher an eine südliche Stadt, während das müde Rot der Häuser eher an den Londoner Nebel denken läßt. Dieses Viertel hat nicht die geringste Ähnlichkeit mit irgendeinem anderen, das ich kenne – aber ich weiß, daß ich es lieben werde.

Die Landschaft wechselt. Ja, Landschaft muß man diese menschenleere Stadt nennen, in die der Himmel einbricht: er steht über den Wolkenkratzern, er stiehlt sich in die geraden Straßen hinein, er ist zu weit, als daß die Stadt ihn hätte annektieren können, er überflutet sie – es ist ein Gebirgshimmel. Ich laufe zwischen hohen Steilufern auf der Talsohle eines Canyons, in den kein Sonnenstrahl dringt. Die Luft riecht salzig. Die Geschichte der Menschheit steht nicht eingeschrieben auf diesen *buildings* mit ihrem peinlichst auskalkulierten Gleichgewicht: sie sind den vorgeschichtlichen Höhlen näher als die Häuser in Paris oder Rom. In Paris, in Rom ist die Geschichte bis in die Eingeweide der Erde eingedrungen; die Tiefe von Paris erstreckt sich bis zum Mittelpunkt der Erde. Die Battery von New York hat keine so tiefen Wurzeln getrieben. Unter den Abflußkanälen, Untergrundbahnen und Heizrohren ist der Felsen jungfräulich, vom Menschen unberührt. Zwischen Felsen und freiem Himmel gehören Wall Street, Broadway – im Schatten ihrer ungeheuren Bauten – heute morgen der Natur an. Die kleine rote Kirche mit ihrem Friedhof und den flachen Grabsteinen wirkt mitten auf dem Broadway ebenso überraschend und rührend wie eine heilige Stätte an den wilden Ufern des Ozeans.

Die Sonne schien so schön, das Wasser des Hudson war so grün, daß ich das Schiff bestieg, das die Provinzler aus dem Mittelwesten zur Freiheitsstatue hinüberfährt. Aber ich steige nicht auf der kleinen Insel aus, die einem Fort ähnelt. Ich wollte nur die Battery sehen, so wie ich sie so oft im Kino gesehen habe. Und jetzt sehe ich sie. Von weitem erscheinen diese schlanken Türme zerbrechlich. Die aufwärtsstrebenden Gerüste sind so knapp und genau ausgewogen, daß sie wohl bei der geringsten Erschütterung wie Kartenhäuser zusammenbrechen würden. Wenn das Schiff näher kommt, werden die Steinschichten wieder massiver: aber das Bild des Einsturzes läßt einen nicht wieder los. Welches Fressen für Bombenflugzeuge!

Auf den Straßen findet man Hunderte von Restaurants, aber sonntags sind sie alle geschlossen. Dasjenige, das ich entdecke, ist überfüllt. Ich esse hastig, von der Kellnerin zur Eile angetrieben. Kein Fleckchen, um sich auszuruhen. Die Natur ist gnädiger. New York wird in dieser Härte wieder menschlich. Pearl Street mit ihrer Hochbahn, Chatham Square, das Chinesenviertel, die Bowery. Ich werde langsam müde. Schlagworte schwirren mir durch den Kopf: «Stadt der Gegensätze.» Diese nach Gewürzen und Packpapier riechenden Gäßchen zu Füßen tausendfenstriger Hausfassaden – das ist ein Gegensatz; auf Schritt und Tritt stoße ich auf Gegensätze, und alle sind sehr verschiedener Art. «Eine aufrecht stehende Stadt», «entfesselte Geometrie», «wahnsinnig gewordene Geometrie» – das alles sind in der Tat diese Wolkenkratzer, diese Fassaden, diese Avenuen: ich sehe es mit eigenen Augen. Oft las ich auch «New York mit seinen Kathedralen». Ich hätte das Wort erfinden können; alle diese alten Klischees schienen banal. Und doch – in der ersten Entdeckerfreude kommen auch mir die Worte «Gegensätze» oder «Kathedralen» auf die Lippen, ich bin erstaunt, sie so abgenutzt zu empfinden, während doch die Wirklichkeit, die sie auszudrücken versuchen, unverändert bestehen bleibt. Manche drückten sich präziser aus: «In der Bowery schlafen die Betrunkenen sonntags auf dem Gehsteig.» Hier ist die Bowery – Betrunkene schlafen auf dem Gehsteig. Genau das wollten die Worte ausdrücken, ihre Exaktheit bringt mich durcheinander: warum erscheinen diese Worte so leer, wo sie doch so wahr sind? Mit Worten werde ich New York nie erfassen. Ich denke auch nicht mehr daran, diese Stadt zu erfassen – ich löse mich in ihr auf, Worte, Bilder, Wissen, Erwartungen nützen mir gar nichts; festzustellen, daß sie wahr oder falsch sind, ist sinnlos. Keine Gegenüberstellung mit den Dingen, die da sind, ist möglich. Sie existieren auf eine andere Art: sie sind da. Und ich schaue und schaue – erstaunt wie ein Blinder, der wieder sehen kann.

27. Januar

Wenn ich New York entziffern will, muß ich mich an New Yorker wenden. In meinem Büchlein stehen Namen, aber für mich steht kein Gesicht hinter ihnen. Ich muß auf englisch mit Leuten telefonieren, die mich nicht kennen und die ich nicht kenne. Ich gehe hinunter in die *lobby* des Hotels und bin eingeschüchterter, als hätte ich ein mündliches Examen zu bestehen. Diese *lobby* betäubt mich durch ihre Fremdheit – eine Fremdheit mit umgekehrtem Vorzeichen. Ich bin der Zulukaffer, den ein Fahrrad in Schrecken versetzt, bin die Bäuerin, die in der Pariser U-Bahn verloren ist. Ein Zeitungs- und Zigarrenladen, Western Union, Frisiersalon, *writing-room*, wo Stenotypistinnen nach dem Diktat der Gäste schreiben – Klub, Büro, Warteraum, Verkaufsgeschäft: alles in einem. Um mich herum ist der ganze Komfort des täglichen Lebens, aber ich weiß nichts mit ihm anzufangen, die kleinste Kleinigkeit wird zum Problem: wie frankiere ich meine Briefe? Und wo sind sie einzuwerfen? Dieses Flügelschlagen neben dem Aufzug, diese hellen Blitze, ich hielt sie beinahe schon für Halluzinationen. Hinter einer Glasplatte fallen Briefe von der 25. Etage bis in die Tiefen des Kellergeschosses; das ist der Briefkasten. Bei dem Zeitungshändler steht ein Automat, der Briefmarken ausspuckt. Aber ich bringe das Kleingeld durcheinander. Ein Cent ist für mich gleichzeitig ein Sou und ein Centime, fünf Cent sind also fünf Centimes, aber gleichzeitig auch fünf Sous, also 25 Centimes. Zehn Minuten lang versuche ich vergeblich zu telefonieren: alle Apparate werfen den Nickel aus, den ich hartnäckig immer wieder in den Schlitz stecke, der für 25-Cent-Stücke bestimmt ist. Niedergeschlagen bleibe ich in einer der Kabinen sitzen. Ich habe Lust, mein Vorhaben aufzugeben, ich verfluche diesen teuflischen Apparat. Aber schließlich kann ich mich ja nicht auf ewig einschließen. Ich bitte den Angestellten der Western Union, mir zu helfen, und diesmal bekomme ich Antwort. Am anderen Ende des Drahtes vibriert die Stimme ohne Gesicht: ich muß antworten. Man erwartet mich nicht, und ich habe nichts zu bieten. Ich sage nur: «Ich bin da.» Auch ich habe kein Gesicht, ich bin nur ein Name, den gemeinsame Freunde weitergegeben haben. Ich sage noch: «Ich möchte Sie gern sehen.» Das ist nicht einmal wahr, und sie wissen es. Ich will sie gar nicht sehen, denn ich kenne sie nicht. Und doch sind die Stimmen beinahe freundschaftlich und natürlich. Schon diese Natürlichkeit stärkt mich, als ob sie Freundschaft wäre. Aber nach drei Anrufen schließe ich mit glühheißen Wangen mein Büchlein.

Ich gehe in den Frisiersalon, und dort fühle ich mich schon etwas heimischer. Diese Salons gleichen sich in allen Städten, die ich kenne: es ist der gleiche Geruch, es sind die gleichen metallischen Trockenhauben – die Kämme, Puderquasten und Spiegel sind völlig unpersönlich. Den Händen überlassen, die meinen Schädel massieren, bin ich schon kein Phantom mehr: zwischen diesen Händen und mir besteht eine lebendige Verbindung – das ist wirklich mein eigenes, leibhaftiges Ich. Aber selbst dieser Augenblick ist nicht völlig alltäglich. So muß ich zum Beispiel dem jungen Mädchen, das mich frisiert, nicht die Haarnadeln, eine um die andere, reichen: sie kleben an einem Magneten, den das Mädchen am Handgelenk trägt, und ein Magnet zieht sie auch wieder heraus, wenn die Haare wieder trokken sind. Dieses kleine Spiel entzückt mich.

[...]

31. Januar

Was das Alltagsleben in Amerika so angenehm macht, das ist die gute Laune und die Herzlichkeit der Amerikaner. Natürlich hat das auch seine Kehrseiten. Die unaufhörlich wiederholten gebieterischen Aufforderungen, «das Leben von der guten Seite zu nehmen», fallen mir auf die Nerven. Auf den Reklamen, ob sie nun Quaker-Oats, Coca-Cola oder Lucky Strike anpreisen – welch eine Überfülle von schneeweißen Zähnen: das Lächeln scheint ein Starrkrampf zu sein. Das junge, verstopfte Mädchen schenkt ein verliebtes Lächeln dem Zitronensaft, der ihren Därmen Erleichterung verschafft. In der U-Bahn, auf der Straße, auf den Seiten der Magazine verfolgt mich dieses Lächeln wie eine Zwangsvorstellung. In einem *drug-store* las ich auf einem

Aushängeschild: *Not to grin is a sin* – nicht lächeln ist eine Sünde. Man fühlt die Vorschrift heraus, das System. *Cheer up! Take it easy!* Dieser Optimismus ist für die soziale Ruhe und das wirtschaftliche Gedeihen des Landes unentbehrlich. Wenn ein Bankier einem jungen Franzosen, der in Verlegenheit ist, großzügig 50 Dollar ohne Sicherheiten leiht, wenn der Manager meines Hotels das leichte Risiko auf sich nimmt, die Schecks seiner Gäste anzunehmen, dann deswegen, weil dieses Vertrauen Voraussetzung einer auf Kredit und Geldumlauf fundierten Wirtschaft ist.

Auch die Liebenswürdigkeit ist genormt. Heute nachmittag ging ich einen Scheck einlösen. Kaum hatte ich die Bank betreten, als mir auch schon ein galonierter Beamter entgegenkam, um mir behilflich zu sein: ich hätte meinen können, er erwarte mich. Er führte mich in eine Art *hall*, wo Schreibtisch neben Schreibtisch stand. Auf jedem Schreibtisch steht ein Schild, das dem Publikum den Namen des Angestellten anzeigt. Ich setze mich und zeige meine Papiere Herrn John Smith: das ist kein anonymes Räderwerk, und ich bin keine anonyme Kundin. Seine Höflichkeit gilt mir, mir persönlich. Er zeichnet meinen Scheck ab, und sofort zahlt mir der Kassierer den mir zustehenden Betrag aus. In Frankreich hätte sich die Nachprüfung meines Schecks jenseits des Schalters, ohne jede Fühlungnahme mit meiner Person und fraglos unfreundlich abgespielt, und ich selbst wäre als einfache Nummer behandelt worden. Natürlich falle ich nicht darauf herein. Diese dem Bürger bezeigte Achtung ist völlig abstrakt: dasselbe höfliche Lächeln, das Herrn David Brown zusichert, daß er eine einmalige Einzelerscheinung sei, wird auch Herrn John Williams – ebenfalls eine einmalige Einzelerscheinung – zuteil; nichts ist universeller als diese jedem einzelnen mit einer gewissen Feierlichkeit zuerkannte Besonderheit. Man wittert die Mystifikation. Diese ihm erwiesenen Aufmerksamkeiten bringen es mit sich, daß der Amerikaner sich nicht aufzublasen braucht, um das Gefühl seiner Menschenwürde zu haben. Die Herzlichkeit der Verkäufer, Angestellten, Kellner und Portiers ist vielleicht Geschäftstüchtigkeit, unterwürfig aber ist sie nie. Sie sind nicht verdrießlich oder steif; und wenn ihre Liebenswürdigkeit auch sehr materielle Ziele verfolgt, so ist sie doch deswegen nicht minder echt. Wir haben die deutschen Soldaten für die Art und Weise, in der sie grausame Befehle ausführten, für verantwortlich gehalten, und in der Tat: der Mensch ist niemals passiv; im Gehorsam verpfändet er seine Freiheit, und wer sich dem Bösen unterwirft, übernimmt es auf eigene Rechnung. Dieses Übernehmen vollzieht sich meist durch Erdichtungen und Initiativen hindurch, die die Verantwortlichkeit klar erkennen lassen. So läßt auch der amerikanische Bürger die Reklame für das Lächeln nicht passiv über sich ergehen: mag auch dieser Optimismus im Grunde kommandiert sein, so ist doch er es, der Bürger, der aus freien Stücken herzlich, vertrauensvoll und großzügig ist; und seine Freundlichkeit ist um so weniger in Zweifel zu ziehen, je weniger er – eigentlich mehr mystifiziert als mystifizierend – an dem Erfolg des Systems interessiert ist. Wie ich auch über die amerikanischen Ideologien denken mag, immer werde ich eine warme Sympathie für die Taxichauffeure, die Zeitungsverkäufer und Schuhputzer empfinden, kurz: für alle, deren Haltung uns Tag für Tag vor Augen führt, daß die Menschen untereinander Verbündete sein könnten. Sie umgibt eine Atmosphäre von Vertrauen, Heiterkeit und Freundschaft. Der liebe Nächste ist nicht *a priori* ein Feind, und auch, wenn er sich täuscht, wird er nicht sofort für schuldig gehalten. Ein solches Wohlwollen ist in Frankreich sehr selten geworden. Ich bin Ausländerin: das ist hier weder ein Fehler noch eine Überspanntheit. Man lacht nicht über meine kümmerliche Aussprache – man gibt sich um so mehr Mühe, mich zu verstehen. Wenn ich kein Kleingeld habe, um den Taxichauffeur zu bezahlen, unterstellt er mir nicht schlechten Willen: er ist mir behilflich, welches zu beschaffen, oder verzichtet großzügig auf ein paar Cents. Für die Taxichauffeure habe ich übrigens eine besondere Zuneigung. Während der ganzen Fahrt unterhalten sie mich, dabei ist es oft schwer, sie zu verstehen; es gibt welche, deren Dialekt sogar die New Yorker außer Fassung bringt. Viele Chauffeure waren während des Krieges in Frankreich, und so sprechen wir von Paris. Und jedesmal denke ich gerührt: das ist also einer von diesen Männern, die wir mit soviel Freude und Liebe empfangen haben, einer von denen, deren Helm und deren Uniform für uns Befreiung bedeutete. Es ist wunderlich, hier diese namenlosen Soldaten wiederzufinden, jeden mit seinem Namen und seinem Privatleben, welche damals aus einer unerreichbaren Welt kamen, einer Welt, die von unserem Elend getrennt war durch Schranken aus Eisen und Feuer. Sie haben für Paris eine etwas herablassende Sympathie, wie jener Zollbeamte, der mir bei der Ankunft sagte: «Sie kommen aus einem schönen Lande, aber Sie kommen in ein noch schöneres.» Seit ich mir einen Schnupfen zugelegt habe, hat ihre Herzlichkeit einen grollenden Unterton angenommen; dabei ist das Klima von New York daran schuld, das übergangslos von warm auf kalt überspringt. In ihren Augen aber schleppe ich mich mit einem jener bedauerlichen Laster aus dem alten Europa herum. Sie fragen mich ernst: «Sie haben einen Schnupfen?» und sind ein wenig skandalisiert. Ein guter amerikanischer Bürger ist nicht krank, und für einen Ausländer ist es eine Unhöflichkeit, sich in New York einen Schnupfen zu holen. Sie empfehlen mir Heilmittel, und einer holt sogar aus seiner Tasche eine Tube mit Pillen, die er mir anbietet.

[...]

5. Februar

Die gestrige Unterhaltung hat mich aufgewühlt. Während dieser ersten Woche war ich von meiner Entdeckung New Yorks viel zu entzückt, um mich von der Lektüre der Tagespresse und der Wochenschriften deprimieren zu lassen. Aber heute vormittag steigen Wut und Furcht, die ich schon erstickt hatte, wieder in mir auf. Man hatte es mir bereits vorausgesagt, und die allgemeine Orientierung der amerikanischen Politik war mir auch bekannt: aber die Atmosphäre ist noch weit unerträglicher, als man mir gesagt hatte. In erster Linie bemühen sich die meisten Blätter und Magazine – allen voran selbstverständlich die Hearst-Presse –, eine Kriegspsychose zu schaffen. Tag für Tag wiederholen sie, der Konflikt sei unvermeidlich, und es sei notwendig, dem russischen Angriff zuvorzukommen. In einem aufsehenerregenden Artikel hat «Life» sogar erklärt, die Welt befinde sich bereits im Kriege: der Gebrauch der Waffen wird mithin legitim; und im Inneren des Landes ist dieser Zustand eines versteckten, eines kalten Krieges der Anlaß für außergewöhnliche Maßnahmen; die Außenpolitik kann in die Innenpolitik eingreifen. Die Kommunistische Partei, wenn auch äußerlich noch anerkannt, ist keine Partei mehr, sondern eine fünfte Kolonne: gegen sie zu kämpfen wird eine nationale Pflicht. Zugleich mit der Kriegspsychose wird der rote Terror propagiert: jeder linksgerichtete Mensch wird als Kommunist und jeder Kommunist als Verräter beschuldigt. Europa ist jetzt schon ein Schlachtfeld, und jede Intervention ist gestattet. Man spricht von Europa wie von einem kläglichen, aber unfügsamen Vasallen – und besonders Frankreich gilt als ein sehr ungehorsames Kind. In der Innenpolitik bereitet der Kongreß fleißig Antiarbeitergesetze vor. Gewiß, in einem kapitalistischen Lande ist die Freiheit immer eine Täuschung: aber selbst der äußere Anschein einer Demokratie schwindet hier von Tag zu Tag, und Tag für Tag tritt die Willkür schamloser hervor. Auf diesem Untergrund zeichnet sich alles ab, was ich lese, höre und sehe. Heute ist es so erdrückend augenscheinlich, daß selbst der Himmel von New York davon verdunkelt wird. Der Luxus der *drug-stores*, das Lächeln, das heitere Näseln der Stimmen, die Zigaretten, der Orangensaft – alles hat einen unaufrichtigen Nachgeschmack.

[...]

8. Februar

Ich glaube, die Amerikanerinnen ziehen sich nie für sich selbst an. Die Kleidung ist zunächst die Zurschaustellung eines Lebensstandards. Aus diesem Grunde fehlt auch jede persönliche Note, die sich nicht in Dollars ausdrücken läßt. (Ausgenommen hiervon sind gewisse Kreise von Künstlern und Intellektuellen, aber selbst hier sind Seide und Pelzwerk selbstverständliche Voraussetzungen.) Die Hierarchie trägt hier quantitativen Charakter: dem gleichen Vermögen steht der gleiche Pelzmantel zu. Der gesellschaftliche Erfolg einer Frau hängt in einem hohen Maße vom Luxus ihrer äußeren Erscheinung ab – eine entsetzliche Sklaverei für die Armen. Eine Angestellte, eine Sekretärin muß ungefähr fünfundzwanzig Prozent ihres Gehaltes für den Friseur und für kosmetische Artikel ausgeben. Sie würde an Ansehen verlieren, wenn sie zwei Tage hintereinander im gleichen Kleid in ihr Büro käme. Um für eine gewisse große Frauenzeitschrift zu arbeiten, wo man eine raffinierte Eleganz verlangt, braucht man eine teurere Garderobe als eine Animierdame in einem Pariser Nachtlokal. Viele junge Frauen können das notwendige Geld nicht aufbringen; aus diesem Grunde bleibt eine große Anzahl von Stellungen gerade denen verschlossen, die sie am nötigsten hätten. Wenn man in New York ankommt, erscheint einem der Glanz der Haare und des Teints wie ein Wunder – aber das ist ein Wunder, das viel Geld kostet. Eine andere Tatsache ist, wie ich glaube, besonders bezeichnend: die der Amerikanerin aufgezwungene Standardkleidung ist nicht bestimmt, ihrer Bequemlichkeit zu dienen; diese Frauen, die bei jeder Gelegenheit so nachdrücklich ihre Unabhängigkeit fordern und deren Haltung dem Manne gegenüber so leicht aggressiv wird, ziehen sich für die Männer an: diese Absätze, die ihren Gang lähmen, diese zerbrechlichen Federn, diese Blumen mitten im Winter – all dieser Putz soll unzweifelhaft ihre Fraulichkeit unterstreichen und die Blicke der Männer anziehen. Tatsächlich ist die Toilette der Europäerin weniger unterwürfig.

[...]

11. April

Daß die weißen Amerikaner den Jazz immer weniger begreifen, ist mir klar geworden. Er gehört nicht, wie ich meinte, zu ihrer täglichen Nahrung. Es gibt hier eine ausgedehnte Einrichtung, *music by musak* genannt, die zu jeder Tagesstunde Musik auf Bestellung verzapft. Sie haben eine Menge Programme: für Trauerfälle, für Verlobungen und Hochzeiten, für *cocktailparties*, für Bars und Restaurants. Auch durch die Fabrikräume rauscht während der Arbeitsstunden Musik. Und jedes Lokal besitzt seine *juke-box*. Beim Essen, bei der Arbeit, in seinen Ruhestunden, in jeder Minute des Tages, und dank dem Radio sogar im Auto ist der Amerikaner von Musik umrauscht. Manche tragen ihr tragbares Radiogerät, dessen Preis lächerlich gering ist, mit sich herum. Nie aber bietet man dem Amerikaner Jazz: man bietet ihm Sinatra oder Bing Crosby, gezuckerte Melodien, die man *sweet music* nennt und die ebenso süßlich sind wie die *sweet potatoes*. In den Nachtlokalen hört man meistens *sweet music* oder auch *sweet jazz*, einen Bastard des Jazz. Das Publikum liebt die großen, für das Auge berechneten Orchester, die nur geschriebene Musik spielen können. Schwerwiegender ist, daß selbst die, die vorgeben, den wahren Jazz zu lieben, ihn verfälschen; und da die Neger zu ihrem Broterwerb nur auf die weiße Kundschaft angewiesen sind, werden sie zwangsläufig zu Mitschuldigen an dieser Verfälschung. Vergleicht man Beckett oder die kleinen Orchester von New Orleans oder die alten Platten von Armstrong und Bessie Smith mit dem heute üblichen Jazz, so wird einem klar, daß die Amerikaner diese brennende Musik ihres menschlichen, empfindungsreichen Inhalts beraubt haben. Trauer, Arbeit, Sinnlichkeit, Erotik, Freude, Traurigkeit, Auflehnung, Hoffnung – immer brachte die schwarze Musik etwas zum Ausdruck, und der *hot* war die leidenschaftlich-fiebernde Form dieses Ausdrucks. Das Gegenwärtige war hier in seiner konkreten Wirklichkeit Musik geworden, das heißt beschwert mit dem Gewicht eines Empfindens, einer Situation; einer Vergangenheit und einer Zukunft verhaftet. Voller Verachtung kehren die Amerikaner der Vergangenheit den Rücken. («Wie, Sie interessieren sich noch für den alten Faulkner?» fragte mich ein skandalisierter Verleger) – die kollektive Zukunft gehört einer privilegierten Klasse, der *pullman-class*, ihr allein steht das Recht zu, in großem Maßstab zu unternehmen und zu schaffen. Die anderen können sich in dieser stählernen Welt, deren Räderwerk sie sind, keine eigene Zukunft bereiten: sie haben weder Ziel noch Trieb, weder Wünsche noch Hoffnungen, die sie über das Gegenwärtige hinaus verpflichten, sie kennen nur den unendlichen Kreislauf der Jahreszeiten und Stunden. Aber von Vergangenheit und Zukunft abgeschnitten, hat die Gegenwart keine Substanz mehr, ist nichts mehr, nur noch ein reines, leeres Jetzt. Und weil es leer ist, kann es sich nur durch äußere Mittel behaupten: es muß aufreizend sein. Was den Amerikanern am Jazz gefällt, das ist sein Betonen des Augenblicks. Da aber der Augenblick für sie abstrakt ist, so ist es ein abstraktes Betonen, das sie verlangen; sie wünschen Geräusch und Rhythmus – sonst nichts. Natürlich kann man Geräusch und Rhythmus auch kunstvoll und mit hohem Können orchestrieren, so daß die Gegenwart vom Tode zum Leben erwacht – aber der Sinn des alten Jazz ist verloren. A. E. sagt mir, daß die jüngste Form des Jazz, der *be-bop*, dieses Auseinanderklaffen noch deutlicher zeigt. Ursprünglich war das ein *superhot*, er sollte den Herzschlag des Lebens zum Ausdruck bringen, das Zucken eines empfindsamen, heißen Herzens. Aber aus diesem inneren Fieber haben die Weißen, und die Schwarzen in ihrem Kielwasser, ein rein äußeres Zucken gemacht; bewahrt haben sie nur einen keuchend-rasenden Rhythmus, der aber nichts mehr bedeutet.

[...]

1. Mai

Die amerikanische Frau, die über das Scheckbuch ihres Gatten verfügt, die Kinder beherrscht und von allen Männern den unterwürfigsten Respekt fordert, wird oft mit der «Nonne» verglichen, jener Käferart, bei der das Weibchen das Männchen auffrißt. Im großen ganzen stimmt der Vergleich; nur muß man ihn richtig verstehen. Ich selbst hatte mir im Vertrauen auf alle diese Berichte eingebildet, daß die Frauen hierzulande mich durch ihre Unabhängigkeit in Erstaunen setzen würden. Amerikanerin und freie Frau waren für mich gleichlautende Begriffe. Zunächst einmal haben mich, wie ich bereits sagte, die Kleider durch ihren ausgesprochen weiblichen, um nicht zu sagen sinnlichen Charakter überrascht. Mehr noch als in Frankreich habe ich in hiesigen Frauenzeitschriften lange Artikel über die Kunst des Männerangelns gelesen und darüber, wie man den Mann in die Falle lockt. Ich sah, daß die *college-girls* kaum eine andere Sorge hatten als die, einen Mann zu kriegen, und daß der

Ledigenstand hier noch schiefer angesehen wird als in Europa. Eines Abends war ich bei V. D. eingeladen, einer jungen Frau von dreißig Jahren, die unschwer und sehr auskömmlich ihren Unterhalt verdient. Sie ist hübsch und intelligent, sie hat Freunde und zahlreiche Beziehungen, sie bewohnt ein komfortables Appartement in einem schönen Wohnviertel. Eine hübsche, junge, elegante Frau, die ebenfalls eine interessante Laufbahn hatte, war auch mit eingeladen. Keine von beiden war verheiratet. Zum ersten Male in meinem Leben erschien mir eine Mahlzeit unter Frauen als ein Essen ohne Mann. Trotz der Cocktails, trotz der guten Gerichte machte sich eine fühlbare Abwesenheit bitter bemerkbar, das Appartement roch nach Zölibat. V. D., die nachdrücklich versicherte, sie sei glücklich, nicht verheiratet zu sein, beklagte sich doch über ihre Einsamkeit. Mit mehr Offenheit sagte ihre Freundin, daß sie sich von ganzem Herzen einen Mann wünsche. Beide waren, man fühlte es, besessen von der leeren Stelle an ihrem Ringfinger.

Daß die Amerikanerinnen in Wahrheit nicht mit den Männern auf gleichem Fuße leben, beweist ihre fordernde, herausfordernde Haltung. Sie verachten, oft mit Recht, die Unterwürfigkeit der Französinnen, die immer bereit sind, ihren Männern ein freundliches Gesicht zu zeigen und ihre schlechten Launen zu ertragen. Aber die Krampfhaftigkeit, mit der sie sich an ihr Piedestal anklammern, verhehlt eine ebenso große Schwäche. Über ein unterwürfiges oder forderndes Verhalten hinweg bleibt der Mann der Herr: er ist das Wesentliche, die Frau ist das Unwesentliche. Die «Nonne» ist die Antithese der unterworfenen Haremsfrau – beide sind vom Manne abhängig. Die Hegelsche Dialektik vom Herren und dem Sklaven findet auch hier ihre Bestätigung: die Frau, die sich zum Idol erheben möchte, ist in Wahrheit ihren Bewunderern versklavt. Ihr ganzes Leben geht darin auf, den Mann in die Falle zu locken, ihn ihrem Gesetze zu unterjochen. Die Behauptung der Unabhängigkeit ist rein negativ, mithin abstrakt, und wieder kommt mir das Wort Abstraktion unter die Feder. Die wirkliche Freiheit ist diejenige, die sich im positiven Sinne verwirklicht. Ältere Frauen haben mir gesagt, daß nach ihrer Meinung die vorhergehende Generation mehr wahre Freiheit besaß als die heutige, da der Feminismus noch nicht gesiegt, sondern sich erst noch durchzusetzen hatte. Das war damals eine konkrete Aufgabe; in dem Bemühen um die Befreiung erfüllte sich die Freiheit. In gewissen Wirtschaftszweigen ist auch jetzt noch mancher Widerstand zu überwinden, im großen ganzen aber ist die Schlacht gewonnen. Anstatt aber zu versuchen, die von ihren Vorgängerinnen errungenen Resultate zu überflügeln, begnügen sich die Frauen damit, sie statisch zu halten – ein schwerer Fehler, denn ein einmal erreichtes Ziel ist immer nur als neuer Ausgangspunkt wertvoll. In Europa haben die Frauen besser begriffen, daß der Zeitpunkt, sich als Frauen zu behaupten, vorbei ist; sie versuchen, ihren Wert auf universeller Basis unter Beweis zu stellen, in der Politik, in Kunst und Wissenschaft oder ganz einfach in ihrem Leben. Diese positive Einstellung macht eine abstrakt-herausfordernde Haltung überflüssig. Da sie kein objektives Ziel hat, an das sie sich verlieren könnte, versteift sich die Amerikanerin auf eine Verteidigung ihrer Überlegenheit, eine Verteidigung, die nur schlecht einen Minderwertigkeitskomplex übertüncht.

Das andere Geschlecht

Die Begegnungen mit amerikanischen Frauen, mit der amerikanischen Variante des Feminismus sind eine weitere Erkenntnisquelle für eine Arbeit, die Simone de Beauvoir bereits 1946 in Angriff genommen hat: In einer großangelegten historischen, psychologischen, biologischen und literarischen Analyse untersucht sie die Bedingungen für die Unterprivilegiertheit der Frau. ‹Das andere Geschlecht›, 1949 veröffentlicht und seitdem ein Meilenstein der Theorie der Frauenbefreiung, entsteht in einem unmittelbaren Zusammenhang mit Simone de Beauvoirs existentialistischer Ethik. Weder der materialistische Determinismus des Marxismus noch der psychoanalytische Determinismus Freuds kann in ihren Augen die Ursache für die Unterdrückung der Frau und deren verinnerlichten Beharren auf Unterlegenheit befriedigend erklären. Die objektiven und subjektiven Beschränkungen weiblicher Souveränität werden so universell wie möglich und so individuell wie nötig aufgespürt: Im ersten Teil der Studie geht Simone de Beauvoir den «Fakten und Mythen» der geschlechtsspezifischen Hierarchie akribisch nach, ihre Spurensuche beginnt bei der biologischen Beschaffenheit der Frau, sie beschreibt dann, geradezu atemlos, die Phänomenologie der Frauenunterdrückung von der Steinzeit bis zur modernen Industriegesellschaft, um dann am Ende ausführlich die von der Literatur geschaffenen Mythen über das «Wesen» der Frau zu entzaubern. Im zweiten Teil, den sie «Gelebte Erfahrung» nennt, unternimmt sie eine kühne Entmystifizierung angeblicher und realer Konstanten weiblichen Seins: Sexualität, Liebe, Mutterschaft, Alter. Mit einer Sachlichkeit, die an Kälte grenzt, weist sie jegliche Verklärung weiblicher Reproduktionsfähigkeit als Ideologie zurück. Die den Frauen aufgezwungene Ein- und Unterordnung als Körper- oder Naturwesen verhindert ihren Zugriff auf die Welt. Gebären ist Simone de Beauvoir beispiels-

weise kein schöpferischer Akt, obwohl den Frauen dieses absichtsvoll suggeriert wird, sondern ein körperlicher Vorgang, der der Immanenz verhaftet bleibt. Passivität, Wiederholung, Stagnation – die Merkmale der Existenz als Frau. Dem Mann dagegen ist es gelungen, Aktivität und Kreativität als Erbteil seines Geschlechts zu sichern. Er hat die Möglichkeit zur Selbstverwirklichung, zur Transzendenz. Weil aber die Unterlegenheit der Frau nicht durch ihre Biologie bedingt ist, weil der Mensch mehr Kultur als Natur ist und ihm die Möglichkeit der Transzendenz sozusagen als anthropologische Konstante gegeben ist, ist die Befreiung der Frau möglich.

Die Reaktionen auf Simone de Beauvoirs gründliche Beweisführung, daß die Verschiedenheit der Geschlechter nicht natur-, sondern kulturbedingt ist, sind außerordentlich heftig. Man diffamiert, beleidigt, verhöhnt die Autorin. Der Vatikan setzt das Buch auf den Index. Vor allem aber wird sie von nun an als «Frau» wahrgenommen und angegriffen. Diese Kategorisierung ist von ihren Gegnern als Verharmlosung ihrer Leistungen gemeint. Interessanterweise kritisieren Jahrzehnte später feministische Autorinnen ‹Das andere Geschlecht› wegen der angeblich darin enthaltenen Überidentifizierung mit dem Mann! (Beauvoir schreibt zum Beispiel in ihren Schlußfolgerungen: «Die moderne Frau akzeptiert jedoch die männlichen Werte, sie ist darauf aus, analog wie der Mann zu denken, zu handeln, zu arbeiten, schöpferisch tätig zu sein. Statt daß sie die Männer herunterzuziehen versucht, betont sie, daß sie ihnen gleichkommt.») Den implizierten Vorwürfen der Frauenfeindlichkeit hält Beauvoir entgegen, daß sie niemals Aktivität, Intellektualität, Leistungsbereitschaft als Charaktermerkmale eines einzigen Geschlechtes festzulegen bereit ist. Der Begriff von der «Natur des Mannes» würde uns genausowenig sagen wie der von der «Natur der Frau».

Der einzige Mangel dieses Standardwerkes ist möglicherweise sein Verzicht auf eine politische Strategie, obwohl Simone de Beauvoir einige Bausteine (Veränderungswillen der Frauen selbst, gleicher Zugang zu Bildung und Beruf, gesetzliche Gleichstellung) durchaus anspricht. ‹Das andere Geschlecht› liest sich fast vierzig Jahre nach der skandalumwitterten Premiere als radi-

kale Sozialisationstheorie, als noch immer gültige Inventarisierung aller Erscheinungsformen der Unterdrückung der Frau.

Darin liegt Simone de Beauvoirs revolutionäre Leistung: In einer Zeit, als in allen westlichen Industriegesellschaften die Frauen aus dem Produktionsbereich wieder hinauskomplimentiert werden, macht eine Schriftstellerin – allein – das Entschiedene und Durchgesetzte in den Geschlechterbeziehungen transparent. Sie durchleuchtet die reale Macht sexistischer Ideologien, sie zeigt kompromißlos die vorherrschende Funktion von Ehe, Mutterschaft und Liebe auf: die Verbannung der Frauen in die Minderwertigkeit.

Ich habe lange gezögert, ein Buch über die Frau zu schreiben. Das Thema ist ärgerlich, besonders für die Frauen; außerdem ist es nicht neu. Im Streit um den Feminismus ist schon viel Tinte geflossen, zur Zeit ist er fast beendet: reden wir nicht mehr davon. Man redet aber doch davon. Es scheint auch nicht gerade, als hätten die Sottisen, die im Laufe des letzten Jahrhunderts in dicken Wälzern niedergelegt worden sind, das Problem im Grunde erhellt. Besteht hier übrigens ein Problem? Und welches ist es denn? Gibt es überhaupt Frauen? Sicher hat die Theorie vom Ewigweiblichen noch ihre Anhänger; sie flüstern einander zu: «Selbst in Rußland bleiben *sie* noch Frauen»; aber andere Leute, die es ganz genau wissen – es sind sogar manchmal dieselben –, seufzen: «Die Fraulichkeit geht verloren, es gibt keine Frauen mehr.» Man weiß nicht mehr recht, ob es noch Frauen gibt, ob es sie immer geben wird, ob man es wünschen soll oder nicht, welche Stellung sie auf dieser Welt einnehmen und welche sie einnehmen sollten. «Wo sind die Frauen?» fragte vor kurzem eine unregelmäßig erscheinende Zeitschrift. Aber zunächst einmal: Was ist eine Frau? *Tota mulier in utero:* eine Gebärmutter, sagen die einen. Über manche Frauen jedoch geben die Kenner das Urteil ab: «Das sind keine Frauen», obwohl sie eine Gebärmutter haben wie die anderen. Alles ist sich einig darin, daß auch die menschliche Spezies ihre Weibchen hat; sie bilden heute wie immer etwa die Hälfte der Menschheit; und dennoch sagt man uns, die Weiblichkeit sei «in Gefahr», und man redet uns zu: «Seid Frauen, bleibt Frauen, werdet Frauen.» Nicht jedes Menschenweibchen ist also notwendigerweise eine Frau; es muß erst an jener geheimnisvollen und gefährdeten Wirklichkeit teilhaben, die man Weiblichkeit nennt. Ist diese eine Substanz, die von den Ovarien ausgeschieden wird? Oder etwas, das zur Idee erstarrt auf dem Grunde eines platonischen Himmels sich verbirgt? Genügt das Seidenrascheln eines Unterrocks, um es wieder auf die Erde niedersteigen zu lassen? Obwohl sich gewisse Frauen mit Feuereifer um seine Verkörperung bemühen, ist das Modell doch nirgends unter Musterschutz hinterlegt. Man beschreibt es gern in undeutlich schillernden Ausdrücken, die aus dem Wortschatz der Wahrsagerinnen zu stammen scheinen. Zu Zeiten des heiligen Thomas schien sein Wesen so sicher bestimmt wie die einschläfernde Wirkung des Mohns. Doch hat das Denken in Begriffen inzwischen an Boden verloren: Biologie und Gesellschaftswissenschaft glauben nicht mehr an die Existenz von unbeweglich fixierten Wesenheiten, aus denen sich bestimmte Charaktertypen wie «die Frau», «der Jude» oder «der Neger» herleiten ließen; sie betrachten vielmehr den Charakter als eine Sekundärreaktion auf eine *Situation*. Wenn es heute keine Weiblichkeit mehr gibt, so hat es niemals eine gegeben. Soll das heißen, daß dem Wort «Frau» kein Inhalt mehr entspricht? Das ist jedenfalls die energisch vorgebrachte Behauptung aller Anhänger der Philosophie der Aufklärung, des Rationalismus, des Nominalismus: Frauen wären demnach unter den menschlichen Wesen nur solche, die man willkürlich mit dem Worte «Frau» bezeichnet: besonders die Amerikanerinnen bekunden gern die Meinung, die Frau als solche gäbe es nicht; empfindet sich eine Hinterwäldlerin gleichwohl dort noch als Frau, so geben ihr ihre Freundinnen den Rat, sich analysieren zu lassen, um sich von dieser Zwangsvorstellung zu befreien. Über ein im übrigen recht anfechtbares Werk, das *Modern Woman: a lost sex* betitelt ist, hat Dorothy Parker geschrieben: «Ich kann mich nicht sachlich über Bücher äußern, die von der Frau als Frau handeln ... Ich bin der Meinung, daß wir alle, Männer sowohl wie Frauen, als Menschen betrachtet werden müssen.» Aber der Nominalismus ist eine etwas bündige Doktrin, und die Antifeministen haben es leicht, darzulegen, daß die Frauen keine Männer *sind*. Sicherlich ist die Frau wie der Mann ein menschliches Wesen: eine solche Behauptung ist aber rein theoretisch; die Tatsache bleibt bestehen, daß jedes konkrete menschliche Wesen immer in einer speziellen Situation ist. Wenn man die Begriffe des Ewigweiblichen, der Schwarzen Seele, des Jüdischen Charakters ablehnt, so heißt das nicht leugnen, daß es heute Juden, Schwarze oder Frauen gibt: Diese Verneinung bedeutet für die Betroffenen keine Befreiung, sondern nur eine unredliche Ausflucht. Es ist klar, daß keine Frau, wenn sie ehrlich ist, so tun kann, als setze sie sich über ihr Geschlecht hinweg. Eine bekannte Schriftstellerin hat es vor einigen Jahren abgelehnt, ihr Bild in einer Fotografienserie erscheinen zu lassen, in der weibliche Autoren vereinigt erscheinen sollten: sie wollte unter den Männern rangieren; um aber dies Privileg zu erlangen, benutzte sie den Einfluß ihres Gatten. Die Frauen, die behaupten, sie gehörten zu den Männern, verlangen deshalb doch nicht weniger von diesen Rücksichten und Aufmerksamkeiten. Ich muß auch an eine junge Trotzkistin denken, die inmitten einer stürmischen Versammlung auf einer Rednertribüne stand und trotz ihrer offensichtlichen körperlichen Zartheit zu einem Faustschlag ausholte; doch geschah es aus Liebe zu einem militanten Trotzkisten, dem sie es gleichtun wollte. Die verkrampfte Haltung der Amerikanerinnen beweist nur, daß sie im Grunde vom Gefühl ihrer Weiblichkeit verfolgt werden. Tatsächlich aber genügt es, mit offenen Augen um sich zu blicken, um festzustellen, daß sich die Menschheit in zwei Kategorien von Individuen teilt, die durch Kleidung, Gesicht, Körper, Lächeln, Gang, Interessen und Beschäftigungen offenkundig voneinander unterschieden sind: vielleicht sind diese Unterschiede nur auf der Oberfläche vorhanden, vielleicht sind sie dazu bestimmt, wieder zu verschwinden. Sicher ist aber, daß sie im Augenblick sehr greifbar existieren.

Wenn ihre Funktion als «Weibchen» nicht genügt, um die Frau zu definieren, und wenn wir es gleichfalls ablehnen, sie durch das «Ewigweibliche» zu erklären, aber doch andererseits zugestehen, daß es vorläufig wenigstens Frauen auf Erden gibt, so müssen wir uns doch wohl einmal die Frage stellen: was ist eine Frau?

Die Formulierung der Frage legt mir sofort eine erste Antwort nahe: Bezeichnend ist schon, *daß* ich sie stelle. Ein Mann käme gar nicht auf den Gedanken, ein Buch über die besondere Lage zu schreiben, in der sich innerhalb der Menschheit die Männer befinden. Der «Kinsey-Bericht» zum Beispiel beschränkt sich darauf, die sexuellen Eigenheiten des amerikanischen Mannes zu beschreiben, was etwas ganz anderes ist. Wenn ich mich aber äußern will, so muß ich zunächst einmal klarstellen: «Ich bin eine Frau»; diese Feststellung liefert den Hintergrund, von dem jede weitere Behauptung sich abhebt. Ein Mann fängt niemals damit an, sich erst einmal als Individuum eines bestimmten Geschlechts vorzustellen: daß er ein Mann ist, versteht sich von selbst. Daß in Standesamtsregistern und auf Personalbogen die Rubriken «Männlich, Weiblich» gleichgeordnet erscheinen, ist rein äußerlich. Das Verhältnis der beiden Geschlechter ist nicht das von zwei Elektrizitäten, zwei Polen: Der Mann ist so sehr zugleich der positive Pol und das Ganze, daß im Französischen das Wort «homme (Mann)» den Menschen schlechthin bezeichnet, wobei sich der spezielle Sinn des Wortes «vir» dem allgemeinen von «homo» angeglichen hat. Die Frau erscheint so sehr als das Negative, daß die bloße Begriffsbestimmung eine Beschränkung bedeutet, ohne daß es umgekehrt ebenfalls so wäre. Oft habe ich mich geärgert, wenn im Verlaufe ganz theoretischer Diskussionen Männer zu mir sagten: «Sie denken so, weil Sie eine Frau sind»; ich aber war mir bewußt, daß ich mich nur durch die Antwort rechtfertigen konnte: «Ich denke so, weil es wahr ist», d. h., indem ich meine subjektive Situation ausschaltete; beileibe hätte ich nicht antworten dürfen: «Und Sie denken das Gegenteil, weil Sie ein Mann sind»; denn es steht allgemein fest, daß ein Mann zu sein keine Besonderheit darstellt; ein Mensch ist im Recht, wenn er ein Mann ist; die Frau ist die, die im Unrecht ist. In der Praxis bedeutet das: ebenso wie die Alten eine absolute Vertikale kannten, an der das Schräge als solches festgestellt wurde, gibt es einen absoluten Menschentypus, der eben der männliche ist. Die Frau hat Ovarien und Uterus; das sind die besonderen Voraussetzungen für ihre subjektive Situation; man sagt gern, sie denke mit ihren Drüsen. Großzügig sieht der Mann darüber hinweg, daß zu seiner Anatomie ja ebenfalls Hormone und Testikel gehören. Er faßt seinen Körper als die direkte und normale Beziehung zur Welt auf, die er in objektiver Form darzustellen meint, während er den Körper der Frau als gleichsam belastet durch alles sieht, was ihr eigentümlich ist und was ihm als ein Hindernis, eine Fessel erscheint. «Das Weib ist Weib durch das *Fehlen* gewisser Eigenschaften», sagt Aristoteles. «Wir müssen das Wesen der Frauen als etwas betrachten, was an einer natürlichen Unvollkommenheit leidet.» Und der hl. Thomas wandelt auf seinen Spuren, wenn er dekretiert, daß die Frau ein «verfehlter Mann», ein «zufälliges» Wesen sei. Das wird auch durch die Erzählung der Genesis symbolisiert, in der Eva nach dem Worte Bossuets aus einem «überzähligen Knochen» Adams entstanden erscheint. Die Menschheit ist männlich, und der Mann definiert die Frau nicht an sich, sondern in Beziehung auf sich; sie wird nicht als autonomes Wesen angesehen. «Die Frau, das relative Wesen...» schreibt Michelet. Und in diesem Sinne stellt auch Benda in seinem *Rapport d'Uriel* die Behauptung auf: «Der Körper des Mannes hat Sinn durch sich selbst, auch wenn er von dem der Frau absieht, während dieser letztere keinen Sinn aufweist, sofern man nicht an den Körper des Mannes dabei denkt... Der Mann denkt sich ohne die Frau. Sie denkt sich nicht ohne den Mann.» Jedenfalls ist sie nichts anderes, als was der Mann befindet; so spricht man auch von ihr als vom «anderen Geschlecht», worin sich ausdrückt, daß sie dem Mann in erster Linie als Sexualwesen erscheint: da sie es für ihn ist, ist sie es ein für allemal. Sie wird bestimmt und unterschieden mit Bezug auf den Mann, dieser aber nicht mit Bezug auf sie; sie ist das Unwesentliche angesichts des Wesentlichen. Er ist das Subjekt, er ist das Absolute: sie ist das Andere.

Die Kategorie des «Anderen» ist ebenso alt wie das Bewußtsein selbst. In den primitivsten Gesellschaften, den ältesten Mythologien trifft man immer eine Zweiheit an, die aus dem Selbst und dem Andern besteht; diese Zweiheit ist zunächst nicht unter das Zeichen der Geschlechterteilung gestellt worden, sie folgt nicht aus irgendeiner empirischen Gegebenheit; das geht u. a. aus den Arbeiten von Granet über das chinesische Denken sowie aus denen von Dumézil über Indien und Rom hervor. Bei den Begriffspaaren Varuna– Mitra, Uranos–Zeus, Sonne–Mond, Tag und Nacht spielt zunächst kein weibliches Element eine Rolle, ebensowenig wie in der Gegenüberstellung von Gut und Böse, dem Prinzip des Heils und des Unheils, der Rechten und der Linken, Gottes und Luzifers; das Andere ist eine grundlegende Kategorie des menschlichen Denkens. Keine Gemeinschaft definiert sich jemals als das Eine, ohne sofort das Andere sich entgegenzusetzen. Es genügt, daß sich drei Reisende zufällig in einem Eisenbahnabteil zusammenfinden, damit alsbald alle übrigen Reisenden in undefinierbarer Weise feindliche «Andere» werden. Für den Dörfler sind alle Leute, die nicht zu seinem Dorfe gehören, verdächtige «Andere»; dem Eingeborenen eines Landes erscheinen die Bewohner von Ländern, die nicht das seine sind, als «Fremde»; die Juden sind «anders» für die Antisemiten, die Schwarzen für den amerikanischen Verfechter des Rassegedankens, die Eingeborenen für die Kolonisatoren, die Proletarier für die besitzenden Klassen. Als abschließendes Ergebnis einer tief eindringenden Studie über die verschiedenen Vorstellungsbilder der primitiven Völkerschaften hat Lévi-Strauss festgestellt: «Der Übergang vom Naturzustand zum Kulturzustand läßt sich aus der Befähigung auf seiten des Menschen erkennen, die biologischen Beziehungen in Gegensatzsystemen zu denken: Zweiheit, Alternation, Gegensatz und Symmetrie, die sie sich unter bestimmten Formen vorstellen, wobei Übergangsformen nicht erklärungsbedürftige Phänomene, sondern unmittelbare Grundgegebenheiten der sozialen Wirklichkeit sind.» Diese Phänomene könnte man nicht begreifen, wenn die menschliche Wirklichkeit ausschließlich ein *Mitsein* wäre, das auf Solidarität und Freundschaft beruht. Sie erklären sich im Gegenteil, wenn man mit Hegel im Bewußtsein selbst eine grundlegend feindliche Haltung in bezug auf jedes andere Bewußtsein entdeckt; das Subjekt setzt sich nur, indem es sich entgegensetzt: es hat das Bedürfnis, sich als das Wesentliche zu bejahen und das Andere als das Unwesentliche, als Objekt zu setzen.

Nur setzt ihm das andere Bewußtsein einen gleichen Anspruch entgegen: auf Reisen stellt der Eingeborene mit Entrüstung fest, daß es in den Nachbarländern Eingeborene gibt, die ihn selbst als Fremden betrachten; unter Dörfern, Klans, Nationen, Klassen gibt es Kriege, Liebesmähler, Handelsabkommen, Verträge, Auseinandersetzungen, die die Idee des «Anderen» ihres absoluten Sinnes entkleiden und seine Relativität offenbaren; wohl oder übel sind Individuen und Gruppen gezwungen, die Wechselseitigkeit ihrer Beziehungen anzuerkennen. Wie kommt es, daß zwischen den Geschlechtern diese Wechselseitigkeit nicht hergestellt worden ist, daß der eine der beiden Begriffe sich als der allein wesentliche behauptet hat und mit Bezug auf seinen Gegenbegriff jede Relativität ablehnt, indem er diesen schlechthin als «das Andere» definiert? Warum fechten die Frauen die männliche Souveränität nicht an? Kein Subjekt setzt sich spontan und ohne weiteres als das Unwesentliche; nicht das Andere ist es, das dadurch, daß es sich selbst als solches anerkennt, das Eine definiert: es wird als das Andere von dem Einen gesetzt, das sich selbst als das Eine setzt. Damit sich aber die Umkehrung vom Einen zum Anderen nicht vollziehe, muß sich das Andere diesem fremden Gesichtspunkt unterwerfen. Woher kommt diese Unterwerfung in dem Falle der Frau?

Es gibt andere Fälle, wo es längere oder kürzere Zeit hindurch einer Kategorie gelungen ist, eine andere unbedingt zu beherrschen. Oft hat numerische Ungleichheit dieses Übergewicht begünstigt: die Mehrheit zwingt ihr Gesetz der Minderheit auf, oder sie verfolgt sie. Aber die Frauen sind nicht wie die Schwarzen in Amerika oder die Juden eine Minderheit: es gibt ebenso viele Frauen auf der Erde wie Männer. Oft auch sind die beiden in Frage kommenden Gruppen zunächst selbständig gewesen: sie wußten ursprünglich nicht voneinander, oder aber jede erkannte die Autonomie der anderen an; es trat dann ein historisches Ereignis ein, welches die schwächere der stärkeren unterordnete: die jüdische Diaspora, die Einführung der Sklaverei in Amerika, die kolonialen Eroberungen sind zeitlich fixierbare Fakten. In diesen Fällen hat es für die Unterdrückten ein *Vorher* gegeben; sie haben eine Vergangenheit, eine Tradition, manchmal eine Religion, eine Kultur als gemeinsamen Besitz. In diesem Sinne wäre Bebels Gleichsetzung der Frauen und des Proletariats bestens begründet: auch die Proletarier befinden sich nicht in zahlenmäßiger Unterlegenheit, noch haben sie jemals eine Gemeinschaft für sich dargestellt. Doch war es hier wenn auch nicht *ein* Ereignis, so doch eine historische Entwicklung, die ihre Existenz als Klasse erklärt und für die Anwesenheit gerade *dieser*

Individuen in dieser Klasse verantwortlich ist. Es hat nicht immer Proletarier gegeben: es hat aber immer Frauen gegeben; sie sind Frauen auf Grund ihrer physiologischen Struktur; so weit man die Geschichte zurückverfolgt, sind sie immer dem Manne untergeordnet gewesen: ihre Abhängigkeit ist nicht die Folge einer Begebenheit oder einer Entwicklung. Sie hat sich nicht ereignet. Zum Teil erscheint hier das Anderssein gerade deswegen als ein Absolutes, weil es nicht den zufälligen Charakter einer historischen Tatsache trägt. Eine Situation, die im Laufe der Zeit zustandegekommen ist, kann in einer anderen Zeit auch wieder hinfällig werden: die Schwarzen von Haiti, um nur ein Beispiel zu nennen, haben es bewiesen; andererseits sieht es jedoch so aus, als trotze eine naturgegebene Lage jeder Veränderung. Tatsächlich ist jedoch die Natur ebensowenig eine starre Gegebenheit wie die historische Wirklichkeit. Wenn die Frau feststellen muß, daß sie das Unwesentliche ist, das niemals zum Wesentlichen wird, so kommt es daher, daß sie selbst diese Umkehrung nicht zuwege bringt. Die Proletarier sagen «wir». Ebenso die Schwarzen. Indem sie sich selbst als Subjekt setzen, verwandeln sie die Bourgeois, die Weißen in die «Anderen». Die Frauen sagen nicht «wir», es sei denn auf gewissen Kongressen, die aber theoretische Kundgebungen bleiben; die Männer sagen «die Frauen», und diese greifen die Worte auf, um sich selbst zu bezeichnen; aber sie setzen sich nicht eindeutig als Subjekt. Die Proletarier haben in Rußland Revolution gemacht, die Schwarzen in Haiti, die Indochinesen schlagen sich in Indochina: die Aktion der Frauen hat immer nur symbolischen Charakter gehabt, sie haben nur erreicht, was die Männer ihnen zugestanden haben; sie haben nichts genommen, sondern nur hingenommen. Das kommt daher, daß sie praktisch keine Möglichkeit haben, sich zu einer Einheit zu sammeln, die sich durch Gegensatz als solche setzen würde. Sie haben keine ihnen eigentümliche Vergangenheit, Geschichte, Religion; sie haben nicht wie die Proletarier eine Arbeits- und Interessengemeinschaft; sie kennen nicht einmal das räumlich enge Miteinanderleben, das aus den Schwarzen Amerikas, den Juden im Getto, den Arbeitern von Saint-Denis oder denen der Renaultwerke eine Gemeinschaft macht. Sie leben verstreut unter den Männern, durch Wohnung, Arbeit, wirtschaftliche Interessen, soziale Stellung mit einzelnen von ihnen – Mann oder Vater – enger verbunden als mit den anderen Frauen. Als Frauen des Bürgertums sind sie solidarisch mit männlichen Bourgeois und nicht mit den Frauen des Proletariats, als Weiße mit den weißen Männern und nicht mit den schwarzen Frauen. Das Proletariat könnte sich vornehmen, die herrschende Klasse niederzumetzeln; ein fanatischer Jude oder Schwarzer könnte davon träumen, sich das Geheimnis der Atombombe zu verschaffen und eine völlig jüdische oder durchweg schwarze Menschheit zu verwirklichen: selbst im Traum denkt die Frau nicht daran, die Männer auszurotten. Das Band, das sie an ihre Unterdrücker fesselt, kann mit keinem anderen verglichen werden. Die Teilung in Geschlechter ist tatsächlich etwas biologisch Gegebenes, nicht ein Moment der Menschheitsgeschichte. Inmitten eines ursprünglichen *Mitseins* hat ihre Gegensätzlichkeit sich abgezeichnet und es nicht durchbrochen. Das Paar ist eine Grundeinheit, deren beide Hälften aneinander geschmiedet sind; es ist nicht möglich, eine Spaltung der Gesellschaft nach Geschlechtern vorzunehmen. Das ist es, was von Grund auf die Frau charakterisiert: sie ist die Andere innerhalb eines Ganzen, in dem beide Extreme einander nötig haben.

[...]

Das biologische Bedürfnis – Sexualbedürfnis sowohl wie der Wunsch nach Nachkommenschaft –, das das männliche Wesen von dem weiblichen abhängig macht, hat die Frau sozial nicht befreit. Herr und Sklave sind ebenfalls durch ein gegenseitiges wirtschaftliches Aufeinanderangewiesensein verbunden, ohne daß der Sklave dadurch frei wird, und zwar deswegen nicht, weil in der Beziehung zwischen Herrn und Sklaven der Herr das Bedürfnis, das er nach dem anderen hat, nicht *setzt*; er hat die Macht, dieses Bedürfnis zu befriedigen, und vermittelt es nicht; der Sklave hingegen in seiner durch Hoffnung oder Furcht bedingten Abhängigkeit macht das Bedürfnis nach dem Herrn zu einem Teil seiner selbst; selbst wenn die Dringlichkeit dieses Bedürfnisses bei beiden gleich groß wäre, so ist doch immer der Bedrücker dem Bedrückten gegenüber im Vorteil: dadurch erklärt sich zum Beispiel, daß die Befreiung der Arbeiterklasse sich so langsam vollzogen hat. Nun aber ist die Frau zu allen Zeiten wo nicht die Sklavin des Mannes so doch seine Vasallin gewesen: die beiden Geschlechter haben sich niemals die Welt zu gleichen Hälften geteilt; auch heute noch ist die Frau, wiewohl ihre Lage in einer Wandlung begriffen ist, stark gehandikapt. In fast keinem Lande ist sie rechtlich dem Manne gleichgestellt, oft sogar erheblich im Nachteil. Selbst wenn die Rechte ihr theoretisch zuerkannt werden, so hindert doch eine lange Gewöhnung, daß sie in den Sitten ihren konkreten Ausdruck finden. Wirtschaftlich betrachtet bilden Männer und Frauen fast zwei verschiedene Kasten; unter sonst gleichen Voraussetzungen haben die ersteren vorteilhaftere Stellungen, höhere Löhne, mehr Erfolgsaussichten als ihre neu aufgetretenen Konkurrentinnen; sie haben in der Industrie, der Politik usw. eine weit größere Zahl von Stellen inne, die wichtigsten Posten sind ihnen vorbehalten. Außer den konkreten Machtmitteln, die sie besitzen, sind sie auch noch mit einem Prestige ausgestattet, dessen selbstverständliche Überlieferung der Erziehung des Kindes ihren Stempel aufprägt: in der Gegenwart lebt die Vergangenheit, und in der Vergangenheit ist die gesamte Geschichte von den Männern gemacht worden. In dem Augenblick, da die Frauen an der Gestaltung der Welt teilzunehmen beginnen, ist diese Welt noch eine den Männern gehörige: diese selbst zweifeln nicht daran, und auch jene bezweifeln es kaum. Wenn sie sich weigern, das «Andere» zu sein, das Einverständnis mit dem Mann zu verleugnen, verzichten sie auf alle Vorteile, welche die enge Verbindung mit der herrschenden Kaste ihnen gewähren kann. Solange der Mann gleichsam der Lehnsherr ist, wird er für die Frau als seine Lehnsmännin in materieller Hinsicht sorgen, und gleichzeitig übernimmt er, ihr Existenzberechtigung zu geben; so entgeht sie zugleich dem wirtschaftlichen Risiko und dem metaphysischen einer Freiheit, die ihre Zwecke selbständig finden müßte. Tatsächlich lebt in ihr neben dem Anspruch jedes Individuums, sich selber als Subjekt zu setzen, der ein rein ethischer Anspruch ist, auch die Versuchung, vor ihrer Freiheit zu fliehen und sich als Sache zu fühlen: das ist ein verhängnisvoller Weg, da er Passivität, Verzicht, Verlorenheit, Unterordnung unter einen fremden Willen, Mangel an Selbsterfüllung und Drangabe der Würde bedeutet. Aber es ist ein bequemer Weg: man geht auf diese Weise der Angst und der

Spannung der wirklich bejahten Existenz aus dem Wege. Der Mann, der die Frau als das *Andere* setzt, findet also bei ihr weites Entgegenkommen. Die Frau nimmt eben nicht für sich in Anspruch, selber Subjekt zu sein, weil sie nicht die realen Mittel dazu besitzt und die Notwendigkeit ihrer Bindung an den Mann anerkennt, ohne auf Gegenseitigkeit zu bestehen; oft auch, weil sie sich in der Rolle des *Anderen* gefällt.

Sofort aber taucht eine Frage auf: wie hat diese ganze Geschichte eigentlich angefangen? Man versteht, daß die Zweiheit der Geschlechter wie jede Zweiheit in einem Konflikt offenbar geworden ist. Man versteht, daß, wenn es einem der beiden gelungen ist, seine Überlegenheit durchzusetzen, diese absolut werden mußte. Zu erklären bleibt aber, daß der Mann es war, der zu Beginn den Kampf gewonnen hat. Es scheint, daß die Frauen den Sieg hätten davontragen können; oder es hätte der Kampf sich nie zu entscheiden brauchen. Woher kommt es, daß diese Welt immer den Männern gehört hat und daß heute erst die Dinge in einer Wandlung begriffen sind? Ist diese Wandlung etwas Gutes? Wird sie zu einer gleichmäßigen Teilung der Welt unter Männern und Frauen führen oder nicht?

Diese Fragen sind keineswegs neu; schon viele Antworten sind darauf gegeben worden; aber gerade die eine Tatsache, daß die Frau das «Andere» ist, stellt alle Rechtfertigungen in Frage, welche die Männer jemals haben vorbringen können; zu offenkundig waren sie ihnen von ihrem eigenen Vorteil diktiert. «Alles, was die Männer über die Frauen geschrieben haben, muß verdächtig sein, denn sie sind zugleich Richter und Partei», hat im siebzehnten Jahrhundert ein wenig bekannter Feminist, Poulain de la Barre, gesagt. Überall, zu allen Zeiten, haben die Männer Befriedigung darüber gezeigt, daß sie sich als Herren der Schöpfung fühlen können. «Gelobt seist du, Gott, unser Herr und Herr aller Welt, der mich nicht zu einem Weibe gemacht hat», sagen die Juden in ihrem Morgengebet; während ihre Gattinnen voller Ergebenheit murmeln: «Gelobt sei der Herr, der mich nach seinem Willen geschaffen hat.» Unter den Wohltaten, für die Platon den Göttern dankte, war die erste, daß sie ihn frei und nicht als Sklaven geschaffen hätten, die zweite, daß er ein Mann sei und nicht eine Frau. Die Männer konnten aber dieses

Privileg nicht in vollem Umfang genießen, ohne es als etwas absolut und ewig Feststehendes zu betrachten: aus der Tatsache ihrer Überlegenheit haben sie ein Recht zu machen versucht. «Da diejenigen, die die Gesetze gemacht und zusammengestellt haben, Männer sind, haben sie ihr Geschlecht begünstigt, und die Rechtsgelehrten haben ihre Gesetze zu Prinzipien verkehrt», sagte ebenfalls Poulain de la Barre. Gesetzgeber, Priester, Philosophen, Schriftsteller, Gelehrte haben leidenschaftlich verfochten, daß die Unterordnung der Frau etwas vom Himmel Gewolltes und für die Erde Nutzbringendes sei. Die von Männern geschaffenen Religionen spiegeln diesen Willen zur Herrschaft wider: aus den Mythen von Eva, von Pandora haben sie Argumente geschöpft. Philosophie und Theologie haben sie in ihren Dienst gestellt, wie aus den zitierten Stellen aus Aristoteles und dem hl. Thomas zu ersehen war. Seit dem Altertum haben sich Satiriker und Moralisten darin gefallen, ein Bild der weiblichen Schwächen zu zeichnen. Es ist bekannt, was für heftige Anklagereden durch die ganze französische Literatur hindurch an sie gerichtet worden sind: Montherlant nimmt mit geringerer Verve die Tradition eines Jean de Meung wieder auf. Diese Feindseligkeit scheint manchmal begründet, manchmal auch ganz willkürlich zu sein; tatsächlich verbirgt sich dahinter ein mehr oder weniger geschickt maskierter Wille zur Selbstrechtfertigung. «Es ist leichter», sagte Montaigne, «ein Geschlecht anzuklagen, als das andere zu entschuldigen.» In gewissen Fällen tritt der Prozeß ganz klar zutage. Es ist zum Beispiel auffallend, daß das römische Recht in dem Augenblick durch Hinweis auf die «geistige Minderwertigkeit und Gebrechlichkeit des Geschlechtes» die Rechte der Frau einzuschränken sucht, wo sie durch Schwächung der Familie zu einer Gefahr für die männlichen Erben wird. Es ist gleichfalls auffallend, daß man im sechzehnten Jahrhundert, um die verheiratete Frau unter Vormundschaft zu halten, sich auf die Autorität des hl. Augustinus beruft, wenn man erklärt, «die Frau sei eine Kreatur ohne Halt und Festigkeit», während die Unverheiratete als fähig angesehen wird, ihr Hab und Gut zu verwalten. Montaigne hat die Willkür und Ungerechtigkeit des der Frau zuerkannten Loses sehr wohl begriffen: «Die Frauen haben durchaus nicht unrecht, wenn sie die Regeln von sich weisen, die in der Welt eingeführt sind, haben sie doch die Männer ohne sie gemacht. Es ist ganz klar, daß Kabale und Streit zwischen ihnen und uns besteht»; aber er geht doch nicht so weit, daß er sich zu ihrem Anwalt macht. Erst im achtzehnten Jahrhundert nehmen sich aufrichtig demokratische Männer der Frage objektiv an. Diderot unter anderen bemüht sich darzulegen, daß die Frau so gut wie der Mann ein menschliches Wesen sei. Etwas später verteidigt Stuart Mill sie mit Leidenschaft. Aber das sind Philosophen von außergewöhnlich unparteiischer Gesinnung. Im neunzehnten Jahrhundert wird der Feminismusstreit von neuem zum Partisanenkampf; eine der Folgen der industriellen Entwicklung ist die Teilnahme der Frau an der Produktion: in diesem Augenblick treten die frauenrechtlichen Ansprüche aus der rein theoretischen Sphäre heraus und bewegen sich nunmehr auf einer wirtschaftlichen Grundlage; um so aggressiver werden ihre Gegner; obwohl der Grundbesitz zum Teil entthront ist, klammert sich das Bürgertum an das alte moralische Prinzip, daß die Intaktheit der Familie den Privatbesitz garantiere: es verlangt in um so schärferem Tone, daß die Frau an den häuslichen Herd zurückkehre, als ihre Emanzipation zu einer wirklichen Bedrohung wird; selbst innerhalb der Arbeiterklasse haben die Männer diese Freiheitsbewegung zu drosseln versucht, da sie in den Frauen eine um so gefährlichere Konkurrenz sahen, als diese gewöhnt waren, zu niederen Löhnen zu arbeiten. Um die Unterlegenheit der Frau zu beweisen, haben damals die Antifeministen nicht nur wie schon früher die Religion, die Philosophie, die Theologie, sondern auch die Naturwissenschaft, Biologie, Experimentalpsychologie usw. bemüht. Höchstens fand man sich bereit, dem «anderen» Geschlecht «Gleichheit unter Wahrung des Unterschiedes» zuzubilligen. Diese Formel, die Schule gemacht hat, ist überaus bezeichnend: es ist genau dieselbe, wie sie in den Jim-Crow-Gesetzen für die Schwarzen Amerikas verwendet worden ist; diese Aussonderung aber nach einem scheinbar egalitären Prinzip hat nur zu der extremsten Ungleichheit der Behandlung geführt. Nicht zufällig begegnen sich hier die Dinge: ob es sich nun um eine Rasse, eine Kaste, eine Klasse, ein Geschlecht handelt, das zur Unterlegenheit verurteilt ist, immer ist das Verfahren der Rechtfertigung das gleiche. Das «Ewigweibliche» spielt hier die gleiche Rolle wie die «schwarze Seele» und der «jüdische Charakter». Das jüdische Problem ist übrigens in seiner Gesamtheit von den beiden anderen sehr verschieden: der Jude ist für den Antisemiten nicht so sehr ein Unterlegener als ein Feind, und man erkennt ihm in dieser Welt überhaupt keinen Platz als ihm gehörig zu; eher wünscht man ihn auszurotten. Tiefe Analogien aber bestehen zwischen der Situation der Frauen und der Schwarzen: die einen wie die anderen versuchen sich heute einer gleichen Bevormundung zu entziehen, und die bisherige Herrenkaste strebt danach, sie dort zu belassen, «wo sie hingehören», d.h. an dem Platz, den sie für sie ausgesucht hat; in beiden Fällen ergeht sie sich in mehr oder weniger aufrichtigen Hymnen auf die Tugenden des «guten Schwarzen» mit der unbewußten, kindlichen, heiteren Seele, den ergebenen Schwarzen, und die Frau, die «wirklich Frau» ist, d.h. frivol, kindisch, verantwortungslos, die dem Manne ergebene Frau. In beiden Fällen bezieht sie ihre Argumente aus dem Stand der Dinge, wie sie ihn geschaffen hat. Man kennt die bissige Bemerkung Bernard Shaws: «Der weiße Amerikaner», sagt er, «weist dem Schwarzen die Rolle des Schuhputzers zu: daraus schließt er dann, daß er zu weiter nichts taugt.» Auf diesen Circulus vitiosus stößt man immer wieder unter analogen Umständen: wenn ein Individuum oder eine Gruppe von Individuen untergeordnet worden ist, so *ist* sie eben untergeordnet; aber über den Ausdehnungsbereich des Wortes *sein* muß man sich verständigen; gegen besseres Wissen unterlegt man ihm einen substantiellen Wert, während es ein im Hegelschen Sinne nur dynamischer ist: *sein*, das heißt geworden sein, zu dem geworden sein, als was man sich manifestiert; ja, die Frauen in ihrer Gesamtheit *sind* heute den Männern unterlegen, das heißt, daß ihre Situation ihnen geringere Möglichkeiten eröffnet: die Frage ist nun, ob dieser Stand der Dinge immer der gleiche bleiben soll.

Viele Männer wünschen es: noch nicht alle haben die Waffen gestreckt. Das konservative Bürgertum sieht auch weiterhin in der Emanzipation der Frau eine Gefahr, welche ihren Sittenkodex und ihre Interessen bedroht. Ein Teil der Männlichkeit fürchtet die weibliche Konkurrenz. In *Hebdo-Latin* erklärte neulich ein Student: «Jede Studentin, die Ärztin oder Rechtsanwältin wird, *stiehlt* uns einen Arbeitsplatz»: offenbar einer, der sein Recht auf dieser Welt nicht in Frage gestellt sehen will. Wirtschaftliche Interessen sind aber nicht allein im Spiel. Eine der Wohltaten, die den Bedrückern durch die Bedrückung mit Sicherheit geboten wird, besteht darin, daß auch noch der bescheidenste unter ihnen sich *überlegen* fühlen kann: ein «poor white» im Süden der USA kann sich zum Troste sagen, daß er wenigstens kein «dirty nigger» ist; und die vom Glück mehr begünstigten Weißen machen sich geschickt diesen Dünkel zunutze. Ebenso betrachtet sich das mittelmäßigste männliche Wesen einer Frau gegenüber als einen Halbgott. Es ist für Herrn de Montherlant sehr viel einfacher, sich (übrigens hierfür eigens ausgewählten) Frauen gegenüber als Held zu fühlen, als vordem unter Männern seine Männerrolle zu spielen: eine Rolle, bei der sehr viele Frauen besser abgeschnitten haben als er. So konnte auch in einem seiner Artikel im *Figaro littéraire* Herr Claude Mauriac – dessen enorme Originalität allgemein bewundert wird – über die Frauen schreiben: «*Wir* hören im Tone (*sic!*) höflicher Langeweile ... selbst der brillantesten unter ihnen zu, da wir ja wissen, daß ihr Geist in mehr oder weniger glänzender Weise nur Ideen zurückstrahlt, die von *uns* kommen.» Offenbar sind es keine persönlichen Ideen von Herrn C. Mauriac, die seine Gesprächspartnerinnen funkeln lassen, denn bislang hat noch niemand eine bei ihm festgestellt; daß sie Ideen reproduzieren, die von Männern kommen, mag sein: unter den Männern gibt es mehr als einen, der Meinungen, die er nicht erfunden hat, für die seinen hält; man muß sich allerdings fragen, ob es für Herrn Mauriac nicht interessanter wäre, sich mit einem guten Abglanz von Descartes oder Marx oder Gide zu unterhalten als mit sich selbst; bemerkenswert ist, daß er sich durch das hinterhältige *Wir* mit dem hl. Paulus, Hegel, Lenin, Nietzsche identifiziert, und dann von deren Höhe herab mit Verachtung das Heer der Frauen betrachtet, die ihm auf dem Fuße der Gleichheit zu begegnen wagen; tatsächlich kenne ich mehr als eine, die nicht die Geduld besäße, Herrn Mauriac einen «Ton höflicher Langeweile» zu konzedieren.

Ich bin auf diesen Artikel näher eingegangen, weil sich die männliche Naivität darin in entwaffnender Weise offenbart. Es gibt noch viele weit raffiniertere Arten, wie der Mann sich das Anderssein der Frau zunutze macht. Für alle diejenigen, die an einem Minderwertigkeitskomplex leiden, gibt es einen Wunderbalsam: niemand ist den Frauen gegenüber aggressiver oder herablassender als ein Mann, der seiner Männlichkeit nicht ganz sicher ist. Diejenigen, die sich von ihresgleichen nicht einschüchtern zu lassen brauchen, sind viel eher geneigt, die Frau als ihresgleichen anzuerkennen; aber selbst diesen ist der Mythos von der Frau als der Anderen aus mehr als einem Grunde ans Herz gewachsen; man kann ihnen nicht übelnehmen, daß sie nicht freudigen Herzens alle die Vorteile wieder aufgeben, die sie daraus gezogen haben: sie wissen, was sie verlieren, wenn sie auf die Frau ihrer Träume verzichten, und sie wissen noch nicht, was die Frau von morgen ihnen bringen wird. Es gehört viel Selbstverleugnung dazu, sich nicht länger als das einzige und absolute Subjekt setzen zu wollen. Übrigens stellt die große Mehrheit der Männer nicht ausdrücklich diese Behauptung auf. Sie *setzen* die Frau nicht als das Inferiore: sie sind heutzutage zu sehr vom demokratischen Ideal durchdrungen, um nicht alle menschlichen Wesen als gleichberechtigt anzuerkennen. Innerhalb der Familie erscheint die Frau dem Kinde, dem jungen Mann mit der gleichen sozialen Würde bekleidet wie der männliche Erwachsene; außerdem hat er auf dem Gebiete des Liebesverlangens und der Liebe den Widerstand, die Unabhängigkeit der begehrten und geliebten Frau erfahren; wenn er verheiratet ist, achtet er in seiner Frau die Gattin und Mutter, und in der praktischen Erfahrung des ehelichen Lebens bestätigt sie sich ihm gegenüber als eine Freiheit. Er kann sich also gut einreden, daß es zwischen den Geschlechtern keine soziale Abstufung mehr gäbe und daß im großen und ganzen, von kleinen Unterschieden abgesehen, die Frau eine Gleichberechtigte sei. Da er hingegen gewisse Unterlegenheiten feststellt – deren wichtigste die Unfähigkeit im Berufsleben ist –, setzt er diese auf das Konto der Natur. Wenn er der Frau gegenüber im allgemeinen eine Haltung kameradschaftlichen Wohlwollens einnimmt, spricht er sich gern ausgiebig über den Grundsatz der theoretischen Gleichheit aus; und die praktische Ungleichheit, die er feststellt, *setzt* er nicht. Aber sobald er in einen Konflikt mit ihr gerät, kehrt die Situation sich um: er wird die praktische Ungleichheit zum Thema erwählen und daraus sogar das Recht ableiten, die theoretische Gleichheit zu leugnen. Der Mann erklärt zum Beispiel, daß er seine Frau darum nicht geringer einschätzt, weil sie keinen Beruf ausübt: die Aufgaben des Haushalts hätten ebensoviel Würde. Jedoch beim ersten Streit ruft er aus: «Ich möchte wohl mal sehen, wie du ohne mich durchkommen würdest.» So behaupten viele Männer gewissermaßen in gutem Glauben, daß die Frauen dem Manne ja gleichberechtigt *sind* und nichts mehr zu wünschen übrig haben, jedoch *zugleich*: daß die Frauen niemals dem Manne gleich sein können und daß alle ihre Ansprüche in dieser Hinsicht vergeblich sind. Das kommt daher, daß es für den Mann schwierig ist, die außerordentlich große Wichtigkeit von nach außen hin unscheinbaren sozialen Differenzierungen zu ermessen, deren psychologische und intellektuelle Auswirkungen in der Frau derartig stark sind, daß es den Anschein erwecken kann, als entsprängen sie aus einer ursprünglichen Naturanlage. Ein Mann selbst, der die größte Sympathie für die Frau hat, kennt niemals richtig ihre konkrete Situation. Daher ist es auch nicht angebracht, den Männern Glauben zu schenken, wenn sie darum bemüht sind, Privilegien zu verteidigen, die sie in ihrem ganzen Umfang nicht einmal ermessen können. Wir wollen uns also nicht durch die Zahl und die Heftigkeit der Attacken gegen die Frauen einschüchtern, aber auch nicht durch das selbstsüchtige Lob umgarnen lassen, das der «wahren Frau» gespendet wird; ebensowenig darf uns der Enthusiasmus in unserem Urteil beeinflussen, den die Männer für eine Stellung im Dasein hegen, die sie um nichts in der Welt selber einnehmen möchten.

[...]

Sicher aber ist es unmöglich, irgendein menschliches Problem ohne Voreingenommenheit zu behandeln: die Art der Fragestellung schon, der Blickpunkt, den man sich zu eigen macht, setzen eine gewisse Rangordnung der Interessen voraus; jedes Sosein schließt Wertungen ein; es gibt keine sogenannte objektive Beschreibung, die nicht einen ethischen Hintergrund hätte. Anstatt den Versuch zu machen, die Prinzipien, die man mehr oder weniger ausdrücklich voraussetzt, zu verschleiern, tut man besser daran, sie erst einmal klarzustellen; nur dann sieht man sich nicht genötigt, auf jeder Seite von neuem zu präzisieren, welchen Sinn man Wörtern wie ‹überlegen›, ‹unterlegen›, ‹besser›, ‹schlechter›,

‹Fortschritt›, ‹Rückschritt› zuerkennt. Wenn wir einige der Werke, die sich mit der Frau beschäftigen, an unserem geistigen Auge vorüberziehen lassen, so sehen wir, daß am häufigsten der Gesichtspunkt des allgemeinen Wohls, des öffentlichen Interesses dabei geltend gemacht wurde; tatsächlich aber versteht jeder darunter das Interesse der Gesellschaft, so wie er sie sich wünscht. Wir selbst stehen auf dem Standpunkt, daß es kein anderes allgemeines Wohl gibt als dasjenige, welches das private Wohl der Bürger sichert; unter dem Gesichtspunkt also der praktischen Möglichkeiten, die man den Individuen gibt, beurteilen wir die Einrichtungen. Wir setzen aber nicht etwa die Idee des privaten Interesses mit der des Glücks gleich: das ist eine andere Sehweise, der man häufig begegnet; sind die Haremsfrauen nicht glücklicher als die Wählerin? Ist die Hausfrau nicht glücklicher als die Arbeiterin? Man weiß dabei nicht recht, was das Wort Glück bedeutet und welche authentischen Werte sich darunter verbergen; es besteht keine Möglichkeit, das Glück eines anderen zu messen, und es ist immer leicht, die Situation als glücklich zu erklären, zu der man jemanden zwingen will: diejenigen, die man als Einzelwesen zur Stagnation verurteilt, erklärt man für glücklich unter dem Vorwande, das Glück sei Unbeweglichkeit. Das ist also ein Begriff, auf den wir uns hier nicht einlassen wollen. Unsere Perspektive ist die der existentialistischen Ethik. Jedes Subjekt setzt sich konkret durch Entwürfe hindurch als eine Transzendenz; es erfüllt seine Freiheit nur in einem unaufhörlichen Übersteigen zu anderen Freiheiten, es gibt keine andere Rechtfertigung der gegenwärtigen Existenz als ihre Ausweitung in eine unendlich geöffnete Zukunft. Jedesmal, wenn die Transzendenz in Immanenz verfällt, findet ein Absturz der Existenz in ein Ansichsein statt, der Freiheit in Faktizität; dieser Absturz ist ein moralisches Vergehen, wenn er vom Subjekt bejaht wird; ist er ihm auferlegt, so nimmt er die Gestalt einer Entziehung und eines Druckes an; in beiden Fällen ist er ein absolutes Übel. Jedes Individuum, das die Sorge hat, seine Existenz zu rechtfertigen, empfindet diese als ein unendliches Bedürfnis, sich zu transzendieren. Was aber nun auf eine eigenartige Weise die Existenz der Frau begrenzt, ist, daß sie, obwohl wie jedes menschliche Wesen eine autonome Freiheit, sich entdeckt und sich wählt in einer Welt, in der die Männer ihr auferlegen, sich als das Andere zu sehen: man bemüht sich, sie zu einem Ding erstarren zu lassen und sie zur Immanenz zu verurteilen, da ja ihre Transzendenz unaufhörlich von einem anderen essentiellen und souveränen Bewußtsein überstiegen wird. Das Drama der Frau besteht in dem Konflikt zwischen dem fundamentalen Anspruch jedes Subjekts, das sich immer als das Wesentliche setzt, und den Anforderungen einer Situation, die sie als unwesentlich konstituiert. Wie kann sich ein menschliches Wesen in der Lage der Frau erfüllen? Welche Wege stehen ihr offen? Welche münden in Sackgassen? Wie kann man die Unabhängigkeit inmitten der Abhängigkeit wiederfinden? Welche Umstände beschränken die Freiheit der Frau, und kann sie sie überwinden? Das sind grundlegende Fragen, die wir erhellen möchten. Das bedeutet, daß wir, die wir uns für die Möglichkeiten des Individuums interessieren, diese Möglichkeit nicht in Begriffen des Glücks, sondern in Begriffen der Freiheit definieren werden.

[...]

In der Mutterschaft vollendet die Frau ihr physiologisches Schicksal. In ihr liegt ihre «natürliche» Berufung, da ihr ganzer Organismus auf die Fortpflanzung der Art ausgerichtet ist. Wir haben aber bereits gesagt, daß die menschliche Gesellschaft sich nie einfach mit der Natur abfindet. Und vor allem seit etwa einem Jahrhundert wird die Funktion der Fortpflanzung nicht mehr allein vom biologischen Zufall gelenkt, sondern sie wird geflissentlich überwacht. Manche Länder haben ganz offiziell genaue Methoden der «Geburten-Beschränkung» übernommen. Bei Völkern, die dem Einfluß des Katholizismus unterliegen, vollzieht sie sich heimlich: Entweder übt der Mann den Coitus interruptus aus, oder die Frau entfernt nach dem Liebesakt die Spermatozoen aus ihrem Körper. Zwischen Liebenden oder Eheleuten ergeben sich hieraus oft Konflikte und Gereiztheiten. Der Mann ärgert sich, daß er seine Lust überwachen soll. Die Frau verabscheut die lästige Spülung. Er ist seiner Frau wegen der übertriebenen Fruchtbarkeit ihres Leibes böse. Sie fürchtet die Lebenskeime, die er in ihr abzusetzen droht. Alle beide sind sie daher auch bestürzt, wenn es bei ihr trotz aller Vorsichtsmaßregeln «soweit» ist. Dieser Fall ist häufig in Ländern, wo die empfängnisverhütenden Methoden noch in den Anfängen stecken. Dann nimmt die Wider-Natur in der Abtreibung eine besonders schwerwiegende Gestalt an. Sie bietet sich in Ländern, welche die Geburten-Beschränkung gestatten, weniger an, wo sie gleichfalls verboten ist. In Frankreich ist die Abtreibung jedoch eine Operation, zu der sich eine ganze Anzahl Frauen genötigt sehen. Der Gedanke an sie zieht sich durch das Liebesleben der meisten Frauen.

Es gibt wenig Gegenstände, über welche die bürgerliche Gesellschaft eine größere Heuchelei entfaltet: Nach ihr ist die Abtreibung ein widerliches Verbrechen; es paßt sich nicht, von ihr auch nur zu sprechen. Wenn ein Schriftsteller die Freuden und Leiden einer Wöchnerin schildert, ist alles in Ordnung. Wenn er aber von einer Frau spricht, die eine Abtreibung vorgenommen hat, wirft man ihm vor, er wälze sich im Schmutz und beschreibe die Menschheit in einem abscheulichen Licht. Frankreich zählt nun aber alle Jahre ebensoviel Fehlgeburten wie Geburten. Die Abtreibung ist ein so weit verbreitetes Phänomen, daß man sie als eine Gefahr ansehen muß, die normalerweise mit der Lage der Frau verknüpft ist. Das Gesetzbuch besteht jedoch hartnäckig darauf, aus ihr ein Verbrechen zu machen. Es zwingt dazu, diese delikate Operation heimlich zu vollziehen. Es gibt nichts Absurderes als die Gründe, die gegen die Legalisierung der Abtreibung herangezogen werden. Es wird behauptet, sie sei ein gefährlicher Eingriff. Anständige Ärzte sind sich jedoch mit Dr. Magnus Hirschfeld einig: «Die Abtreibung, die von der Hand eines wirklichen ärztlichen Fachmanns in einer Klinik und mit den nötigen Vorsichtsmaßnahmen vorgenommen wird, trägt keine solchen schweren Gefahren in sich, wie das Strafgesetzbuch behauptet.» Im Gegenteil, in ihrer jetzigen Form setzt sie die Frau einer großen Gefahr aus. Die fehlenden Fachkenntnisse der «Engelmacherinnen», die Bedingungen, unter denen sie arbeiten, bringen eine Menge manchmal tödlicher Zwischenfälle hervor. Die aufgezwungene Mutterschaft führt dazu, daß schwächliche Kinder in die Welt gesetzt werden, die zu unterhalten ihre Eltern nicht in der Lage sind. Sie fallen dann der öffentlichen Fürsorge zur Last oder werden «kindliche Märtyrer». Es muß übrigens darauf hingewiesen werden, daß die Gesellschaft, die so heftig bestrebt ist, die Rechte des Embryos zu verteidigen, sich um die Kinder nicht mehr kümmert, sowie sie auf der Welt sind. Die Abtreiberinnen werden verfolgt, statt daß man sich daranmacht, die skandalöse Einrichtung, die sich öffentliche Fürsorge nennt, zu reformieren. Man läßt die Verantwortlichen in Freiheit, die ihre Zöglinge Quälgeistern ausliefern. Man verschließt die Augen vor der abscheulichen Gewaltherrschaft, die Kinderschinder in «Fürsorgeheimen» oder in privaten Anstalten ausüben. Einerseits will man nicht anerkennen, daß der Foetus der Frau gehört, die ihn trägt, andererseits gibt man zu, daß das Kind Eigentum der Eltern ist. In derselben Woche konnte man kürzlich erleben, wie ein Arzt Selbstmord beging, weil er sich zu Abtreibungen hergegeben hatte, und ein Vater, der sein Kind beinahe zu Tode geprügelt hatte, zu drei Monaten Gefängnis *mit Bewährungsfrist* verurteilt wurde. Vor kurzem hat ein Vater sein Kind aus mangelnder Pflege an Luftröhrenentzündung sterben lassen. Eine Mutter hat sich geweigert, einen Arzt zu ihrem Töchterchen zu holen, sie stellte die Heilung einfach dem göttlichen Willen anheim. Auf dem Friedhof haben Kinder ihr Steine nachgeworfen. Nachdem sich jedoch einige Journalisten darüber entrüstet hatten, haben eine Reihe wohlanständiger Leute protestierend erklärt, Kinder gehörten ihren Eltern, und eine fremde Einmischung könne nicht geduldet werden. Heute sind «eine Million Kinder in Gefahr», erklärt die Zeitung *Ce Soir*. Und in der Zeitung *France-Soir* steht: «Fünfhunderttausend Kinder werden *namentlich aufgeführt*, die in körperlicher und sittlicher Gefahr schweben.» In Nordafrika hat die Araberfrau nicht die Möglichkeit zur Abtreibung: Von zehn Kindern, die sie empfängt, sterben sieben oder acht, und kein Mensch regt sich darüber auf, weil die schweren und sinnlosen Mutterschaften das Muttergefühl abgetötet haben. Wenn die Moral hierbei auf ihre Rechnung kommt, was soll man dann von einer solchen Moral halten? Es muß hinzugesetzt werden, daß die Männer, die sich so sehr um das Leben des Embryos sorgen, auch die gleichen sind, die sich besonders eifrig zeigen, wenn es sich darum handelt, Erwachsene zum Soldatentod zu verurteilen.

Die praktischen Gründe, die gegen die gesetzlich erlaubte Abtreibung angeführt werden, haben keinerlei Gewicht. Die sittlichen Gründe gehen auf ein altes katholisches Argument zurück. Der Foetus habe eine Seele, der man das Paradies verschließt, wenn man ihn ungetauft beseitigt. Es ist bemerkenswert, daß die Kirche bei Gelegenheit den Mord an ausgewachsenen Menschen gestattet: In Kriegen oder wenn es sich um Menschen handelt, die zum Tode verurteilt sind. Dem Foetus erweist sie sich unnachgiebig menschenfreundlich. Hier wird er nicht durch die Taufe erlöst. Aber zur Zeit der Kreuzzüge gegen die Ungläubigen wurden diese es ebensowenig, und zu ihrer Niedermetzelung wurde von oben herab aufgerufen. Die Opfer der Inquisition waren zweifellos nicht alle im Zustand der Gnade, ebensowenig wie heutzutage der Verbrecher, der geköpft wird, und die Soldaten, die auf dem Schlachtfeld sterben. In allen diesen Fällen stellt es die Kirche der Gnade Gottes anheim. Sie läßt es zu, daß der Mensch in seiner Hand nur ein Werkzeug ist und das Heil einer Seele sich zwischen ihr und Gott abspielt. Warum verbietet man dann Gott die Aufnahme einer embryonalen Seele in seinen Himmel? Wenn ein Konzil es ihm erlaubte, würde er ebensowenig dagegen protestieren wie zu den herrlichen Zeiten des frommen Niedermetzelns von Indianern. In Wirklichkeit stößt man hierbei auf eine alte krampfhafte Tradition, die mit Sittlichkeit nichts zu tun hat. Man muß auch mit jenem männlichen Sadismus rechnen, von dem ich bereits zu sprechen Gelegenheit hatte. Das Buch, das Dr. Roy im Jahre 1943 Pétain dedizierte, ist ein schlagendes Beispiel hierfür. Es ist ein Denkmal der Unwahrhaftigkeit. Väterlich betont der Verfasser die Gefahren der Abtreibung. Aber nichts scheint ihm hygienischer als ein Kaiserschnitt. Er verlangt, daß die Abtreibung als ein Verbrechen und nicht als ein Vergehen angesehen wird, und wünscht, daß sie sogar in ihrer therapeutischen Form, d.h., wenn die Schwangerschaft Leben oder Gesundheit der Mutter bedroht, untersagt wird. Es sei unmoralisch, erklärt er, zwischen zwei Leben zu wählen, und auf dieses Argument pochend rät er, die Mutter zu opfern. Er behauptet, der Foetus gehöre nicht der Mutter, er sei ein autonomes Wesen. Wenn jedoch diese selben «wohlmeinenden» Ärzte die Mutterschaft preisen, bestätigen sie, daß der Foetus einen Teil des Mutterleibes ausmacht und kein Parasit ist, der sich auf ihre Kosten nährt. Aus dieser Erbitterung, mit der manche Männer alles ablehnen, was die Frauen befreien könnte, kann man erkennen, wie lebendig der Antifeminismus noch ist. [...]

[...] die Schwangerschaft ist vor allem ein Drama, das sich bei der Frau zwischen ihren beiden Ich abspielt. Sie empfindet sie gleichzeitig als eine Bereicherung und als eine Verstümmelung. Der Foetus ist ein Teil ihres Körpers und auch wieder ein Parasit, der auf ihre Kosten lebt. Sie besitzt ihn und wird doch wieder von ihm besessen. Er schließt die ganze Zukunft in sich, und indem sie ihn in sich birgt, fühlt sie sich weltenweit. Aber gerade dieser Reichtum hebt sie auf, sie hat den Eindruck, sie sei überhaupt nichts mehr. Eine neue Existenz ist im Begriff, sich zu offenbaren und ihre eigene Existenz zu rechtfertigen, und darüber ist sie stolz. Aber sie fühlt sich auch als das Spielzeug dunkler Mächte, sie wird hin- und hergeworfen, vergewaltigt. Das Eigentümliche bei der schwangeren Frau liegt ja darin, daß ihr Körper in dem Augenblick gerade, wo er transzendiert, von ihr als immanent erfaßt wird. Während des Erbrechens und der Übelkeiten zieht er sich auf sich selbst zurück. Er existiert nicht mehr weiter für sich allein, und gerade in diesem Augenblick wird er umfangreicher als je zuvor. Der Transzendenz des Künstlers, des Mannes der Tätigkeit wohnt eine Subjektivität inne: Bei der werdenden Mutter jedoch verschwindet der Gegensatz Subjekt-Objekt. Sie bildet mit diesem Kind, das sie aufbläht, ein zweifelhaftes Paar, das vom Leben überflutet wird. Von der Natur umgarnt, ist sie nichts weiter als Pflanze, als Tier, eine Kolloidreserve, eine Brutglucke, ein Ei. Sie schreckt die Kinder mit ihrem selbstsüchtigen Körper und muß sich von jungen Leuten verhöhnen lassen, weil sie ein Menschen-Wesen, Bewußtsein und Freiheit darstellt und dabei zu einem passiven Werkzeug des Lebens geworden ist. Das Leben ist gewöhnlich nur eine Seinslage der Existenz. In der Schwangerschaft erscheint es als schöpferisch. Hier verwirklicht sich jedoch eine seltsame Schöpfung im Zufall und in der Faktizität. Es gibt Frauen, denen die Schwangerschaft und das Stillgeschäft so lebhafte Freuden bereiten, daß sie sie endlos wiederholen wollen. Sowie das Kind entwöhnt ist, fühlen sie sich zu kurz gekommen. Solche Frauen, die eher «Gebärmaschinen» als Mütter sind, suchen gierig nach der Möglichkeit, ihre Freiheit zugunsten ihres Körpers zu entfremden. Ihre Existenz erscheint ihnen in der passiven Fruchtbarkeit ihres Körpers geruhsam gerechtfertigt. Wenn der Körper nichts als Bewegungslosigkeit ist, kann er selbst in einer minderwertigen Form keine Transzendenz darstellen. Er ist Trägheit und Langeweile, sowie er aber zu knospen beginnt, wird er zum Stamm, zur Quelle, zur Blüte, schreitet er über sich hinaus, wird er Bewegung in Richtung auf die Zukunft und gleichzeitig verdichtete Gegenwart. Die Trennung, unter der die Frau früher zur Zeit ihrer Entwöhnung gelitten hat, ist ausgeglichen. Sie wird von neuem in den Strom des Lebens getaucht, wieder in das Ganze eingeordnet, sie wird zum Glied in der endlosen Kette der Generationen, zum Körper, der für und durch einen anderen Körper existiert. Die Verschmelzung, die sie in den Armen des Mannes gesucht hat, die ihr mitten in der Gewährung versagt wird, verwirklicht die Mutter, wenn sie ihr Kind in ihrem schweren Leib fühlt oder es gegen ihre schwellenden Brüste drückt. Sie ist nicht mehr ein Objekt, das einem Subjekt unterworfen ist. Sie ist auch kein Subjekt mehr, das sich über seine Freiheit ängstigt, sie ist jene zwiespältige Wirklichkeit, die sich Leben nennt. Ihr Körper gehört endlich ihr, da er für das Kind da ist, das ihr gehört. Die Gesellschaft erkennt ihr seinen Besitz an und verleiht ihm darüber hinaus den Charakter von etwas Heiligem. Ihre Brust, die bisher ein erotisches Objekt war, kann sie nun zur Schau stellen, sie ist eine Quelle des Lebens. Heilige Bilder zeigen uns denn auch die Jungfrau-Mutter, die ihre Brust entblößt und ihren Sohn um Schonung für die Menschheit anfleht. In ihrem Körper und ihrer sozialen Würde entfremdet, hat die Mutter das beruhigende Gefühl, sich als ein Wesen *an sich*, einen feststehenden *Wert* zu empfinden.

Doch dies ist nichts als eine Selbsttäuschung. Denn sie schafft nicht eigentlich das Kind. Es bildet sich in ihr. Ihr Körper bringt nur Körperliches hervor. Sie ist außerstande, eine Existenz zu gründen, die sich selbst zu begründen hat. Die Schöpfungen, die der Freiheit entspringen, stellen das Objekt als Wert hin und umkleiden es mit einer Notwendigkeit. Das Kind im Mutterschoß hat keinen hinreichenden Grund, noch ist es nur eine unmotivierte Sprossung, ein rohes Geschehen, in seiner Zufälligkeit ein Gegenstück zum Tode. Die Mutter mag ihre *eigenen* Gründe haben, daß sie sich *ein* Kind wünscht, sie vermag jedoch *diesem* Andern, das morgen sein wird, nicht seinen eigenen Daseinsgrund zu verleihen. Sie bringt es ganz generell in seinem Leib, aber nicht speziell in seiner Existenz hervor. Das begreift die Heldin von Colette Audry, wenn sie sagt:

«Ich hatte niemals daran gedacht, daß es meinem Leben einen Sinn verleihen könnte... Sein Wesen hatte in mir gekeimt, und ich hatte es – mochte kommen, was da wollte – wohlverwahrt seine Zeit in mir groß werden lassen, ohne daß ich irgend etwas beschleunigen konnte, selbst wenn ich daran hätte sterben sollen. Dann war es dagewesen, aus mir heraus geboren. So glich es zwar dem Werk, das ich in meinem Leben hätte tun sollen... Es war es schließlich aber doch nicht.»

In einem mystischen Sinn wiederholt sich die Fleischwerdung in jeder Frau. Jedes Kind, das geboren wird, ist ein Gott, der Mensch wird. Es könnte sich nicht als Bewußtsein und Freiheit verwirklichen, wenn es nicht zur Welt käme. Die Mutter gibt sich für dieses Mysterium her, sie lenkt es nicht. Die höchste Wahrheit dieses Wesens, das sich in ihrem Leib gestaltet, entgeht ihr. Diese Zwiespältigkeit drückt sie durch zwei sich widersprechende Phantasmen aus: Jede Mutter hat die Vorstellung, daß ihr Kind ein Held sein wird. Auf diese Weise stellt sie sich begeistert vor, sie bringe ein Bewußtsein und eine Freiheit zur Welt. Aber sie fürchtet auch, mit einem Schwächling, einem Ungeheuer niederzukommen, weil sie die scheußliche Zufälligkeit des Körpers kennt, und dieser Embryo, der in ihr haust, ist ja nichts wie Fleisch. Es gibt Fälle, in denen dieser oder jener Mythos bei ihr die Oberhand behält. Oft aber schwankt die Frau zwischen beiden hin und her. Sie empfindet noch einen zweiten Zwiespalt. Eingespannt in den großen Kreislauf der Gattung, sichert sie das Leben gegen Zeit und Tod. Dadurch ist sie der Unsterblichkeit geweiht. Aber sie empfindet in ihrem Körper auch die Wirklichkeit des Hegel-Wortes: «Die Geburt der Kinder ist der Tod der Eltern.» «Das Kind ist für die Eltern», sagt er weiterhin, «das Wesen für sich ihrer Liebe, das sich außerhalb ihrer stellt», und umgekehrt erlangt es sein Wesen für sich «in der Sonderung von der Quelle, einer Sonderung, in der diese Quelle versiegt». Dieses Überschreiten ihrer selbst ist auch für die Frau eine Vorwegnahme ihres Todes. Sie drückt diese Wahrheit in der Furcht aus, die sie empfindet, wenn sie an ihre Niederkunft denkt: Sie fürchtet, dabei ihr eigenes Leben zu lassen.

Bei einer so doppeldeutigen Sinngebung der Schwangerschaft ist die Haltung der Frau ganz natürlicherweise zwiespältig. Sie wechselt übrigens in den verschiedenen Entwicklungsstadien des Foetus. Man muß zunächst darauf hinweisen, daß das Kind zu Beginn des Vorgangs nicht gegenwärtig ist. Es besitzt erst nur eine imaginäre Existenz. Die Mutter kann von diesem kleinen Individuum träumen, das in einigen Monaten geboren werden wird, sich damit beschäftigen, ihm eine Wiege, ihm Windeln herzurichten. Konkret erfaßt sie nur die unklaren organischen Vorgänge, die sich in ihr abspielen. Manche Prediger von Leben und Fruchtbarkeit behaupten geheimnisvoll, die Frau erkenne an der Art der Lust, die sie empfindet, daß der Mann sie eben zur Mutter gemacht habe. Das ist einer jener Mythen, die man zum alten Eisen werfen kann. Niemals hat sie eine bestimmte Vorstellung von dem, was sich abspielt. Sie schließt darauf auf Grund unsicherer Zeichen. Ihre Regel setzt aus, sie nimmt zu, ihre Brüste werden schwer und schmerzen sie, sie bekommt Schwindelanfälle, Erbrechen. Manchmal hält sie sich ganz einfach für krank, und erst der Arzt klärt sie auf. Dann weiß sie, daß ihr Körper eine Bestimmung erhalten hat, die über ihn hinausgreift. Tag für Tag wird sich ein Polyp, der aus ihrem Körper geboren und ihrem Körper fremd ist, in ihr mästen. Sie wird zu einer Beute der Gattung, die ihr ihre geheimnisvollen Gesetze aufzwängt, und im allgemeinen entsetzt sie diese Entfremdung. Ihr Entsetzen drückt sich im Erbrechen aus. Dieses rührt zum Teil von Veränderungen in der Magensekretion her, die dann eintreten. Wenn jedoch diese Reaktion, die den übrigen Weibchen der Säugetierwelt unbekannt ist, Bedeutung erlangt, geschieht dies aus psychischen Gründen. Sie wird zum Ausdruck des einschneidenden Charakters, den der Konflikt zwischen Individuum und Gattung dann beim weiblichen Menschen annimmt. Selbst wenn die Frau sich das Kind innig wünscht, sperrt sich ihr Körper zunächst, wenn er ein Kind aufnehmen soll.

Soll man de Sade verbrennen?

Nicht nur in ‹Das andere Geschlecht› benutzt Simone de Beauvoir die Methode der kritischen Literaturanalyse, um soziologische oder psychologische Erkenntnisse abzuleiten. In ihrem 1951 entstandenen Aufsatz ‹Soll man de Sade verbrennen?› schreibt sie über den Fall des als perverser Phantast behandelten Adeligen, der zur Zeit der Französischen Revolution Sexualität und Politik zu einem aufrührerischen Programm verband. Das Werk de Sades weist zahlreiche Gesichtspunkte auf, mit denen sich Simone de Beauvoir bereits philosophisch beschäftigt hat: Atheismus als Ideologiekritik, die fundamentale Ablehnung gesellschaftlicher Konventionen, Amoralität als Organisationsprinzip des menschlichen Seins, die Unnatur der Sexualität. De Sades unaufhörliche Polemik gegen die Bereitschaft des Menschen, Gesellschaft, Erziehung und Geschichte aus dem Schlafzimmer, der Stätte angeblicher Selbstverwirklichung, zu verbannen, muß der Autorin von ‹Das andere Geschlecht› ebenso gefallen wie seine Erkenntnis, daß Sexualität Macht ist. Simone de Beauvoir behandelt de Sade als Beispiel eines tragischen Bemühens zur Transzendenz. Zugleich lesen sich seine Schauergeschichten als Wissenschaft von den Beziehungen der Menschen. Bei de Sade ist das Verbrechen soziales Gefüge, in dem sich der Mensch als Subjekt und der Mensch als Objekt unversöhnlich und doch notwendig begegnen.

Bei de Sade ist die Sexualität nicht eine biologische, sondern eine soziologische Tatsache. An den von ihm veranstalteten Orgien waren fast immer mehr als zwei Menschen beteiligt; in Marseille läßt er zwei Mädchen kommen und wird von seinem Diener begleitet; in La Coste richtet er sich einen ganzen Harem ein; in seinen Romanen schließen sich die Libertins zu regelrechten Gemeinschaften zusammen. Der Vorteil solcher Zusammenschlüsse liegt in erster Linie in der größeren Zahl von Kombinationsmöglichkeiten, die sich für die Ausschweifungen ergeben; aber diese Vergesellschaftung der Erotik hat noch tiefere Gründe. In Marseille nennt Sade seinen Diener «Monsieur le Marquis», und anstatt selbst ein Mädchen zu «erkennen», verlangt er von seinem Diener, dies in seinem Namen zu tun: in seinen Augen ist die Vergegenwärtigung der erotischen Szene von größerem Interesse als die erlebte Erfahrung. In den ‹*Hundertzwanzig Tagen von Sodom*› werden die «Einfälle» erst besprochen, ehe man sie ausführt: durch diese Verdoppelung wird der Geschlechtsakt zum Schauspiel, das man, während man es ausführt, gleichzeitig aus der Distanz betrachtet. Damit behält er die Bedeutung, die durch eine einsame, tierische Aufwallung verwischt würde, denn wenn der Wüstling genau mit seinen Gesten und sein Opfer genau mit seinen Empfindungen zusammenfallen würden, dann würden in der fleischlichen Lust Freiheit und Bewußtsein untergehen. Das Opfer wäre nur noch stumpfes Leiden, der Ausschweifende nur krampfhafte Wollust. Dadurch, daß dem Akt Zeugen beiwohnen, wird eine Gegenwärtigkeit aufrechterhalten, die dem Subjekt hilft, selbst gegenwärtig zu bleiben. Es hofft, durch die Vergegenwärtigung zu sich zu finden: um sich sehen zu können, muß man gesehen werden. Wenn Sade ein Opfer quält, ist er für diejenigen, die ihm zuschauen, ein Objekt; und umgekehrt: wenn er auf einem von ihm gequälten Leib die gleichen Qualen sieht, die er selbst erduldet, dann erfaßt er sich in seiner Passivität als Subjekt. Damit ist die Verschmelzung des Für-sich und des Für-andere vollzogen. Besonders notwendig sind Komplizen, um die Sexualität in die Dimension des Dämonischen zu erheben: sie verhindern, daß sich die ausgeführte oder erduldete Handlung in zufällige Momente auflöst, durch sie gewinnt der Akt feste Form. Jede Schandtat, die man verwirklicht, erweist sich damit als möglich, ja als etwas durchaus Gewöhnliches, und man wird derart mit ihr vertraut, daß man sie kaum mehr als verurteilungswürdig zu erkennen vermag. Um darüber erstaunen, sich entsetzen zu können, muß man sich durch die Augen anderer aus der Ferne betrachten.

Aber so wertvoll dieser Rückgriff auf andere auch sein mag, so genügt er doch nicht, um die im Bemühen des Sadisten erhaltenen Widersprüche aufzuheben. Wenn man die Doppelsinnigkeit des Daseins nicht in einer lebendigen Erfahrung zu erfassen vermag, kann man sie niemals rein verstandesmäßig rekonstruieren. Eine Vergegenwärtigung darf ihrem Wesen nach weder mit der Innerweltlichkeit des Bewußtseins noch mit der Trübheit des Fleisches zusammenfallen, und erst recht vermag sie beides nicht zu vereinen. Sobald aber diese beiden Momente der menschlichen Realität getrennt sind, bilden sie Gegensätze, und wenn man den einen Aspekt zu ergreifen versucht, entgleitet einem der andere. Wenn sich das Subjekt allzu heftige Schmerzen zufügt, gerät es außer sich, gibt sich und seine Souveränität auf. Allzuviel Gemeinheit erzeugt einen Ekel, der der Lust entgegenwirkt; in der Praxis läßt sich die Grausamkeit nur in sehr engen Grenzen ausüben, und theoretisch wohnt ihr ein Widerspruch inne, der in der Widersprüchlichkeit der folgenden beiden Texte zum Ausdruck kommt: «Die göttlichsten Reize sind wertlos, wenn sie uns nicht in Unterwerfung und Gehorsam dargeboten werden», aber: «Man muß dem Gegenstand seines Verlangens Gewalt antun; um so größer ist die Lust, wenn er sich hergibt.» Man verlangt also nach Sklaven, die gleichzeitig frei sein sollen, und das gibt es nicht. Also muß man sich mit einem Kompromiß begnügen: zwar überschreitet Sade mit käuflichen, zu allem bereiten, verachtenswerten Mädchen ein wenig die Grenzen des Üblichen, und seiner Gattin gegenüber, die trotz ihrer Willfährigkeit menschliche Würde bewahrt, erlaubte er sich einige Gewalttätigkeiten, aber der ideale Geschlechtsakt, wie er ihn sich erträumt, wird niemals vollzogen. In diesem Sinn sind die Worte zu verstehen, die Sade seinem Jérôme in den Mund legt: «Was wir hier tun, ist nur ein Abglanz dessen, was wir tun möchten.» Nicht nur sind die wirklich großen Untaten in der Praxis verboten, sondern selbst die gräßlichsten Taten, die man sich in den schlimmsten Delirien vorstellen kann, würden ihren Urheber noch enttäuschen: «Die Sonne ergreifen, sie der Welt wegnehmen oder uns ihrer bedienen, um die Welt in Flammen zu setzen, ja, das wären wirkliche Verbrechen!» Aber dieser Traum scheint nur deshalb zu befriedigen, weil der Verbrecher mit der Vernichtung der Welt seine eigene Vernichtung erträumt; wenn er den

Weltbrand überleben müßte, wäre er wiederum enttäuscht. Niemals kann das sadistische Verbrechen dem entsprechen, was sein Urheber will; das Opfer ist stets nur ein Analogon, das Subjekt erfaßt sich nur als Imago, und ihre gegenseitige Beziehung ist nur eine Parodie des Dramas, das die Herstellung einer wirklichen Wechselbeziehung zwischen ihrer ureigentlichsten Innerlichkeit bedeuten würde. Deshalb beging der Bischof in den ‹*Hundertzwanzig Tagen von Sodom*› niemals ein Verbrechen, «ohne im gleichen Augenblick ein zweites zu planen». Der Augenblick des Pläneschmiedens ist für den Libertin ein ganz besonderer Augenblick, weil er die unweigerliche Widerlegung seiner Pläne durch die Wirklichkeit noch außer acht lassen kann. Gespräche über Sexuelles, wodurch mühelos Sinne gereizt werden können, auf die Objekte aus Fleisch und Blut nicht mehr einwirken, spielen bei Sades Orgien deshalb eine so große Rolle, weil die realen Objekte nur in ihrer Abwesenheit voll und ganz ergriffen werden können. Es gibt nur eine Art, durch die von der Ausschweifung geschaffenen Trugbilder Befriedigung zu finden: man muß sie in ihrer Irrealität belassen. Sade hat mit der Erotik das Imaginäre gewählt: nur im Imaginären kann er sich in Sicherheit niederlassen, ohne Gefahr zu laufen, enttäuscht zu werden. Diesen Gedanken hat er in seinen Schriften unaufhörlich wiederholt: «Der Sinnengenuß hängt stets von der Phantasie ab. Der Mensch kann die Glückseligkeit nur anstreben, indem er sich aller Launen seiner Einbildungskraft bedient.» Seine Phantasie enthebt ihn dem Raum, der Zeit, dem Gefängnis, der Polizei, der Leere der Abwesenheit, den undurchsichtigen Gegenwärtigkeiten, den Konflikten des Daseins, dem Tod, dem Leben und allen Widersprüchlichkeiten. Sades Erotik gipfelt nicht im Mord, sondern in der Literatur.

Nachdem Simone de Beauvoir die politischen Implikationen des Menschenbildes von de Sade behandelt hat («Die ideale gesellschaftliche Ordnung ist in Sades Augen eine Art vernunftbestimmter Anarchie»), analysiert sie das Spannungsverhältnis von Tugend und Libertinage. Auch für den Marquis konstituiert die Fähigkeit zur Entscheidung die eigentliche Freiheit des Men-

schen. Bei aller intellektuellen Faszination, die das Thema deutlich auf die Autorin ausübt, sind ihre Ausführungen nicht als Freispruch für de Sade mißzuverstehen. Die Humanistin lehnt die rationalistische, kalte Utopie de Sades ab, die nur für Privilegierte ein befreites Dasein bereithält. Die Ambivalenz seiner Gedanken, so Simone de Beauvoir, fordert zu einer dialektischen Lesart heraus.

Es wäre ein Verrat an Sade, wollte man ihm allzu leichtfertig seine Sympathie schenken, denn schließlich will er mein Unglück, meine Unterwerfung, meinen Tod; und jedesmal, wenn wir für ein von einem Sittlichkeitsverbrecher ermordetes Kind Partei ergreifen, stellen wir uns gegen Sade. Er verbietet mir auch keineswegs, mich zu verteidigen; einem Familienvater gesteht er das Recht zu, notfalls durch Mord eine Vergewaltigung seines Kindes zu verhindern oder zu rächen. Er verlangt aber, daß in dem Kampf, in dem sich unvereinbare Existenzen gegenüberstehen, jeder sich im Namen seiner eigenen Existenz einsetzt. Er billigt die Blutrache, nicht jedoch die Gerichte: man kann töten, aber nicht richten. Wer richtet, maßt sich noch mehr an als der Tyrann, denn während dieser sich darauf beschränkt, mit sich selbst übereinzustimmen, versucht jener, seine persönlichen Meinungen zum allgemeinen Gesetz zu machen. Ein solcher Versuch gründet jedoch auf einer Lüge, denn kein Mensch kann aus seiner Haut heraus, kann nicht zwischen voneinander getrennten Menschen vermitteln, von denen er seinerseits getrennt ist. Und aus der Tatsache, daß viele Menschen sich zusammenschließen und auf ihre Rechte zugunsten von Institutionen verzichten, über die keiner von ihnen mehr Macht hat, können sie keinerlei neue Rechte ableiten: auf die Zahl kommt es hier nicht an. Was inkommensurabel ist, läßt sich nicht mit gleichem Maß messen. Um den Konflikten des Daseins zu entgehen, flüchten wir in eine Welt der Erscheinungen, und damit entgleitet uns das Dasein; wir glauben uns zu verteidigen, und dabei vernichten wir uns. Sades nicht hoch genug einzuschätzendes Verdienst ist es, angesichts der Abstraktionen und Entfremdungen, die nichts anderes sind als Flucht, die Eigentlichkeit des Menschen gefordert zu haben. Niemand ist leidenschaftlicher dem Konkreten verhaftet als er. Niemals hat er dem Geschwätz Glauben geschenkt, mit dem sich die mittelmäßigen Geister träge begnügen; für ihn gelten nur die Wahrheiten, die ihm seine gelebte Erfahrung offenbart. Deshalb ist es ihm gelungen, den Sensualismus seiner Zeit zu überwinden und ihn in eine Moral der Eigentlichkeit umzuwandeln.

Das bedeutet allerdings nicht, daß wir uns mit der von ihm vorgeschlagenen Lösung zufriedengeben können, denn das, was Sades Größe ausmacht – daß er nämlich in seiner individuellen Situation das eigentliche Wesen des Menschseins erfassen wollte –, bedingt auch seine Grenzen. Er hat geglaubt, daß der Weg, für den er sich entschieden hat, von allen Menschen begangen werden müßte und der allein gültige sei, aber damit hat er sich zwiefach getäuscht. Trotz seines ganzen Pessimismus steht er gesellschaftlich auf seiten der Privilegierten; er hat nicht begriffen, daß sich die soziale Ungerechtigkeit sogar auf die ethischen Möglichkeiten des Menschen auswirkt. Selbst die Auflehnung ist ein Luxus, der Kultur, Muße und einen gewissen Abstand gegenüber den Bedürfnissen des Daseins voraussetzt. Zwar haben Sades Helden ihre Auflehnung mit dem Leben bezahlt, aber zumindest gab diese zuvor ihrem Leben einen gültigen Sinn; für die überwiegende Mehrheit der Menschen hingegen würde eine Auflehnung einem törichten Selbstmord gleichkommen. Nicht durch das Verdienst, wie Sade es wünschte, sondern durch den Zufall würde eine kriminelle Elite zustande kommen. Wenn man dagegen einwendet, daß Sade niemals die Allgemeinheit im Auge hatte, sondern nur auf sein eigenes Heil bedacht war, wird man ihm nicht gerecht: die Leidenschaftlichkeit, mit der er seine Erfahrungen niedergeschrieben hat, beweist, daß er ein Beispiel sein wollte; wohl rechnete er ganz bestimmt nicht damit, daß sein Appell von allen Menschen gehört würde, aber niemals dachte er daran, sich ausschließlich an seine Standesgenossen zu wenden, deren Überheblichkeit er verabscheute. Er hatte eine demokratische Vorstellung von der Prädestination, an die er glaubte. Er war davon überzeugt, daß diese Art von Vorherbestimmung es den Menschen ermöglichen würde, ihrer ökonomischen Lage zu entgehen; die Entdeckung, daß sie von eben dieser Lage abhängig war, hätte in sein Konzept nicht gepaßt.

Andererseits kam Sade gar nicht auf den Gedanken, daß es noch einen anderen Weg geben könnte als die individuelle Auflehnung. Für ihn gab es nur eine Alternative: entweder die abstrakte Moral oder das Verbrechen. Die Tat kannte er nicht. Daß eine konkrete Verbindung zwischen den Menschen durch ein Unterfangen möglich sein könnte, in dem sich alle Menschen in dem gemeinsamen Entwurf, Mensch zu sein, zusammenschließen würden, hat er zwar vielleicht geahnt, aber jedenfalls ist er dabei nicht stehengeblieben. Er verwehrte dem Menschen seine Transzendenz und überantwortete ihn einer Bedeutungslosigkeit, die erlaubt, ihm Gewalt anzutun; doch diese im Leeren angewandte Gewalt wird lächerlich, und der Tyrann, der sich durch sie zu bestätigen versucht, entdeckt also nur sein eigenes Nichts.

Indessen kann Sade diesem Widerspruch einen anderen entgegenstellen. Der vom 18. Jahrhundert geliebte Traum, die Menschen in ihrer Immanenz in Einklang zu bringen, ist ganz und gar undurchführbar; Sade selbst ist eine pathetische Verkörperung der Widerlegung dieses Traums durch die Schreckensherrschaft der Revolution. Der Mensch, der nicht bereit ist, auf seine Eigenart zu verzichten, wird von der Gesellschaft ausgestoßen. Wenn man sich jedoch dafür entscheidet, in jedem Menschen nur die Transzendenz anzuerkennen, die ihn mit seinesgleichen verbindet, dann entfremdet man die Menschen zu neuen Idolen, und um so offensichtlicher wird ihre individuelle Bedeutungslosigkeit. Man opfert das Heute dem Morgen, die Minderheit der Mehrheit, die Freiheit des einzelnen den kollektiven Verwirklichungen. Die logische Folge dieser Verleugnung sind das Gefängnis und die Guillotine. Vollendet wird diese verlogene Brüderlichkeit durch Verbrechen, in denen die Tugend ihr abstraktes Antlitz wiedererkennt. «Nichts gleicht der Tugend mehr als ein großes Verbrechen», hat Saint-Just gesagt. Ist es da nicht besser, das Böse anzunehmen, als sich diesem Guten zu verschreiben, das zu abstrakten Massenopfern führt? Zweifellos läßt sich dieses Dilemma nicht umgehen. Wenn allen Menschen die Gesamtheit aller Menschen, die die Erde bewohnen, in ihrer ganzen Wirklichkeit gegenwärtig wäre, dann wäre überhaupt kein kollektives Tun mehr möglich, und für keinen Menschen wäre die Luft mehr zu atmen. In jedem Augenblick leiden und sterben Tausende von Menschen vergeblich, ungerechterweise, und doch rührt uns das nicht an: nur um diesen Preis ist unser Dasein überhaupt möglich. Sades Verdienst ist es nicht nur, mit lauter Stimme verkündet zu haben, was jeder Mensch sich verschämt eingesteht, sondern auch, sich damit nicht abgefunden zu haben.

Die Mandarins von Paris

Für den 1954 erschienenen Roman ‹Die Mandarins von Paris› erhält Simone de Beauvoir den angesehenen Prix Goncourt. In dieser Arbeit verfolgt sie weiterhin ihren schnörkellosen und unprätentiösen Stil der «gesprochenen Sprache» und verknüpft – wie schon in ‹Das Blut der anderen› und ‹Alle Menschen sind sterblich› – die Sichtweisen eines männlichen und eines weiblichen Protagonisten (hier der linke Schriftsteller Henri Perron und die Psychologin Anne Dubreuilh) zu einer fesselnden Beschreibung des Mikrokosmos der Pariser Linksintellektuellen.

Zwei Motive werden hier alternierend behandelt: das politische Selbstverständnis der kulturellen Elite der Nachkriegszeit sowie der reale und ideelle Preis, den Frauen für ihr Dasein als «relative Wesen» zahlen müssen.

Die Tatsache, daß Simone de Beauvoir fast alle Frauenfiguren in diesem Roman scheitern oder resignieren läßt, ist von manchen Kritikern beklagt worden. Wenn aber de Beauvoir ihre Heldinnen die Liebe als eine Art örtliche Betäubung erleben läßt, wenn sie beharrlich auf die Brüchigkeit der allein auf Gefühle gründenden weiblichen Existenz hinweist, so ist dieser Pessimismus vor allem als kritisches Statement zu verstehen: Beauvoir ist dort radikal, wo sie die männliche Sicht der Weiblichkeit negiert. Besonders anschaulich gelingt ihr das, wenn sie die Dialektik von Sexualität und Liebe beschreibt. Anne läßt sich auf ein kurzatmiges Abenteuer mit einem Bekannten ein. Mit ihrem Mann, dem berühmten Literaturprofessor Robert Dubreuilh, verbindet sie eine liebevolle Freundschaft, aber nicht mehr die körperliche Leidenschaft. Obwohl sie frei ist, Affären einzugehen, muß sie erleben, daß das kalkulierte Benutzen eines anderen Menschen nicht zur Befriedigung führen kann. Sie erlebt den Sexualakt als Gewalt.

Er bestellte noch zwei Whiskys. Nein, ich hatte kein Verlangen danach, mit ihm oder einem andern Mann zu schlafen. Seit allzu langer Zeit war mein Körper auf eine Erstarrung im Ich eingerichtet: durch welche Perversion hätte ich seine Ruhe gestört? Übrigens erschien es mir unmöglich. Ich war oft darüber verblüfft gewesen, wie leicht sich Nadine Unbekannten hingeben konnte. Zwischen meinem einsamen Fleisch und dem Mann, der da einsam neben mir trank, gab es nicht die geringste Verbindung. Zu denken, daß ich nackt in seinen nackten Armen läge, das war genauso ungereimt, als wenn ich dort meine alte Mutter vermutet hätte. Ich sagte: «Warten wir doch ab, wohin dieser Abend uns führt.»

«Das ist unsinnig», sagte er, «wie stellen Sie sich das vor? Können wir denn von Politik oder Psychologie reden, wenn uns diese Frage im Kopf herumspukt? Sie müssen doch wissen, wie Sie sich entscheiden werden: sagen Sie es sofort!»

Seine Ungeduld bestätigte mir, daß ich nach allem doch nicht meine alte Mutter war. Ich mußte wohl glauben, daß ich – und sei es auch nur für eine Stunde – begehrenswert war, da er mich begehrte. Nadine behauptete, sich ins Bett zu legen sei genauso belanglos, wie sich an einen Tisch zu setzen: vielleicht hatte sie recht. Sie warf mir vor, daß ich das Leben mit Glacéhandschuhen anfasse; war das wahr? Was geschah, wenn ich die Handschuhe ablegte? Wenn ich sie heute abend nicht abstreifte, würde ich es dann jemals tun? «Mein Leben ist vorbei», sagte ich mir mit der Vernunft, aber gegen alle Vernunft blieben mir noch viele Jahre, die ich totzuschlagen hatte.

Ich sagte ganz plötzlich: «Gut, also: ja.»

«Ah! Das ist eine gute Antwort», sagte er im ermunternden Tone eines Arztes oder Lehrers. Er wollte meine Hand nehmen, aber ich verweigerte diese Belohnung.

«Ich möchte einen Kaffee haben. Ich fürchte, ich habe zuviel getrunken.»

Er lächelte: «Eine Amerikanerin würde jetzt noch einen Whisky verlangen», sagte er. «Aber Sie haben recht: es wäre häßlich, wenn einer von uns beiden seinen klaren Kopf nicht behielte.»

Er bestellte zwei Kaffee. Ein verlegenes Schweigen war eingetreten. Ich hatte großartig ja gesagt – aus Sympathie für ihn, um jener prekären Vertrautheit willen, die er zwischen uns hatte entstehen lassen können: und jetzt ließ dieses Ja meine Sympathie vereisen. Kaum waren unsere Tassen ausgetrunken, sagte er:

«Gehen wir in mein Zimmer hinauf.»

«Jetzt gleich?»

«Warum nicht? Sie bemerken doch, daß wir uns nichts mehr zu sagen wissen.»

Ich hätte gern Zeit gehabt, um mich an meinen Beschluß zu gewöhnen. Ich hoffte, daß aus unserem Pakt allmählich eine Komplicenschaft entstünde. Aber tatsächlich wußte auch ich nichts mehr zu sagen.

«Gehen wir also.»

Das Zimmer war mit Koffern vollgestellt. Es gab zwei Messingbetten, eines davon war mit Kleidern und Papieren besät. Auf einem runden Tisch standen leere Champagnerflaschen. Er hat mich in seine Arme genommen, ich habe auf meinem Mund einen gewaltsamen und heiteren Mund gespürt; ja, das war möglich, das war leicht; etwas geschah mir: etwas anderes. Ich schloß die Augen, ich versank in einem Traum, der so schwer wie die Wirklichkeit war, und aus dem ich im Morgengrauen mit leichtem Herzen erwachen würde. Dann hörte ich seine Stimme: «Man könnte meinen, das junge Mädchen ist erschreckt. Wir werden dem kleinen Mädchen nicht weh tun, wir werden es deflorieren, aber ohne ihm weh zu tun.» – Diese Worte, die an mich gerichtet waren, weckten mich brutal auf. Ich war nicht hierhergekommen, um die vergewaltigte Jungfrau oder irgendein anderes Spiel zu spielen. Ich riß mich aus seiner Umarmung los.

«Warten Sie.»

Ich flüchtete ins Badezimmer, hastig machte ich Toilette und stieß dabei alle Gedanken in mir zurück: zum Denken war es zu spät. Er nahm mich im Bett wieder an sich, ehe irgendein Gedanke in mir aufkommen konnte, und ich klammerte mich an ihn: im Augenblick war er meine einzige Hoffnung. Seine Hände rissen mein Hemd weg, sie streichelten meinen Schoß, und ich gab mich der schwarzen Sturzwelle des Verlangens hin: emporgetragen, gewiegt, wieder untergetaucht, gehoben, in die Tiefe geschleudert: Sekunden gab es, in denen ich vom Gipfel herab ins Leere stürzte, ich sollte im Vergessen, in der Nacht ertrinken – welche Reise! Seine Stimme warf mich aufs Bett zurück: «Muß ich aufpassen?» – «Wenn das möglich ist.» – «Bist du nicht abgeriegelt?»

Die Frage war so brutal, daß ich hochfuhr: «Nein», sagte ich. – «So, warum nicht?» Es war schwierig, von neuem abzureisen, wieder raffte ich mich zusammen unter seinen Händen, ich sammelte die Stille in mir, ich sog mich an seiner Haut fest und verzehrte seine Wärme durch alle meine Poren: meine Knochen, meine Muskeln schmolzen an diesem Feuer, und Frieden umwikkelte mich in schmeichlerischen Spiralen, da sagte er herrisch:

«Mach die Augen auf.» Ich hob meine Lider, aber sie waren schwer, sie fielen von selber wieder über meinen Augen zu, in denen das Licht schmerzte. «Öffne die Augen», sagte er, «das bist du, das bin ich.» Er hatte recht, und ich wollte nicht vor uns beiden flüchten. Aber zunächst hatte ich mich an dieses ungewöhnliche Dasein: an mein Fleisch zu gewöhnen; sein fremdes Gesicht anzuschauen und unter seinem Blick mich in mir selbst zu verlieren – das war zu viel auf einmal. Ich schaute ihn an, da er es verlangte: auf dem halben Wege zur Erregung blieb ich in einem lichtlosen, nachtlosen Zwischenreich stehen. Er warf die Decke zurück, und sofort dachte ich, daß das Zimmer schlecht geheizt sei und ich nicht mehr den Leib eines jungen Mädchens hatte; ich lieferte seiner Neugierde eine Entblößung aus, die weder Kälte noch Wärme fühlte. Sein Mund stachelte meine Brüste auf, kroch über meinen Bauch und hinunter zu meinem Geschlecht. Ich schloß hastig die Augen, ich nahm meine ganze Zuflucht in die Lust, die er mir abzwang: eine ferne Lust, vereinsamt wie eine abgeschnittene Blume. Dort unten bäumte sich die verstümmelte Blume auf und entblätterte sich; er brabbelte für sich allein Worte vor sich hin, die ich nicht zu hören versuchte. – Doch ich, ich langweilte mich. Er kam wieder zu mir her, einen Augenblick lang belebte mich seine Wärme wieder. Gebieterisch gab er mir sein Geschlecht in die Hand; ich streichelte es ohne Begeisterung, und Scriassine sagte vorwurfsvoll:

«Du hast keine echte Liebe für das Geschlecht des Mannes.»

Dieses Mal gab er mir einen Minuspunkt. Ich dachte: «Wie soll ich dieses Stück Fleisch lieben, wenn ich nicht den ganzen Mann liebe? Und woher soll ich für diesen Mann da Zärtlichkeit nehmen?» In seinen Augen war ein feindseliger Ausdruck, der mich niedergeschlagen stimmte: schließlich hatte ich ihm doch nichts getan, ja nicht einmal etwas an ihm versäumt.

Ich verspürte keine besonderen Gefühle, als er in mich eindrang. Alsbald begann er wieder Worte zu sagen. Mein Mund war wie mit Zement gefüllt, ich hätte keinen Seufzer durch meine Kiefer dringen lassen können. Er schwieg eine Weile, dann sagte er: «Schau hin.» Ich schüttelte schwach den Kopf: was sich dort abspielte, ging mich so wenig an, daß ich mir durch das Hinschauen die Wirkung eines Voyeurs verschafft hätte. Er sagte: «Du schämst dich! Das junge Mädchen schämt sich also!»

Dieser Triumph beschäftigte ihn einen Augenblick lang, dann redete er wieder: «Sag mir, was fühlst du? Sag's mir.»

Ich blieb stumm. Ich erriet ein Dasein in mir, ohne es wirklich zu fühlen, so wie beim Zahnarzt, wo man sich über den Stahl im betäubten Zahnfleisch wundert. «Hast du etwas davon? Ich will, daß du Lust hast.» Seine Stimme ereiferte sich, sie verlangte Rechenschaft: «Du hast keine? Das macht nichts: die Nacht ist lang.» Die Nacht würde zu kurz, die Ewigkeit zu kurz sein: diese Partie war verloren, ich wußte es. Ich fragte mich, wie man sie beenden könne: man ist ganz und gar entwaffnet, wenn man sich in der Nacht allein, nackt in feindlichen Armen befindet. Ich zwang meine Zähne, sich zu öffnen, ich zwang mich zu Worten: «Kümmern Sie sich nicht so sehr um mich, lassen Sie mich...»

«Und doch bist du nicht kalt», sagte er zornig. «Dein Widerstand kommt aus dem Kopf. Aber ich werde dich zwingen...»

«Nein», sagte ich. «Nein.» Es war zu schwierig, um es zu erklären. Er hatte einen wahren Haß in den Augen, und ich empfand Scham darüber, daß ich mich von einer gefälligen Vorspiegelung fleischlichen Wohlseins hatte einfangen lassen: ein Mann ist kein Gesundbad, das erfuhr ich jetzt.

«Ah! Du willst nicht!» sagte er. «Du willst nicht! Störrische Ziege!» Er schlug mich leicht gegen das Kinn. Ich war zu müde, um mich durch Zorn befreien zu können, ich begann zu zittern: eine Faust, die zuschlägt, tausend Fäuste...

«Die Gewalt ist überall», dachte ich, ich zitterte, und Tränen liefen mir übers Gesicht.

Jetzt küßte er meine Augen, er flüsterte: «Ich trinke deine Tränen», in seinem Gesicht war eine überwältigende Zärtlichkeit, die ihn zu seiner Kindheit zurückführte, und ich hatte mit ihm und mit mir Mitleid: wir waren alle beide genauso verloren, genauso enttäuscht. Ich streichelte seine Haare, ich zwang mich zu dem üblichen Du-sagen.

«Warum verabscheust du mich?»

«Oh, das ist nur erzwungen», sagte er reuevoll. «Das ist nicht echt.»

«Ich, ich verabscheue dich nicht. Ich bin sehr gern bei dir.»

«Ist das wahr?»

«Es ist wahr.»

In gewissem Sinn war es auch wahr. Es ereignete sich etwas: war es auch verfehlt, traurig, lächerlich, so war es doch Wirklichkeit. Ich lächelte:

«Du bereitest mir eine seltsame Nacht, noch nie habe ich eine ähnliche verbracht.»

«Nie? Nicht einmal mit jungen Männern? Lügst du auch nicht?» Die Worte hatten für mich gelogen: jetzt nahm ich ihre Lüge auf mich: «Nie.»

Er drückte mich ungestüm an sich, und dann drang er wieder in mich ein: «Ich möchte, daß du gleichzeitig mit mir zum Genuß kommst», sagte er. «Willst du es auch? Du wirst mir dann sagen: jetzt...»

Ich dachte erbittert: «Das ist es, was sie entdeckt haben: die Synchronisation!» Als wenn das irgend etwas beweisen würde, als wenn das ein Verstehen ersetzen würde. Selbst wenn wir zusammen genießen, werden wir deshalb weniger getrennt sein? Ich weiß gut, daß meine Lust in seinem Herzen kein Echo findet, und die seine erwarte ich nur mit Ungeduld, um wieder frei zu sein. Doch ich war besiegt: ich seufzte und stöhnte, wie er es erwartete, wenn auch vermutlich nicht ganz geschickt, denn er fragte:

«Hast du es nicht genossen?»

«O doch, bestimmt.»

Als Anne sich später auf einer Amerikareise in den Schriftsteller Lewis Brogan verliebt, kommt es zur beglückenden Übereinstimmung von Begehren und Erleben. Simone de Beauvoir feiert hier ihre leidenschaftliche Affäre mit dem amerikanischen Autor Nelson Algren. Anne / Simone wird als große Liebende vorgeführt.

Nein, ich wollte nicht fortgehen. Übermorgen nicht, nicht so schnell. Ich wollte nach Paris telegrafieren; ich konnte noch zehn, vierzehn Tage bleiben ... Das konnte ich: und dann? Schließlich müßte ich doch gehen. Daß es mir jetzt schon so schwerfiel, abzureisen, bewies, daß ich sofort gehen müßte. Noch handelte es sich nur um ein Reiseabenteuer: wenn ich blieb, würde daraus eine richtige, eine unmögliche Liebe werden, und dann würde ich zu leiden haben. Ich wollte nicht leiden; ich habe zu nahe miterlebt, wie Paule litt; zu viele gequälte Frauen haben auf meinem Diwan gelegen, die nicht zu heilen waren. «Wenn ich gehe, vergesse ich», dachte ich, «dann muß ich vergessen; man vergißt logischerweise, man vergißt alles, man vergißt schnell: vier Tage vergessen sich leicht.» Ich versuchte, an Lewis zu denken, als ob ich ihn vergessen hätte: er ging durch das Haus und hatte mich vergessen. Ja, auch er würde vergessen. Heute gehört das Zimmer, der Balkon, das Bett, ein Herz, in dem ich lebe, mir: und dann habe ich nie existiert. Ich schloß die Tür wieder und dachte bewegt: «Es ist nicht meine Schuld, ich verliere ihn nicht durch meine Schuld.»

«Schlafen Sie nicht?» sagte Lewis.

«Nein.» Ich setzte mich auf den Bettrand, dicht neben seine lebendige Wärme. «Lewis, wenn ich noch eine oder zwei Wochen länger bliebe, ginge das?»

«Ich dachte, man erwarte Sie in Paris», sagte er.

«Ich kann nach Paris telegrafieren. Würden Sie mich noch ein Weilchen behalten?«

«Sie behalten? Ich behielte Sie mein ganzes Leben lang», sagte er. Er hatte mir diese Worte derart heftig entgegengeschleudert, daß ich in seine Arme stürzte. Ich küßte seine Augen, seine Lippen; mein Mund glitt an seiner Brust herunter, streifte seinen kindlichen Nabel, seinen tierischen Pelz, den Sexus, in dem es mit kleinen Schlägen zuckte; sein Geruch, seine Wärme machten mich trunken, und ich fühlte, wie mein Leben von mir abfiel, mein altes Leben mit seinen Sorgen, seinen Mühen, seinen verbrauchten Erinnerungen. Lewis preßte eine verwandelte Frau an sich. Ich stöhnte, nicht allein aus Lust, sondern vor Glück. Früher hatte ich die Lust zu schätzen gewußt; ich wußte aber nicht, daß Liebeserfüllung derart bestürzen könne. Vergangenheit, Zukunft, alles Trennende zwischen uns erstarb zu Füßen unseres Lagers: nichts stand mehr zwischen uns. Welch ein Sieg! Lewis war ganz in meinen Armen, ich ganz in seinen, wir begehrten nichts anderes: wir besaßen alles für immer. Zusammen sagten wir: «Welch ein Glück!» Und als Lewis sagte: «Ich liebe Sie», sagte ich es mit ihm.

Ich blieb vierzehn Tage in Chicago. Vierzehn Tage lang lebten wir ohne Zukunft und ohne uns eine Frage zu stellen; aus unserer Vergangenheit verfertigten wir Geschichten, die wir einander erzählten. Lewis sprach am meisten: er sprach sehr schnell, etwas fieberhaft, als wollte er ein ganzes schweigsames Leben wiedergutmachen. Ich liebte die Art, wie sich die Worte in seinem Mund stießen, ich liebte, was er sagte und wie er es sagte. Ständig entdeckte ich neue Gründe, ihn zu lieben: vielleicht weil alles, was ich an ihm entdeckte, meiner Liebe Nahrung gab. Es war schönes Wetter, und wir ergingen uns viel im Freien. Wenn wir müde waren, zogen wir uns auf unser Zimmer zurück; um diese Stunde verflüchtigte sich der Baumschatten auf dem gelben Vorhang; Lewis legte einen Stapel Platten auf, zog seinen weißen Frisiermantel an, ich kuschelte mich im Hemd auf seine Knie, und wir warteten auf die Begierde. Wenn ich mich sonst argwöhnisch über die Gefühle ausfragte, die ich andern einflöße, bei Lewis fragte ich mich nie, wen er in mir liebe: ich war sicher, daß ich es selbst war. Er kannte weder meine Heimat noch meine Sprache, weder meine Freunde noch meine Sorgen: nichts als meine Stimme, meine Augen, meine Haut; ich war in Wahrheit auch nichts anderes als eben diese Haut, diese Stimme, diese Augen.

Nadine ist die Weiterentwicklung einer Figur, der wir schon in früheren Werken Beauvoirs begegnet sind: dem egoistischen Mädchen. Nadine handelt und fühlt verquer, sie kommt mit den Konventionen der Weiblichkeit nicht zurecht, ihr mürrischer Narzißmus läßt sie in allen Milieus anecken. Nadine, die unbeholfen, aber stur die eigene Persönlichkeit zu entdecken und defi-

nieren versucht, drückt die Sehnsucht junger Mädchen nach Selbstbestimmung und Freiheit aus. Eine Art Vorläuferin feministischer Militanter? Jedenfalls zeichnet Beauvoir diese Figur mit Sympathie: Nadine ist die einzige Protagonistin, die am Ende auf Glück hoffen darf.

An jenem Tag hatten sie beschlossen, den Tag und die Nacht in Paris zu verbringen; am frühen Nachmittag kam Lambert in einem eleganten Flanellanzug und mit ausgesuchter Krawatte aus dem Pavillon. Nadine lag im Gras, sie trug einen fleckigen geblümten Rock, eine Baumwollbluse und derbe Sandalen. Etwas ärgerlich rief er ihr zu: «Eil dich, mach dich fertig! Sonst verpassen wir den Autobus.»

«Ich habe gesagt, ich will mit dem Motorrad fahren», sagte Nadine. «Das ist viel amüsanter.»

«Wir kämen wie die Dreckspatzen an; zudem wirkt man einigermaßen gut gekleidet auf dem Motorrad lächerlich.»

«Ich denke nicht daran, mich besonders anzuziehen», sagte sie bestimmt.

«Du wirst doch nicht in diesem Aufzug nach Paris kommen wollen?» Sie gab keine Antwort, und er rief mich mit verzweifelter Stimme zum Zeugen an: «Es ist ein Jammer! Sie wäre gar nicht so ohne, wenn sie bloß nicht so eigensinnig wäre!» Er musterte sie kritisch: «Zudem steht dir das Zerlumpte einfach nicht.»

Nadine fand sich häßlich, und gerade aus Gram darüber gab sie sich gern unweiblich; bei all ihrer verdrießlichen Nachlässigkeit ahnte man kaum, wie empfindlich sie auf jede Bemerkung reagierte, die ihrem körperlichen Aussehen galt; ihr Gesicht verzog sich:

«Wenn du eine Frau haben willst, die von morgens bis abends ihren Teint pflegt, mußt du dich an eine andere Adresse wenden.»

«Du hast doch schnell ein sauberes Kleid übergezogen», sagte Lambert. «Ich kann dich nirgendshin mitnehmen, wenn du dich als Halbwilde kleidest.»

«Mich braucht niemand auszuführen. Bildest du dir vielleicht ein, ich hätte Lust, an deinem Arm vor Kellnern und dekolletierten Frauenzimmern zu paradieren? Kommt nicht in die Tüte.

Wenn du unbedingt den Herzensbrecher spielen willst, pump dir ein Mannequin als Begleitung.»

«Ich kann nichts Ungehöriges darin sehen, wenn man in ein ordentliches Lokal, wo es gute Jazzmusik zu hören gibt, tanzen geht. Meinen Sie nicht auch?» fragte er mich.

«Ich glaube, Nadine tanzt nicht besonders gern», sagte ich vorsichtig.

«Sie tanzt sogar sehr gut, wenn sie nur will!»

«Ich will aber gerade nicht», sagte sie. «Es macht mir keinen Spaß, mich wie ein Affe auf der Tanzfläche zu drehen.»

«Genau wie jede andere hättest du Spaß daran», sagte Lambert; eine kleine Röte stieg ihm ins Gesicht. «Du zögst dich ganz gern auch nett an und gingst aus, wenn du nur aufrichtig sein wolltest. Da heißt es: es macht mir keinen Spaß, aber es ist gelogen. Wir sind alle verdrängt und verstellen uns. Ich möchte nur wissen, warum. Warum soll es ein Verbrechen sein, wenn man schöne Möbel, schöne Kleider, Luxus und Vergnügen gern hat? Alle Welt hat es doch verdammt gern.»

«Und ich schwöre dir, daß es mir absolut egal ist», sagte Nadine.

«Was du nicht sagst! Das ist ja lächerlich», fuhr er mit einer Leidenschaft fort, die mich aufhorchen ließ. «Immer muß man verdreht sein, immer sich verleugnen. Man soll nicht lachen, nicht weinen, wenn man Lust dazu hat, soll nicht tun, was einen reizt, nicht denken, was man denkt.»

«Wer verbietet es Ihnen denn?» fragte ich.

«Ich weiß nicht, und das ist ja das Allerschlimmste. Alle narren wir uns gegenseitig, und kein Mensch weiß, warum. Angeblich opfert man sich der Reinheit: aber wo ist sie denn, die Reinheit? Zeigt mir sie doch! Und in ihrem Namen lehnt man alles ab, tut man nichts, kommt man zu nichts.»

«Wo willst du denn hinkommen?» fragte Nadine ironisch.

«Du höhnst; aber auch das ist die reine Verstellung. Du bist für Erfolg viel empfänglicher, als du zugibst; immerhin bist du mit Perron auf Tour gegangen, und du würdest mit mir in einem ganz andern Ton sprechen, wenn ich etwas wäre. Alle Welt bewundert den Erfolg; alle Welt liebt das Geld.»

«Das gilt für dich», sagte Nadine.

«Warum sollte man auch nicht am Geld hängen?» sagte Lambert. «Solange die Welt bleibt, wie sie ist, hält man sich an die, die es haben. Geh mir doch weg! Wie stolz warst du doch vergangenes Jahr, daß du einen Pelzmantel hattest, und du bist aufs Reisen versessen; am liebsten möchtest du als Millionärin aufwachen; nur wirst du es nie zugeben, du hast eben Angst, du selbst zu sein!»

«Ich weiß schon, wer ich bin, und fühle mich recht wohl so», sagte sie bissig. «Du selbst traust dich nicht, das zu sein, was du bist: ein kleiner intellektueller Bourgeois. Du weißt ganz genau, daß du für die großen Wagnisse nicht geschaffen bist. Also setzt du auf bürgerliches Fortkommen, auf Geld und das Drum und Dran. Du wirst noch ein Snob und ein schmutziger Karrieremacher, nichts weiter.»

«Manchmal verdientest du ganz einfach eine ordentliche Ohrfeige», sagte Lambert und drehte sich auf dem Absatz um.

«Versuch's doch! Kannst dich darauf verlassen, das gibt einen Sport!»

Ich folgte Lambert mit den Augen und fragte mich, aus welchem Grund er so aufgebraust war; was unterdrückte er in sich wider Willen? Den Drang nach bequemem Vorwärtskommen? Einen uneingestandenen Ehrgeiz? Hätte er etwa den Vorschlag Volanges gern angenommen, wollte sich aber dem Tadel seiner Freunde nicht aussetzen? Vielleicht war er davon überzeugt, daß die Schwierigkeiten, von denen er sich umgeben fühlte, ihn daran hinderten, eine Persönlichkeit zu werden? Oder wollte er in Ruhe gelassen sein und so dahinleben?

«Ich frage mich, was er eigentlich im Kopf hatte», sagte ich.

«Oh! Er träumt sich allerlei Kram zusammen», sagte Nadine verächtlich. «Nur, wenn er mich mit hineinziehen will, hat er kein Glück.»

«Ich muß schon sagen, du ermunterst ihn nicht besonders.»

«Nein; es ist wie verhext; wenn ich das Gefühl habe: er erwartet von mir, daß ich etwas sage, sage ich das gerade Gegenteil. Verstehst du das nicht?»

«Ein bißchen.»

Ich verstand es sehr wohl. Gerade bei Nadine begriff ich diese Art Widerstand.

«Er will sich immer erst Genehmigung einholen: er braucht sie sich nur zu nehmen.»

«Deswegen könntest du doch ein bißchen versöhnlicher zu ihm sein», sagte ich. «Nie machst du eine Konzession: du solltest ihm nachgeben, wenn er zufällig einmal etwas von dir verlangt.»

«Oh! Er verlangt mehr, als du denkst», sagte sie und zuckte verdrießlich mit den Achseln: «Erst einmal will er alle Nacht mit mir schlafen: das bringt mich um.»

«Du kannst es ablehnen.»

«Du machst dir keinen Begriff davon: wenn ich ablehne, ist der Teufel los.» Gereizt fuhr sie fort: «Wenn ich darüber hinaus nicht meine Vorkehrungen träfe, würde er mir jedesmal ein Kind machen.» Sie warf mir einen verstohlenen Blick zu; denn sie wußte, daß ich diese Art Vertraulichkeiten haßte.

«Du mußt ihm beibringen, daß er achtgibt.»

«Danke! Das kann ja nette praktische Übungen abgeben! Da wehre ich mich schon lieber selber. Es ist aber nicht gerade sehr ergötzlich, wenn man sich bei jedem Beischlaf erst einen Pfropfen stecken muß, zumal ich mir die Zahnbürste abgebrochen habe.»

«Die Zahnbürste?»

«Hat man dir denn in Amerika nichts gezeigt? Ein WAC-Mädchen hat mir so ein Ding geschenkt. Oh! Es ist allerliebst, wie ein winziges Rundhütchen; nur um das Ding an Ort und Stelle zu bringen, braucht man so einen Glasapparat: ich nenne ihn Zahnbürste, und die habe ich zerbrochen.» Sie sah mich boshaft an: «*Shocking*, was?»

Ich zuckte die Achseln. «Ich frage mich, warum du auf Liebesfreuden so erpicht bist, wenn sie eine solche Last sind.»

«Wie soll ich mit Burschen zu tun kriegen, wenn ich nicht mit ihnen schlafe? Frauen widern mich an, nur mit jungen Männern macht es mir Spaß; aber wenn ich mit ihnen ausgehen will, muß ich schon mit ihnen schlafen, es bleibt mir keine andere Wahl. Nur treiben es manche mehr oder weniger oft, mehr oder weniger lang. Lambert will es immerzu, und es nimmt bei ihm kein Ende.» Sie lachte auf. «Wenn er ihn nicht benutzt, meint er, er hätte keinen.» [...]

Ich vermutete, daß sie sich noch den ganzen Abend zanken würden. Am andern Morgen kam ich früh in den Garten hinunter. Die Landschaft sah mitgenommen aus unter dem von nächtlichen Regengüssen blankgefegten Himmel; die Straße war voller Regenlöcher, der Rasen bedeckt mit morschen Ästen. Ich breitete gerade meine Papiere auf dem nassen Tisch aus, als ich das Motorrad rattern hörte. Nadine fegte über die Schlaglöcher mit fliegenden Haaren, den Rock über ihre nackten Oberschenkel hochgeschürzt.

Lambert kam aus dem Pavillon, rannte zum Gitter mit dem Ruf: «Nadine!» und kehrte dann ganz außer sich zu mir zurück: «Sie kann doch gar nicht fahren!» sagte er bestürzt. «Und bei diesem Gewitter liegen abgebrochene Äste, umgeworfene Bäume über der Straße. Es gibt ein Unglück!»

«Nadine ist auf ihre Art vorsichtig», sagte ich, um ihn zu beruhigen. Ich war selbst in Sorge; sie riskierte ihre Haut nicht, aber sie war ungeschickt.

«Während ich schlief, hat sie den Sicherheitsschlüssel an sich genommen. Sie ist so eigensinnig!» Er sah mich vorwurfsvoll an: «Und Sie behaupten, daß sie mich liebt; dann liebt sie aber auf eine komische Art! Ich suchte gestern abend nichts anderes, als Frieden zu stiften, Sie haben es ja gesehen. Es hat nicht viel genützt!»

«Ach! Es ist nicht so leicht, zu einer Verständigung zu kommen», sagte ich. «Sie müssen etwas Geduld haben.»

«Bei ihr braucht man sehr viel Geduld!»

Er entfernte sich, und ich dachte: «Welch eine Wirrnis.»

Nadine fegte über die Straßen; krampfhaft hielt sie die Lenkstange fest und klagte in den Wind:

«Lambert liebt mich nicht. Noch nie hat mich jemand geliebt, außer Diego, und der ist tot.» Indessen ging Lambert in seinem Zimmer auf und ab, das Herz voller Zweifel. Es ist schwer, in einer Zeit ein Mann zu werden, da dieses Wort in seinem Sinn überlastet ist: allzu viele Ältere, die gestorben, gefoltert, dekoriert, mit einem Nimbus umgeben sind, werden beispielhaft dem jungen Mann von fünfundzwanzig Jahren hier vorgehalten, der noch von mütterlicher Zärtlichkeit und väterlichem Schutz träumt. Ich dachte an jene Völkerstämme, bei denen kleine fünfjährige Jungen dazu angehalten werden, sich vergiftete Dornen ins lebendige Fleisch zu drücken: um die Würde eines Erwachsenen zu erwerben, muß auch bei uns der junge Mann töten, andere und sich selbst leiden lassen können. Junge Mädchen werden mit Verboten, junge Männer mit Forderungen überschüttet, beide Arten der Hemmung sind gleich verhängnisvoll. Hätten sie einander helfen wollen, dann wäre es Nadine und Lambert vielleicht geglückt, ihr Alter, ihr Geschlecht, ihren eigentlichen Platz auf Erden auf sich zu nehmen; würden sie sich dazu durchringen?

Lambert aß mit uns zu Mittag; er schwankte zwischen Angst und Zorn.

«Da hört der Spaß denn doch auf!» sagte er erregt. «Derart darf man seine Leute nicht in Unruhe versetzen. Das ist boshaft, schon mehr Erpressung. Ein paar ordentliche Ohrfeigen, die gehörten ihr.»

«Sie denkt nicht, daß Sie derart in Unruhe sind», sagte ich. «Es liegt auch kein Grund für sie vor. Sie will sich bestimmt in eine Wiese schlafenlegen oder ein Sonnenbad nehmen.»

«Wenn sie nicht mit zerschmettertem Schädel im Graben liegt», sagte er, «sie ist verrückt, einfach verrückt.»

Er sah wirklich verängstigt aus. Ich konnte ihn verstehen. Ich war viel unruhiger, als ich mir den Anschein gab. «Wenn etwas passiert wäre, hätte man uns angerufen», sagte Robert zu mir. Aber vielleicht verlor die Maschine in eben diesem Augenblick die Richtung, und Nadine wurde gegen einen Baum geschleudert. Robert suchte mich abzulenken; als es jedoch dunkel wurde, konnte er seine Unruhe nicht mehr verbergen; er sprach davon, die Gendarmeriestationen der Umgegend anzurufen, als wir endlich einen Motor knattern hörten. Lambert war vor mir auf der Straße; die Maschine war über und über verdreckt, Nadine ebenfalls. Lachend sprang sie ab, und ich sah, wie Lambert ihr zwei ordentliche Ohrfeigen versetzte.

«Mama!» Damit hatte sich Nadine auf ihn gestürzt, sie ohrfeigte ihn wieder. «Mama!» rief sie dabei mit schriller Stimme. Er packte sie an den Handgelenken. Als ich bei ihnen anlangte, war er so blaß, daß ich fürchtete, er falle in Ohnmacht. Nadine blutete aus der Nase, ich wußte aber, daß sie sich eigenmächtig zum

Bluten bringen konnte; dies war ein Trick, den sie in ihrer Kindheit bei den Balgereien mit den Lausbuben um die Springbrunnen vom Luxembourggarten gelernt hatte.

«Schämt ihr euch nicht?» sagte ich und warf mich zwischen sie, als ob ich zwei streitende Kinder trennen müßte.

«Er hat mich geschlagen!» heulte Nadine mit hysterischer Stimme.

Ich legte meinen Arm um ihre Schultern und wischte ihre Nase ab: «Beruhige dich!»

«Er hat mich geschlagen, weil ich sein mistiges Motorrad genommen habe. Ich schlag es ihm noch in Klumpen!»

In den ‹Mandarins› lösen sich die Analyse weiblicher Innenwelten mit sensiblen Beschreibungen des politischen Klimas ab, das heißt der Befindlichkeiten einer Gruppe von Männern, die aus ihrer kulturellen Vormachtstellung die Pflicht ableiten, das Geschick ihres Landes zu gestalten. Die Diskussion um die Funktion bürgerlicher Intellektueller in einem gesellschaftlichen Umwandlungsprozeß ist frei von jeder Rhetorik und falscher Entschiedenheit. Beauvoir porträtiert die Zerrissenheit der nichtkommunistischen Linken, die zwischen Desillusionierung und Pflichtbewußtsein schwanken, am Beispiel der Beziehung von Robert Dubreuilh und Henri Perron, die sich wegen einer Kontroverse um die Berichterstattung über die Existenz stalinistischer Straflager politisch und privat entzweit haben. Die Enttäuschung über die Unmöglichkeit eines dritten Weges zwischen Kapitalismus und Kommunismus, die Erkenntnis, daß die Komplexität des sozialen Prozesses keine moralisch eindeutigen Entscheidungen erlaubt, bringt die Zerstrittenen einander wieder näher:

Er begann sehr schnell zu sprechen; offenbar drückte es ihn schon seit langem: «Die Widerstandsbewegung war eine schöne Sache, eine Handvoll Leute reichte dafür aus; man wollte schließlich nichts weiter, als Bewegung schaffen; Bewegung, Sabotage und Widerstand, das war Sache einer Minderheit. Wenn es aber an den Wiederaufbau geht, ist es etwas anderes. Wir haben gemeint, wir brauchten nur unseren Elan weiterzutreiben: dabei klaffte ein tiefer Einschnitt zwischen der Besatzungszeit und der Zeit nach der Befreiung. Die Zusammenarbeit mit dem Feind abzulehnen, das hing von uns ab; das weitere ging uns nichts mehr an.»

«Das ging uns schon etwas an», sagte Henri. Er sah sehr wohl, warum Dubreuilh das Gegenteil behauptete, der Alte wollte von dem Gedanken nichts wissen, daß Betätigungsmöglichkeiten bestanden hätten, die er nicht genügend genutzt hatte; er warf sich lieber einen Fehler in der Beurteilung vor, als daß er einen Mißerfolg zugab. Henri blieb aber weiterhin überzeugt, daß im Jahre 45 die Zukunft noch offenlag: nicht zu seinem Vergnügen hatte er sich in die Politik gestürzt; er hatte das deutliche Gefühl gehabt, daß das, was rings um ihn vorging, ihn mit betraf: «Wir haben es nicht geschafft», sagte er, «das beweist aber nicht, daß es falsch war, den Versuch zu wagen.»

«Oh! Wir haben niemand weh getan», sagte Dubreuilh, «ob man sich mit der Politik beschäftigte oder sich betrank, das war sich gleich, ersteres war weniger schädlich für die Gesundheit. Das hindert aber nicht, daß wir ganz ordentlich auf dem Holzweg waren! Wenn man nachliest, was wir zwischen 44 und 45 geschrieben haben, ist es rein zum Lachen: probieren Sie es, Sie werden mir recht geben!»

«Ich vermute, wir waren zu optimistisch», sagte Henri; «das ist verständlich...»

«Ich billige Ihnen sämtliche mildernde Umstände zu, die Sie nur wollen!» sagte Dubreuilh. «Der Erfolg der Widerstandsbewegung, die Freude der Befreiung entschuldigen uns weitgehend; das gute Recht siegte, den Menschen, die guten Willens sind, stand die Zukunft offen; mit unserem alten, unerschütterlichen Idealismus wollten wir es nur zu gern glauben.» Er zuckte die Achseln: «Wir waren eben Kinder.»

Henri schwieg; er hielt an dieser Vergangenheit fest: genau wie man an Kindheitserinnerungen festhält. Ja, damals, als man ohne weiteres Freund und Feind, Gut und Böse unterschied, damals, als das Leben einfach und unkompliziert war, war es wie eine Kindheit. Gerade seine Abneigung, es von sich zu weisen, gab Dubreuilh recht.

«Was hätten wir Ihrer Meinung nach tun sollen?» fragte er und lächelte: «Uns etwa bei der Kommunistischen Partei eintragen?»

«Nein», sagte Dubreuilh. «Wie Sie neulich zu mir sagten, kommt man von seinen eigenen Gedanken nicht los: man kann einfach nicht aus seiner Haut. Wir hätten sehr schlechte Kommunisten abgegeben.» Heftig fuhr er fort: «Was haben sie übrigens gemacht? Rein nichts. Auch sie waren an die Wand gedrückt.»

«Na also?»

«Also nichts. Es war nichts zu machen.»

Henri füllte sein Glas von neuem. Dubreuilh mochte vielleicht recht haben, aber dann war es das reine Narrenspiel. Henri erinnerte sich wieder an jenen Frühlingstag, als er sehnsüchtig den Anglern zusah; er sagte zu Nadine: «Ich habe einfach keine Zeit.» Nie hatte er Zeit: er hatte zuviel zu tun. Und in Wirklichkeit hatte er nichts zu tun gehabt.

«Schade, daß wir nicht früher dahintergekommen sind. Wir hätten uns manchen Ärger erspart.»

«Das konnten wir nicht früher merken!» sagte Dubreuilh. «Sich einzugestehen, daß man einer Nation fünften Ranges, einer überholten Epoche angehört, das gelingt einem nicht von heute auf morgen.» Er nickte mit dem Kopf: «Es ist keine leichte Sache, sich mit der Ohnmacht abzufinden.»

Henri betrachtete Dubreuilh voll Bewunderung: ein hübsches Taschenspielerkunststück! Es war kein Mißerfolg gewesen, nur ein Irrtum; und selbst der Irrtum war gerechtfertigt, also erledigt. Die Vergangenheit lag offen zutage, und Dubreuilh war ein untadeliges Opfer des geschichtlichen Verhängnisses. Jawohl! Nun, Henri fand sich keineswegs damit ab; er konnte sich nicht an den Gedanken gewöhnen, daß er bei der ganzen Geschichte von Anfang bis zu Ende gelenkt worden sei. Er hatte große innere Auseinandersetzungen, Zweifel, Begeisterungen erlebt, und nach Dubreuilh lag das Spiel von vornherein fest. Er fragte sich oft, wer er sei; und nun erhielt er die Antwort: ein französischer Intellektueller, der sich am Sieg von 44 berauscht hatte, und dem die Ereignisse nun klar vor Augen führten, wie überflüssig er war.

«Sie sind ein schöner Fatalist geworden!» sagte er.

«Nein. Ich behaupte nicht, daß Handeln überhaupt unmöglich sei. Nur augenblicklich ist es für uns unmöglich.»

«Ich habe Ihr Buch gelesen», sagte Henri. «Im Grunde denken Sie, man könne nur etwas tun, wenn man stur mit den Kommunisten geht.»

«Ja. Nicht, daß ihre Lage glänzend wäre; aber tatsächlich gibt es außer ihnen nichts.»

«Und dennoch gehen Sie nicht mit ihnen?»

«Ich kann mich nicht umkrempeln», sagte Dubreuilh. «Ihre Revolution ist zu weit von der entfernt, die ich früher erhoffte. Ich täuschte mich; leider genügt es nicht, seine Fehler festzustellen, um mit einem Schlag ein anderer zu werden. Sie sind jung, vielleicht bringen Sie den Sprung fertig, ich nicht.»

«O *ich*! Schon lange habe ich keine Lust mehr, mich irgendwie zu beteiligen», sagte Henri. «Ich möchte mich aufs Land zurückziehen, meinetwegen mich sogar ins Ausland verziehen, und schreiben.» Er lächelte: «Ihrer Meinung nach hat man nicht einmal das Recht, zu schreiben.»

Dubreuilh lächelte ebenfalls: «Ich habe vielleicht etwas übertrieben. Schließlich ist die Literatur nicht gar so gefährlich.»

«Aber Sie finden, sie habe keinen Sinn mehr?»

«Finden Sie, daß sie einen hat?» fragte Dubreuilh.

«Ja, ich schreibe ja weiter.»

«Das ist kein Grund.»

Henri sah Dubreuilh argwöhnisch an: «Schreiben Sie noch oder schreiben Sie nicht mehr?»

«Manien sind noch nie durch den Nachweis geheilt worden, daß sie keinen Sinn haben», sagte Dubreuilh. «Sonst ständen die Irrenhäuser leer.»

«Also gut!» sagte Henri. «Sie haben es nicht fertiggebracht, sich selbst zu überzeugen: so ist es mir lieber.»

«Vielleicht komme ich eines Tages so weit», sagte Dubreuilh spöttisch. Bewußt brach er nun dieses Thema ab: «Ach, ich wollte Ihnen ja Bescheid sagen: gestern hatte ich einen komischen Besuch hier, den kleinen Sézenac. Ich weiß nicht, was Sie ihm getan haben, jedenfalls will er Ihnen nicht wohl.»

«Ich habe ihn aus dem *Espoir* hinausgesetzt, es ist schon lange her», sagte Henri.

«Erst hat er mir einen Haufen Fragen kunterbunt durcheinander gestellt», sagte Dubreuilh: «Ob ich einen gewissen Mercier kenne, ob Sie weiß Gott an welchem Tag 1944 in Paris gewesen seien. Zunächst erinnerte ich mich an nichts, und dann, was geht es ihn eigentlich an? Ich habe ihn ziemlich schroff abfahren lassen, dann hat er angefangen, eine erzlangweilige Geschichte zu erfinden.»

«Über mich?»

«Ja; er ist ein Hochstapler, der kleine Knopf; er kann gefährlich werden. Er hat mir erzählt, Sie hätten einen Meineid geschworen, um einen Gestapospitzel herauszupauken; über die kleine Belhomme seien Sie erpreßt worden. Man muß aufpassen, daß er derlei Geschichten nicht weiterträgt.»

Erleichtert entnahm Henri dem Ton Dubreuilhs, daß dieser nicht einen Augenblick angenommen hatte, daß Sézenac die Wahrheit rede; er brauchte nur lächelnd irgend etwas daherzureden und die Sache war erledigt; aber es fiel ihm nichts ein.

Dubreuilh sah ihn etwas verwundert an: «Wußten Sie denn, daß er Sie derart verabscheut?»

«Er verabscheut mich nicht besonders», sagte Henri. Unvermittelt fuhr er fort: «Die Geschichte stimmt nämlich.»

«Ach! Sie stimmt?» sagte Dubreuilh.

«Ja», sagte Henri. Bei der Vorstellung, zu lügen, fühlte er sich plötzlich gedemütigt. Schließlich, da er sich doch mit der Wahrheit herumschlug, hatten die andern keinen Grund, entrüstet zu sein: was für ihn gut genug war, war es auch für sie. In etwas herausforderndem Ton fuhr er fort: «Ich habe einen Meineid geschworen, um Josette zu retten, die mit einem Deutschen geschlafen hat. Sie haben mir ja oft genug meine moralische Haltung vorgeworfen, Sie sehen, ich mache Fortschritte», setzte er hinzu.

«Dann stimmt es also, daß dieser Mercier ein Denunziant war?» fragte Dubreuilh.

«Es stimmt. Er verdiente unbedingt, erschossen zu werden», sagte Henri. Er sah Dubreuilh an: «Sie finden, daß ich eine Schweinerei begangen habe? Ich wollte aber nur nicht, daß Josettes Leben verpfuscht wird. Wenn sie den Gashahn aufgemacht hätte, würde ich es mir nicht verzeihen. Ob es dagegen einen

Mercier mehr oder weniger auf der Erde gibt, ich meine, das läßt mich ruhig schlafen.»

Dubreuilh zögerte: «Es ist schon besser, einer weniger als einer mehr», sagte er.

«Gewiß», sagte Henri. «Ich bin aber sicher, Josette hätte sich umgebracht. Konnte ich sie verrecken lassen?» fragte er heftig.

«Nein», sagte Dubreuilh. Er schien verwirrt: «Da haben Sie einen üblen Augenblick durchmachen müssen!»

«Ich habe mich fast augenblicklich entschlossen», sagte Henri. Er zuckte mit den Achseln: «Ich will damit nicht sagen, daß ich stolz auf das bin, was ich getan habe.»

«Wissen Sie, was diese Geschichte beweist?» sagte Dubreuilh, plötzlich lebhafter werdend: «Daß es keine private Moral gibt. Schon wieder so ein Schwindel, an den wir geglaubt haben, der aber keinen Sinn hat.»

«Meinen Sie?» sagte Henri. Er liebte offensichtlich die Art Trost nicht, die ihm Dubreuilh eben spendete: «Ich war allerdings in die Enge getrieben», fuhr er fort. «Im Augenblick blieb mir keine andere Wahl. Es wäre aber nicht so weit gekommen, wenn ich nicht das Verhältnis mit Josette gehabt hätte. Darin liegt vermutlich der Fehler.»

«Ach! Man kann sich nicht alles versagen», sagte Dubreuilh etwas ungeduldig. «Askese ist gut, wenn sie von innen kommt; aber dafür muß man sonstige positive Befriedigungen haben: in der Welt, wie sie nun einmal ist, hat man nicht viele. Ich will Ihnen etwas sagen: Hätten Sie nicht mit Josette geschlafen, dann hätten Sie Dinge zu bedauern, die Sie zu andern Dummheiten verleitet hätten.»

«Das ist durchaus möglich», sagte Henri.

«In einem gekrümmten Raum läßt sich keine gerade Linie ziehen», sagte Dubreuilh. «Man kann kein korrektes Leben in einer Gesellschaft führen, die nicht korrekt ist. Man stößt immer wieder an, auf der einen oder auf der andern Seite. Wieder so eine Illusion, die wir ablegen müssen», schloß er. «Es gibt kein persönliches Heil.»

Der Lauf der Dinge

Resignativ endet auch der dritte Memoirenband, ‹Der Lauf der Dinge›, 1963 erschienen. Trotz ihrer schriftstellerischen Erfolge, trotz der Gewichtigkeit ihrer Stimme in der Öffentlichkeit ist die vierundfünfzigjährige «femme de lettres» pessimistisch. Der Blick nach vorn ist von Ambivalenz getrübt: Zwar wird ihr die Arbeit weiterhin eine große persönliche Sicherheit schenken, zwar bleibt die politische Tat mit Gleichgesinnten ein vitales Bedürfnis, aber das nahende Alter erlebt Beauvoir als bedrohliche Beengung der Seins-Vielfalt, als Infragestellung des Glücksversprechens ihrer Jugend.

Zwischenspiel

Ein Mangel der intimen Tagebücher und der Autobiographien liegt darin, daß für gewöhnlich das, ‹was selbstverständlich ist›, nicht erwähnt wird und daß einem so das Wesentliche entgeht. Auch ich verfalle in diesen Fehler. In *Les Mandarins* habe ich zu zeigen versucht, wieviel die Arbeit meinen Helden bedeutete. Ich hatte gehofft, hier meine Arbeit deutlicher beschreiben zu können, aber das war ein Irrtum. Arbeit läßt sich nicht beschreiben. Man verrichtet sie, weiter nichts. Deshalb nimmt sie in diesem Buch einen so geringen Platz ein, während sie in meinem Leben einen so wichtigen Platz beansprucht: Sie ist der Mittelpunkt, um den sich alles gruppiert. Das betone ich deshalb, damit das Publikum sich einigermaßen einen Begriff davon macht, wieviel Zeit und Mühe ein Essay kostet. Aber für gewöhnlich glauben die Leute, daß der Roman oder die Lebenserinnerungen nur so aus der Feder flössen. «Das ist keine Kunst, das hätte ich auch gekonnt», haben junge Frauen gesagt, nachdem sie *Les Mémoires d'une jeune fille rangée* gelesen hatten: dabei ist es kein

Zufall, daß sie es nicht geschafft haben. Mit ein bis zwei Ausnahmen plagen sich alle Schriftsteller, die ich kenne, ungeheuerlich: das gilt auch für mich. Und entgegen der üblichen Annahme beschäftigen mich der Roman oder die Autobiographie viel intensiver als ein Essay. Sie machen mir auch mehr Freude. Ich beginne schon sehr früh, darüber nachzudenken. Ich habe von den Gestalten in *Les Mandarins* so lange geträumt, bis ich an ihre Existenz glaubte. Was meine Memoiren betrifft, so habe ich Briefe, alte Bücher, meine Tagebücher, Tageszeitungen wieder durchgelesen, um mich mit meiner Vergangenheit vertraut zu machen. Wenn ich bereit zu sein glaube, schreibe ich hintereinander drei- bis vierhundert Seiten. Das ist eine beschwerliche Arbeit: Sie erfordert enorme Konzentration, und der Wortschwall, der sich anhäuft, ist mir zuwider. Nach ein bis zwei Monaten bin ich so angewidert, daß ich nicht weiterkann. Dann fange ich wieder beim Nullpunkt an. Obwohl sich soviel Stoff angesammelt hat, ist das Blatt Papier wieder weiß, und ich zögere, mich kopfüber in die Arbeit zu stürzen. Im allgemeinen bringe ich aus Ungeduld am Anfang nichts Gutes zustande. Da ich gern alles auf einmal sagen möchte, wird die Schilderung plump, wirr und trokken. Ganz allmählich komme ich dann dahin, mir Zeit zu lassen. Dann kommt der Augenblick, da ich den Abstand, den Ton, den Rhythmus finde, die mich befriedigen. Jetzt erst beginne ich ernsthaft mit der Arbeit. Mein Konzept benützend, entwerfe ich in großen Zügen ein Kapitel. Dann kehre ich zur ersten Seite zurück, und wenn ich sie wieder durchgelesen habe, schreibe ich sie Zeile für Zeile um. Dann korrigiere ich jede einzelne Zeile im Hinblick auf die ganze Seite, jede Seite im Hinblick auf das ganze Kapitel, und später jedes Kapitel, jede Seite, jede Zeile im Hinblick auf die Gesamtheit des Buches. Die Maler, sagte Baudelaire, entwickeln aus der Skizze das vollendete Werk, indem sie das ganze Bild in jedem Stadium malen: Dasselbe versuche ich zu tun. Deshalb brauche ich zu jedem meiner Werke zwei bis drei Jahre – bei *Les Mandarins* waren es vier – und bringe dabei täglich sechs bis sieben Stunden an meinem Schreibtisch zu. Man macht sich oft eine romantischere Vorstellung von der Literatur. Aber sie erzwingt diese Disziplin gerade deshalb, weil sie etwas anderes ist als ein Beruf: nämlich eine Leidenschaft oder, sagen wir, eine Manie. Kaum wache ich auf, habe ich das Verlangen, sogleich nach der Füllfeder zu greifen. Nur in den finsteren Perioden, wenn ich an allem zweifle, füge ich mich abstrakten Ratschlägen, die dann sogar auf recht wackligen Füßen stehen mögen. Aber wenn ich nicht auf Reisen bin oder sich etwas Außerordentliches ereignet, hinterläßt ein Tag, an dem ich nicht geschrieben habe, einen Geschmack nach Asche.

Die Inspiration spielt natürlich eine Rolle: Ohne sie würde aller Fleiß nichts nützen. Auf recht launische Weise entsteht, erneuert, bereichert, wandelt sich der Plan, gewisse Dinge auf eine gewisse Art auszudrücken. Die innere Resonanz eines Vorfalls, einer Einsicht, das jähe Aufblitzen einer Erinnerung, kann ebensowenig wie ein zufälliges Bild, ein zufälliges Wort säuberlich eingeordnet werden. Während ich genau nach meinem Plan verfahre, trage ich meinen Stimmungen Rechnung: Wenn mich plötzlich die Lust überkommt, eine Szene zu schildern, an ein Thema heranzugehen, tue ich's, ohne mich durch die festgelegte Reihenfolge stören zu lassen. Wenn erst einmal das Gerippe des Buches fertig ist, verlasse ich mich gern auf den Zufall: Ich träume, ich schweife ab, nicht nur vor dem Papier, sondern den ganzen Tag, ja sogar in der Nacht. Es passiert mir sehr oft, daß mir vor dem Einschlafen oder während ich schlaflos im Bett liege eine Wendung durch den Kopf schießt und ich aufstehe, um sie zu notieren. Zahlreiche Seiten von *Les Mandarins* und meinen Erinnerungen sind unter dem Einfluß einer Gemütsbewegung in einem Zuge niedergeschrieben worden: Manchmal überarbeite ich die Seiten am nächsten Tag, manchmal auch nicht.

Wenn ich schließlich nach sechs Monaten oder einem Jahr oder vielleicht sogar nach zwei Jahren das Ergebnis Sartre vorlege, bin ich noch nicht zufrieden, kann aber nicht mehr weiter: Ich brauche sein strenges Urteil und seinen Zuspruch, um den Elan zurückzugewinnen. Zuerst versichert er mir: «Das ist ausgezeichnet ... das wird ein gutes Buch.» Dann ärgert er sich über Kleinigkeiten: Das ist zu lang oder zu kurz geraten, das ist nicht richtig, das ist schlecht formuliert, das ist gestümpert, das ist verpfuscht. Wäre ich nicht seine scharfe Sprache gewöhnt – meine ist nicht sanfter, wenn ich ihn kritisiere –, würde mich diese Kritik niederdrücken. Eigentlich war ich nur ein einziges Mal ernsthaft beunruhigt, als ich nämlich *Les Mandarins* beendete. Für gewöhnlich wirkten seine Einwände stimulierend, weil sie mir einen Weg zeigten, die Fehler zu überwinden, derer ich mir mehr oder weniger bewußt war und die mir oft, wenn ich ihm nur beim Lesen zuschaute, in die Augen sprangen. Er schlägt mir Striche und Änderungen vor. Vor allem aber spornt er mich an, den Hindernissen zu trotzen und ihnen die Stirn zu bieten, statt ihnen auszuweichen. Seine Ratschläge entsprechen meist auch meinen Ideen, und ich brauche dann nur noch einige Wochen, höchstens einige Monate, um meinem Buch eine endgültige Gestalt zu geben. Sobald ich den Eindruck habe, daß mein Buch zwar nicht vollkommen ist, ich aber nichts weiter daran verbessern könnte, höre ich auf.

In den Jahren, von denen hier die Rede ist, bin ich oft in Urlaub gefahren: Im allgemeinen bedeutet das aber nur, daß ich woanders weiterarbeitete. Ich habe aber lange Reisen unternommen, die mir keine Zeit ließen, eine Zeile zu schreiben – weil mein Wunsch, die Welt kennenzulernen, aufs engste mit dem Wunsch verknüpft ist, sie auszudrücken. Meine Wißbegier ist weniger zügellos als in meiner Jugend, aber fast noch genauso anspruchsvoll. Man hört nie auf zu lernen, weil man immer unwissend bleiben wird. Ich will nicht behaupten, daß ich mir nie eine freie Minute gegönnt hätte: Aber es kam mir kein Augenblick vergeudet vor, wenn er mir Freude bereitet hatte. Aber hinter dem Gewirr meiner Beschäftigungen, Zerstreuungen, dem Vagabundieren steckte der beharrliche Wille, mein Wissen zu bereichern. [...]

1958

9. September

Ich irrte mich, als ich am Morgen des 4. September mit einem glatten Fiasko rechnete. Auf der place Saint-Germain-des-Prés treffe ich gegen 1 Uhr zufällig Genet, wir fallen einander um den Hals und essen zusammen auf einer Terrasse. Er erzählt begeistert von Griechenland, von Homer und spricht ausgezeichnet über Rembrandt. Auszüge aus seinem «Rembrandt» sind im *Express* erschienen, aber zerstückelt, und er behauptet, es sei viel besser so. Auch er schafft den Menschen nach seinem Bilde, wenn er sagt, er sei vom Hochmut zur Güte übergegangen, weil er keine Trennungswand zwischen sich und der Welt dulden wolle: Das ist im übrigen ein schöner Gedanke. Er äußert sich freundlich über die Bruchstücke meiner *Mémoires d'une jeune fille rangée*, die er gelesen hat: «Das verleiht Ihnen eine dritte Dimension.» Er verteidigt leidenschaftlich den Terrorismus der FLN, aber es gelingt mir nicht, ihn auf die place de la République mitzuschleppen.

Bost hat sich entschlossen, sein Croix de Guerre zu tragen, und Lanzmann steckt sich seine Widerstandsmedaille an. Ich treffe ihn kurz vor 4 Uhr an der Absperrung, die in der rue Turbigo die geladenen Gäste vom Publikum trennt und wo die Polizei die Eintrittskarten kontrolliert. Als wir die Absperrungen und die Kontrollen sahen, dachten wir sofort: «Das ist eine Mausefalle...» und kehrten zum Lycée Turgot zurück, wo ich mich einzufinden hatte. Kein Mensch war da. Am Bordstein Autos voller CRS-Leute, an denen häßliche und stark hergerichtete Frauen vorbeigingen und keck ihre Eintrittskarte schwenkten: Sie fühlten sich entschieden auserwählt.

Mir wurde klar, daß man die Straße abgesperrt hatte, damit die anderen nicht bis zum Lyzeum vordringen konnten, und ich trat den Rückzug aus dieser Sackgasse an. Schon nach dreihundert Metern tauchte die erste Polizeisperre auf. L. war nach Saint-Maur gefahren, um die Funktionäre des Widerstandskomitees zu treffen (das sämtliche Ausschüsse der Sektion koordiniert), ich wartete an der Métrostation Réaumur auf das Komitee des 6. Arrondissements, das sich, wie Evelyne mir gesagt hatte, dort versammeln sollte. Bald kamen auch Evelyne, die Adamovs und andere. Jetzt strömten die Menschen in Gruppen und Scharen herbei. Wir schöpften neue Hoffnung. Wir gruppierten uns vor der Métrostation Arts-et-Métiers, ganz in der Nähe der ersten Polizeisperre. Als jemand, der vorbei wollte, sie beschimpft hat, ohrfeigen sie ihn, worauf die Menge tobt und sie mit NEIN-Zetteln überschüttet. Der Mut einzelner Demonstranten verschlägt mir den Atem. Einer sagt in nachlässigem Ton: «Sie werden angreifen, denn sie ziehen die Handschuhe an.» Wir weichen ein wenig zurück, um in die Nebenstraßen flüchten zu können. Immer mehr Leute erscheinen, massenhaft Leute, aber alle zucken zurück, sowie sie diese umfangreichen Absperrungsmaßnahmen sehen. Adamov sagt ärgerlich: «Versuchen wir es woanders!» Ich wäre dafür gewesen, zu bleiben, nicht auseinanderzulaufen, um möglichst zahlreich gegenüber den Tribünen zu demonstrieren. Ich glaube, ich hatte recht, nur hätte man uns zusammengehauen. Adamovs Ungeduld war äußerst heilsam. Wir begannen rund um den Platz zu laufen und suchten vergebens nach einem Durchschlupf. Es ging das Gerücht, einzelne Gruppen wären zur place de la Nation gezogen. Ich aber überredete meine Leute, umzukehren, um bei Arts-et-Métiers genau gegenüber den Tribünen zu demonstrieren. Wir begegneten anderen Gruppen, die Gott weiß wohin wollten, nur wußten sie es nicht. Einer sagte zum anderen: «Dort ist alles abgesperrt.» – «Dort auch!» – Schließlich landeten wir in der rue de Bretagne. Unter lebhaftem Beifall brachten die Demonstranten Spruchbänder, Klebezettel, Plakate, kleine Ballons mit der Aufschrift NEIN zum Vorschein. Im Gänsemarschrhythmus der Studenten ruft man: «Nieder mit de Gaulle!», und Adamov sagt irritiert: «Die Leute sind viel zu vergnügt, das ist unmöglich.» Traubenweise steigen unmittelbar über den Tribünen die Ballons zum Himmel empor, und die NEIN schweben durch die Luft. Wir sind Scipion und Lanzmanns Vater begegnet, die aus der rue Turbigo kamen. Die Leute, die man in ziemlich großer Zahl dort hineingelassen hatte, saßen wie die Ratten in der Falle. Als Berthoin das Wort ergriff, begannen sie so laut zu demonstrieren, daß man nicht verstand, was er sagte. Dann ging die Polizei von vorn und von hinten auf sie los, es gab kein Entrinnen, und die Menge wurde erbarmungslos niedergeknüppelt. Während Scipion Bericht erstattete, wurde Adamov durstig, und wir gingen alle zusammen in ein *bistro*. Plötzlich geht es draußen los: Die Polizei greift an. (Sie hatte schon einmal angegriffen, und wir waren in ein Haustor geflüchtet; die Concierge hatte alle eingelassen und gesagt: «Wenn sie angerückt kommen, macht ihr das Tor zu.») Blutende Frauen kamen ins *bistro*, die eine ruhig, die andere laut schreiend, die man dann auf eine Bank im Hinterzimmer legt. Eine

Blondine hatte blutverschmiertes Haar. Blutüberströmte Männer liefen die Straße entlang. Als Evelyne drei Mitleidstränen vergießt, sagt jemand streng zu ihr: «Werden Sie uns nicht ohnmächtig!» Wir verließen das *bistro* und fuhren fort zu demonstrieren. In der rue de Bretagne war Markttag, die Händler schienen auf unserer Seite zu stehen. Die Menge war sehr sympathisch: hart, stolz, heiter. Es war die lebendigste Kundgebung, an der ich je teilgenommen habe: Sie war weder so sittsam wie der große Trauerzug zur place de la République noch so unschlüssig wie die Demonstration am Sonntag der Amtsübernahme, sondern ernst und für manche gefährlich. [...]

Der Ruhm hat meinen Wunsch erfüllt: daß man meine Bücher liebt und damit auch mich, daß die Menschen mir zuhören und daß ich ihnen einen Dienst erweise, indem ich ihnen die Welt so zeige, wie ich sie sehe. Von dem Erscheinen von *L'Invitée* an lernte ich seine Freuden kennen. Ich konnte es nicht vermeiden, mich Illusionen hinzugeben, und auch die Eitelkeit ist mir nicht fremd geblieben. Das beginnt damit, daß man seinem Spiegelbild zulächelt, daß man beim Klang seines Namens zittert. Aber ich habe mich wenigstens nie wichtig gemacht.

Ich habe auch über Mißerfolge nie gejammert. Sie waren nur ein entgangener Gewinn, haben mir aber nicht den Weg versperrt. Meine Erfolge haben mir bis in letzter Zeit rückhaltlose Freude bereitet. Die Zustimmung meiner Leser war mir immer wichtiger als das Lob eines Kritikers: Briefe, die mich erreichen, Worte, die ich im Vorbeigehen aufschnappe, Spuren des Einflusses, einer Tat. Seit den *Mémoires d'une jeune fille rangée*, vor allem aber seit *La Force de l'âge* ist meine Beziehung zur Öffentlichkeit recht schwierig geworden, weil der Algerien-Krieg den Horror, den ich vor meiner Klasse empfinde, zur Weißglut gebracht hat. Man darf sich keine Hoffnung machen, an ein breites Publikum heranzukommen, wenn man ihm mißfällt: Man wird nicht in billigen Taschenbuchreihen gedruckt, wenn die Originalausgabe nicht gut geht. Mehr oder weniger wendet man sich doch an den Bürger. Übrigens gibt es unter seinesgleichen so manchen, der sich von seiner Klasse getrennt hat oder zumindest den Versuch macht, sich loszulösen: die Intellektuellen und die Jugend. Mit diesen Menschen verstehe ich mich gut. Wenn mich die Bourgeoisie in ihrer Gesamtheit herzlich empfängt, dann wird mir unbehaglich zumute. Allzu viele Leserinnen haben in den *Mémoires d'une jeune fille rangée* die Schilderung eines Milieus genossen, das sie wiedererkannten, ohne sich für die Anstrengungen zu interessieren, die es mich gekostet hat, ihm zu entrinnen. Was *La Force de l'âge* betrifft, so habe ich oft mit den Zähnen geknirscht, wenn man mich beglückwünschte: «Ein anregendes Buch, ein dynamisches, ein optimistisches Buch!» – in Augenblicken, da mein Abscheu so heftig war, daß ich lieber tot als lebendig gewesen wäre.

Ich bin für Tadel und für Lob empfänglich. Aber wenn ich darüber nachdenke, begegne ich dem Niveau meines Erfolges mit ziemlich ausgeprägter Gleichgültigkeit. Wie schon erwähnt, habe ich es früher einmal aus Stolz und Vorsicht unterlassen, einen Maßstab anzulegen. Heute weiß ich nicht mehr, mit welchem Maß ich messen soll: Soll man sich auf die Leserschaft, auf die Kritiker, auf einige ausgewählte Kenner, auf eine innere Überzeugung, auf den Lärm, auf die Stille verlassen? Und was wird bewertet? Das Renommee oder die Qualität, der Einfluß oder die Begabung? Und im übrigen: Was bedeuten diese Worte? Die Fragen selbst und die Antworten, die man darauf geben kann, kommen mir müßig vor. Meine Gelassenheit geht weiter zurück, ihre Wurzeln liegen in einer Kindheit, die dem Absoluten verschworen war: denn ich bin nach wie vor von der Sinnlosigkeit irdischer Erfolge überzeugt. [...] Obwohl ich nicht mehr weiß, für wen und wozu ich schreibe, ist mir diese Tätigkeit notwendiger denn je. Ich bilde mir nicht mehr ein, daß sie mich ‹rechtfertige›, aber ohne sie würde ich mich tödlich ungerechtfertigt finden. Manche Tage sind so schön, daß man leuchten möchte wie die Sonne, daß man die Erde sozusagen mit Worten besprengen möchte. Es gibt Stunden, so finster, daß keine andere Hoffnung mehr übrigbleibt als der Schrei, den man ausstoßen möchte. Ganz gleich, ob man fünfundfünfzig oder zwanzig ist: woher kommt diese außerordentliche Macht des Wortes? Wenn ich sage: «Nichts hat sich ereignet als das Ereignis» oder «Eins plus eins ist eins: Was für ein Mißverständnis!» – schlägt in meiner Kehle eine Flamme hoch, deren Glut mich begeistert. Zweifellos sind die Worte, die universellen, die ewigen Worte, alle in jedem einzelnen gegenwärtig und das einzige Transzendente, das ich anerkenne und das mich bewegt. Sie vibrieren in meinem Mund, und durch sie kommuniziere ich mit der Menschheit. Sie entreißen dem Augenblick und seiner Zufälligkeit die Tränen und verwandeln die Nacht und sogar den Tod. Vielleicht ist es heute mein innigster Wunsch, daß man still ein paar Worte wiederholen möge, die ich miteinander verknüpft habe. [...]

Es macht mir keinen Spaß mehr, auf dieser ihrer Wunder beraubten Erde herumzureisen. Wenn man nicht alles erwartet, dann erwartet man nichts mehr. Aber ich würde gern die Fortsetzung unserer Geschichte kennen. Die Jungen sind die künftigen Erwachsenen, aber sie interessieren mich. Die Zukunft liegt in ihren Händen, und wenn ich in ihren Plänen die meinen wiedererkenne, kommt es mir so vor, als würde mein Leben über das Grab hinaus fortdauern. In ihrer Gesellschaft fühle ich mich wohl. Aber der Trost, den sie mir schenken, ist fragwürdig: Sie stehlen mir diese Welt, indem sie weiterleben. Mykene wird ihnen gehören. Die Provence und Rembrandt und die römischen Stätten werden ihnen gehören. Wie überlegen ist der Lebende! Alle Blicke, die vor meinen Blicken auf der Akropolis geruht haben, kommen mir verjährt vor. In diesen zwanzigjährigen Augen sehe ich mich bereits tot und ausgestopft.

Wen sehe ich vor mir? Altern heißt, sich über sich selbst klarwerden und sich beschränken. Ich habe mich gegen jeden Zwang zur Wehr gesetzt, habe aber nicht verhindern können, daß die Jahre mich eingekerkert haben. Ich werde noch lange in diesen Wänden wohnen, in denen ich mein Leben verbracht habe. Ich werde alten Freunden treu bleiben. Der Vorrat an Erinnerungen wird, auch wenn er ein wenig zunimmt, erhalten bleiben. Ich habe ganz bestimmte Bücher und keine anderen geschrieben. Dabei finde ich es verwirrend, daß ich der Zukunft entgegengelebt habe, und jetzt rekapituliere ich meine Vergangenheit: Man könnte sagen, die Gegenwart sei mir abhanden gekommen. Jahrelang habe ich geglaubt, daß mein Werk vor mir liege, und plötzlich liegt es nun hinter mir: In keinem Augenblick hat es stattgefunden. Das ähnelt dem, was man in der Mathematik einen Schnitt nennt, die Zahl, die in keiner der beiden Serien Platz findet, welche sie voneinander trennt. Ich habe studiert, um eines Tages mein Wissen anzuwenden, habe dann unheimlich viel vergessen, und mit dem, was übriggeblieben ist, weiß ich nichts anzufangen. Wenn ich über die Geschichte meines Lebens nachdenke, befinde ich mich immer diesseits oder jenseits einer nie vollendeten Sache. Nur meine Gefühle habe ich in ihrer ganzen Fülle erlebt.

Immerhin hat der Schriftsteller die Chance, in dem Augenblick, da er schreibt, der Versteinerung zu entgehen. Mit jedem neuen Buch setze ich einen neuen Anfang. Ich zweifle, ich verliere den Mut, die Arbeit vergangener Jahre ist weggewischt, meine Skizzen sind so unbrauchbar, daß es mir unmöglich erscheint, das Vorhaben zu Ende zu führen: bis zu dem Moment, der ungreifbar ist (auch hier haben wir wieder eine Zäsur) – da es unmöglich wird, es nicht zu Ende zu führen. Jede Seite, jede Wendung erfordert einen neuen Einfall, einen beispiellosen Entschluß. Die schöpferische Tätigkeit ist Abenteuer, ist Jugend und Freiheit.

Aber sowie ich den Arbeitstisch verlasse, ballt sich hinter mir die verstrichene Zeit zusammen. Ich muß an andere Dinge denken und stoße plötzlich auf mein Alter. Diese überreife Frau ist meine Zeitgenossin. Ich erkenne dieses Jungmädchengesicht wieder, das auf einer alten Haut haftengeblieben ist. Dieser weißhaarige Herr, der einem meiner Großonkel ähnlich sieht, erinnert mich lächelnd daran, daß wir zusammen im Luxembourg gespielt haben. «Sie erinnern mich an meine Mutter», sagte eine dreißigjährige Frau zu mir. An allen Ecken springt mir die Wahrheit ins Gesicht, und ich verstehe nicht recht, warum sie es darauf anlegt, mich von außen zu packen, während sie doch in mir steckt. [...]

Jetzt ist der Augenblick gekommen, um zu sagen: Nie mehr! Nicht ich trenne mich von meinem früheren Glück, sondern das Glück ist es, das sich von mir trennt. Die Gebirgswege versagen sich meinem Fuß. Ich werde nie mehr trunken vor Müdigkeit in das duftende Heu sinken. Ich werde nie mehr einsam über den morgendlichen Schnee gleiten. Nie mehr ein Mann. Jetzt hat meine Phantasie ebenso entschieden ihren Entschluß gefaßt wie mein Körper. Trotz allem ist es seltsam, keinen Körper mehr zu haben, und es gibt Augenblicke, da dieses bizarre Phänomen mir durch seinen endgültigen Charakter das Blut in den Adern erstarren läßt. Die Gewißheit, daß ich nie mehr neue Begierden in mir spüren werde, ist noch schmerzlicher als der Verzicht: In der dünnen Luft, in der ich von nun an lebe, verwelken sie, noch bevor sie aufblühen. Früher glitten die Tage ohne Hast dahin, ich war schneller als sie, weil meine Pläne mich fortrissen. Jetzt tragen mich die allzu kurzen Stunden mit verhängten Zügeln meinem Grab entgegen. Ich denke nicht gern daran: in zehn Jahren, in einem Jahr. Die Erinnerungen verblassen, die Mythen zerbröckeln, die Pläne ersticken im Keim. Ich bin da, und die Dinge sind da. Wenn dieses Schweigen von Dauer ist, wird mir meine kurze Zukunft lang werden!

Ein sanfter Tod

‹Ein sanfter Tod›, 1964 und Sartre zufolge Simone de Beauvoirs bestes Werk, beschreibt das qualvolle Dahinsiechen und Sterben ihrer Mutter. Beauvoirs widersprüchliche Gefühle der Krebskranken gegenüber, ihr Mißtrauen gegen die menschenfeindliche Krankenhaustechnik, ihr unheimlich anmutender Drang zum Protokollieren eines Sterbeprozesses sind ein wütender Protest. Angeklagt werden Einsamkeit und Vergänglichkeit, zu denen wir verdammt sind.

Die Luftmatratze massierte ihre Haut. Kleine Kissen waren zwischen ihre Knie gelegt worden, die von den durch einen Reifen hochgehaltenen Bettüchern nicht berührt wurden, und eine andere Vorrichtung sorgte dafür, daß ihre Fersen nicht mit dem Laken in Berührung kamen: trotzdem begann ihr Körper sich mit Schorfwunden zu bedecken. Ihre Hüften waren durch Gicht gelähmt, ihr rechter Arm fast unbeweglich und der linke an den Infusionsapparat angeschlossen; sie konnte also nicht die geringste Bewegung machen. «Richte mich auf», bat sie mich. Allein wagte ich es nicht. Ihre Nacktheit störte mich nicht mehr: das war nicht mehr meine Mutter, sondern ein armer gequälter Körper. Eingeschüchtert jedoch war ich durch das Geheimnis, das ich unter den Mullbinden ahnte, ohne es mir im einzelnen vorstellen zu können, und ich hatte Angst, ihr weh zu tun. An jenem Morgen mußte ihr noch ein Einlauf gemacht werden, und Fräulein Leblon brauchte meine Hilfe. Ich packte dieses Skelett, das von einer feuchtkalten blauen Haut umhüllt war, unter den Achseln. Als Mama auf die Seite gelegt wurde, verzog sich ihr Gesicht; ihr Blick irrte umher, und sie wimmerte: «Ich falle.» Sie dachte wieder an ihren Sturz. Ich stand am Kopfende ihres Bettes, hielt sie fest und beruhigte sie.

Wir legten sie wieder auf den Rücken, gut auf ihre Kissen gestützt. Gleich darauf rief sie aus: «Ich habe einen Wind gelassen!» Und dann: «Schnell, die Bettpfanne!» Fräulein Leblon und eine rothaarige Krankenschwester versuchten, sie auf eine Bettpfanne zu legen. Sie schrie auf. Als ich ihren gemarterten Körper und das harte Blitzen des Metalls sah, war mir, als würde sie auf Messerklingen gelegt. Die beiden Frauen ließen nicht nach, zerrten sie hin und her, und die Rothaarige fuhr sie hart an. Mama schrie auf, ihr Körper war vom Schmerz gespannt. Ich sagte: «Lassen Sie sie doch!» und ging mit den Krankenschwestern hinaus. Die Rothaarige meinte: «Dann soll sie eben ins Bett machen.» Fräulein Leblon protestierte: «Das ist aber derart demütigend. Die Kranken ertragen das nicht.» «Und sie wird naß werden, das ist für ihre Schorfwunden sehr schlecht», meinte die Rothaarige. «Sie werden sie sofort umziehen.» Ich ging zu Mama zurück. Mit kindlicher Stimme seufzte sie: «Die Rothaarige ist ein boshaftes Weib.» Bekümmert fügte sie hinzu: «Dabei dachte ich, ich sei nicht gerade zimperlich.» «Das bist du auch nicht», sagte ich. «Du kannst dich ruhig ohne Bettpfanne erleichtern: sie werden die Bettwäsche wechseln, das geht ganz einfach.» «Ja», meinte sie; mit gerunzelten Brauen und entschlossener Miene warf sie wie eine Herausforderung den Satz hin: «Tote machen ja auch ins Bett.»

Das verschlug mir den Atem: «... derart demütigend.» Und Mama, die ihr Lebtag voll Stolz und Empfindlichkeit gewesen war, empfand keinerlei Schamgefühl. Bei ihr, der großen Geistgläubigen, war es auch ein Beweis von Mut, daß sie sich mit solcher Entschiedenheit zu unserer Tierhaftigkeit bekannte. [...]

In der Klinik hatte ich keine Zeit, mir Fragen zu stellen. Ich mußte Mama beim Ausspucken helfen, ihr zu trinken geben, ihre Kopfkissen oder ihren Haarknoten in Ordnung bringen, ihr Bein umlegen, ihre Blumen gießen, das Fenster öffnen und schließen, ihr die Zeitung vorlesen, ihre Fragen beantworten und ihre Uhr aufziehen, die an einem schwarzen Bändchen auf ihrer Brust lag. Sie genoß diese Abhängigkeit und verlangte unaufhörlich nach unserer Fürsorge. Doch wenn ich wieder zu Hause war, fiel alle Traurigkeit und alles Grauen der vergangenen Tage auf meine Schultern. Und auch an mir fraß ein Krebs: das schlechte Gewissen. «Lassen Sie sie nicht operieren.» Und ich hatte nichts verhindert. Oft, wenn Kranke ein langes Martyrium erleiden mußten, hatte ich mich über die Trägheit ihrer Angehörigen entrüstet. «Ich würde ihn töten.» Bei der ersten Prüfung hatte ich versagt: von der gesellschaftlichen Moral besiegt, hatte ich meine eigene Moral verleugnet. «Nein», hatte Sartre gesagt, «Sie sind von der Technik besiegt worden, und das war verhängnisvoll.» So ist es. Man gerät in ein Räderwerk, ohnmächtig gegenüber der Diagnose, den Vermutungen und Entscheidungen der Spezialisten. Der Kranke ist ihr Eigentum geworden: den soll ihnen erst mal jemand entreißen! Am Mittwoch gab es nur zwei Möglichkeiten: Operation oder Euthanasie. Da sie ein kräftiges Herz hatte und wieder stark belebt worden war, hätte Mama dem Darmverschluß lange Widerstand leisten können und dabei Höllenqualen ausgestanden, denn die Euthanasie hätten die Ärzte ihr verweigert. Um sechs Uhr morgens hätte ich mich einfinden müssen. Doch hätte ich selbst dann den Mut gehabt, zu Dr. N. zu sagen: «Lassen Sie sie hinüberdämmern»? Mit den Worten: «Quälen Sie sie nicht» hatte ich das andeuten wollen, und er hatte mich mit dem Dünkel eines pflichtbewußten Menschen angefahren. Hätte man mir gesagt: «Sie nehmen ihr vielleicht mehrere Jahre ihres Lebens», dann hätte ich nachgeben müssen. Solche Erwägungen konnten mich nicht beschwichtigen. Mir graute vor der Zukunft. Als ich fünfzehn Jahre alt war, starb mein Onkel Maurice an Magenkrebs. Man hatte mir erzählt, er habe tagelang gebrüllt: «Macht ein Ende mit mir. Gebt mir meinen Revolver. Habt Erbarmen mit mir.» Würde Doktor P. sein Versprechen halten? «Sie wird nicht leiden.» Ein Wettlauf zwischen Tod und Qual war im Gange. Ich fragte mich, wie man es fertigbringt weiterzuleben, wenn jemand, der einem nahesteht, einem vergeblich zugerufen hat: Erbarmen!

Und selbst wenn der Tod gewann, blieb eine abscheuliche Mystifikation! Mama glaubte uns ganz nahe bei sich, aber wir stellten uns bereits jenseits ihrer Geschichte. Als allwissender böser Geist wußte ich, was gespielt wurde, und sie kämpfte fern in menschlicher Einsamkeit. Ihr verbissener Wunsch, zu genesen, ihre Geduld, ihr Mut, alles war sinnlos. Für keine ihrer Qualen würde sie belohnt werden. Ich sah ihr Gesicht wieder: «... sie tut mir ja gut.» Verzweifelt litt ich an einer Schuld – meiner

Schuld –, ohne daß ich für sie verantwortlich gewesen wäre oder sie jemals wieder hätte gutmachen können. [...]

Ich sah sie an. Da lag sie nun, bei vollem Bewußtsein, und wußte doch nichts von dem, was sie durchmachte. Daß man nicht weiß, was unter der eigenen Haut vorgeht, ist normal. Aber ihr entging sogar die Außenseite ihres Körpers: ihr wunder Leib, die Fistel, die Absonderungen, die aus ihr kamen, die blaue Farbe ihrer Epidermis, die Flüssigkeit, die aus ihren Poren trat. Mit ihren fast gelähmten Händen konnte sie ihren Leib nicht betasten, und wenn sie behandelt wurde, lag ihr Kopf hintenüber. Nach einem Spiegel hatte sie nicht mehr verlangt: für sie existierte ihr Moribundengesicht nicht. Sie ruhte und träumte, unendlich weit von ihrem faulenden Fleisch entfernt; ihre Ohren waren voll von unseren Lügen, und ihr ganzes Wesen konzentrierte sich um eine leidenschaftliche Hoffnung: zu genesen. Ich hätte ihr gerne weitere unnütze Quälereien erspart: «Diese Medizin brauchst du nicht mehr zu nehmen.» «Besser, ich nehme sie.» Und sie schluckte die gipsige Flüssigkeit. Zu essen fiel ihr schwer. «Tu dir keinen Zwang an; das genügt, hör auf.» «Glaubst du?» Sie prüfte das Gericht, zögerte: «Gib mir noch ein wenig.» Schließlich ließ ich den Teller verschwinden und sagte: «Du hast ihn leergegessen.» Nachmittags zwang sie sich dazu, einen Joghurt zu sich zu nehmen; oft bat sie um Obstsaft. Sie bewegte ihre Arme etwas, hob die Hände und führte sie langsam, mit einer behutsamen Bewegung, schalenförmig zusammen; dann griff sie tastend nach dem Glas, das ich ihr hinhielt. Durch das Glasröhrchen sog sie die wohltuenden Vitamine ein: ein Vampirmund trank gierig das Leben.

Die Augen waren in ihrem ausgedörrten Gesicht riesengroß geworden; sie sperrte sie auf, ließ sie starr werden; mit einer gewaltigen Anstrengung entriß sie sich ihrer Versunkenheit, um wieder an die Oberfläche jener Seen aus schwarzem Licht zu kommen; sie musterte mich mit dramatischer Eindringlichkeit, als hätte sie gerade die Kunst des Blickens erfunden. «Ich sehe dich.» Jedesmal mußte sie den Blick aufs neue der Finsternis entreißen. Durch ihn krallte sie sich an die Welt, wie ihre Nägel sich in das Bettuch gekrallt hatten, um nicht zu versinken. «Leben, leben.»

Als ich am Mittwoch abend im Taxi nach Hause fuhr, war ich sehr traurig! Die Fahrt durch die vornehmen Viertel kannte ich auswendig: Lancôme, Houbigant, Hermès, Lanvin. Oft zwang mich ein rotes Licht, vor dem Laden von Cardin anzuhalten. Ich sah Filzhüte, Westen, Seidentücher, Schuhe und Halbstiefel von lächerlicher Eleganz. Dahinter lagen schöne flauschige Morgenröcke in zarten Farben; ich dachte: «Ich werde Mama einen kaufen, als Ersatz für ihren roten Morgenrock.» Parfums, Pelze, Wäsche und Schmuck: die aufwendige Anmaßung einer Welt, in der für den Tod kein Platz ist; doch er lauerte hinter der Fassade, im grauen Geheimnis der Kliniken, der Krankenhäuser und der Sterbezimmer. Und eine andere Wahrheit kannte ich nicht mehr.

Vorwort zu ‹Die Bastardin›

Mit großem Vergnügen, so erinnert sich Simone de Beauvoir, habe sie das Vorwort zu Violette Leducs autobiographischem Buch ‹Die Bastardin› verfaßt. Beauvoir spürt bei der fast gleichaltrigen Schriftstellerkollegin eine Seelenverwandtschaft: die gleiche Liebe zum Schreiben, der gleiche fast pedantische Arbeitseifer, die gleiche moralische Robustheit und Unkorrumpierbarkeit. Wie Beauvoir hat auch Leduc «aus ihrem Leben den Stoff ihres Werkes gemacht, das umgekehrt ihrem Leben Sinn gegeben hat». Mit ‹Die Bastardin›, 1964 veröffentlicht, wird Violette Leduc endlich von einem großen Publikum anerkannt. Die Beziehung zwischen den beiden Autorinnen bleibt eng und herzlich bis zu Leducs Tod im Jahre 1972.

Zur Lektüre der Bücher Leducs bemerkt Simone de Beauvoir später: «Sich ganz in ein Werk versenken, daraus sein eigenes Universum zu machen, darin nach Möglichkeit das Geschlossene und das Auseinanderstrebende zu entdecken, tief in es einzudringen und seine Intentionen zu erfassen, die darin eingeschlagenen Wege aufzuzeigen, bedeutet, aus seiner eigenen Haut herauszuschlüpfen, und jedes Erkunden eines mir unbekannten Territoriums gefällt mir.»

Das Vorwort kann als das literarische Pendant zu Beauvoirs philosophischem Essay über de Sade gelesen werden. Nur in diesen beiden Fällen hat sie das Werk eines einzelnen zum Thema einer kritischen Abhandlung gemacht.

Als ich Anfang 1945 Violette Leducs Manuskript «Meine Mutter hat mir nie die Hand gereicht» zu lesen begann, hatte es mich sofort gepackt: ein Temperament, ein Stil. Camus nahm ohne weiteres «L'Asphyxie» in seine Sammlung «Espoir» auf. Genet, Jouhandeau, Sartre begrüßten das Erscheinen einer Schriftstellerin. In den Büchern, die dann folgten, bestätigte sich ihr Talent. Anspruchsvolle Kritiker zollten ihr ausdrücklich Anerkennung. Das Publikum schmollte. Trotz beträchtlicher Wertschätzung ist Violette Leduc unbekannt geblieben.

Man sagt, es gebe keinen verkannten Schriftsteller mehr; jeder oder fast jeder kann sich herausgeben lassen. Doch das ist es ja gerade: die Mittelmäßigkeit wuchert, das gute Korn wird von Unkraut erstickt. Meistens hängt der Erfolg von einem glücklichen Zufall ab. Indessen, auch das Pech hat seine Gründe. Violette Leduc will nicht gefallen; sie gefällt nicht, sie entsetzt sogar. Die Titel ihrer Bücher – «L'Asphyxie», «L'Affamée», «Ravages» – sind nicht heiter. Blättert man sie durch, so blickt man in eine Welt voller Lärm und Raserei, in der die Liebe oft den Namen des Hasses trägt, wo die Leidenschaft zu leben sich in Schreien der Verzweiflung Luft macht; eine durch Einsamkeit verwüstete Welt, die von ferne dürr und öde scheint. Sie ist es nicht. «Ich bin eine Wüste, die mit sich selber spricht», hatte mir Violette Leduc eines Tages geschrieben. Ich bin in den Wüsten zahllosen Schönheiten begegnet. Und wer auch immer zu uns aus dem tiefsten Grunde seiner Einsamkeit spricht, der spricht uns von uns. Der mondänste oder kämpferischste Mensch hat seine Untergehölze, in die sich niemand hineinwagt, nicht einmal er selbst, die aber da sind: die Nacht der Kindheit, die Fehlschläge, die Verzichte, die plötzliche Unruhe einer Wolke am Himmel. Eine Landschaft überraschen, ein Wesen, wie sie in unserer Abwesenheit existieren: ein unmöglicher Traum, mit dem wir alle geliebäugelt haben. Wenn wir «Die Bastardin» lesen, verwirklicht er sich, oder zumindest beinahe. Eine Frau steigt in ihr Geheimstes hinab und erzählt sich selber mit einer unerschrockenen Aufrichtigkeit, als wäre niemand da, ihr zuzuhören.

«Mein Fall ist kein Einzelfall», sagt Violette Leduc zu Beginn ihrer Erzählung. Nein: aber einzigartig und bedeutungsvoll. Er zeigt mit außergewöhnlicher Klarheit, daß ein Leben die Wiederaufnahme eines Schicksals durch eine Freiheit ist.

Von den ersten Seiten an überwältigt uns die Autorin mit der Last der Verhängnisse, die sie geformt haben. Ihre ganze Kindheit hindurch hat die Mutter ihr ein unheilbares Gefühl der Schuld eingeflößt: Schuld, geboren zu sein, eine zarte Gesundheit zu haben, Geld zu kosten, eine Frau zu sein und als solche den Widerwärtigkeiten des femininen Standes ausgesetzt zu sein. Sie hat ihren Widerschein in zwei blauen und harten Augen gesehen: ein lebendiger Fehltritt. Ihre Großmutter hatte sie durch ihre Zärtlichkeit vor einer totalen Vernichtung bewahrt. Violette Leduc verdankt ihr eine Vitalität und eine Reserve von Gleichgewicht, die sie in den schlimmsten Momenten ihrer Geschichte vor dem Untergang beschützt haben. Doch die Rolle des «Engels Fidéline» war nur sekundär, und sie ist früh gestorben. Das andere verkörperte sich in der Mutter mit dem stählernen Blick. Von ihr erdrückt, wollte die Tochter sich völlig vernichten. Sie vergötterte sie; sie hatte sich das Gesetz eingeprägt: vor Männern fliehen; sie hat ihr ihre Dienste gewidmet und hat ihr ihre Zukunft geschenkt. Die Mutter hatte geheiratet: das kleine Mädchen zerbrach an diesem Verrat. Seitdem hatte sie Angst vor jeglichem Gewissen, weil es die Macht enthielt, sie in ein Monstrum zu verwandeln; Angst vor allen Präsenzen, weil sie in Abwesenheit zerrinnen können. Sie hat sich in sich selber hineingekauert. Aus Furcht, aus Enttäuschung, aus Groll hat sie den Narzißmus gewählt, die Egozentrik und die Einsamkeit.

«Meine Häßlichkeit wird mich bis zu meinem Tode isolieren», schreibt Violette Leduc (in «L'Affamée»). Diese Interpretation befriedigt mich nicht. Die Frau, die «Die Bastardin» porträtiert, interessiert die Modisten, die Grands Couturiers – Lelong, Fath – derart, daß sie sich ein Vergnügen daraus machen, ihr die gewagtesten Kreationen zu schenken. Sie erweckt in Isabelle eine Leidenschaft; in Hermine eine glühende Liebe, die Jahre andauert; in Gabriel derart heftige Gefühle, daß er sie heiratet; in Maurice Sachs eine entscheidende Sympathie. Ihre «große Nase» entmutigt weder Kameradschaft noch Freundschaft. Wenn sie manchmal zum Lachen bringt, so nicht dieser Nase wegen; in ihrer Kleidung, ihrer Haartracht, ihrer Physiognomie ist etwas Provokantes und Ungewöhnliches; man macht sich lustig, um sich zu beruhigen. Ihre Häßlichkeit hat ihr Schicksal nicht geleitet, sondern symbolisiert: sie suchte in ihrem Spiegel Gründe, um sich selbst zu bemitleiden.

Denn gegen Ende ihres Mädchenalters fand sie sich in dem Getriebe einer Höllenmaschine. Diese Einsamkeit, die sie zu ihrem

Schicksal gemacht hat, verabscheut sie, und weil sie sie verabscheut, versinkt sie in ihr. Weder Einsiedlerin noch Verbannte, ist es ihr Unglück, mit niemandem ein Verhältnis der Gegenseitigkeit zu kennen: entweder ist der andere für sie ein Objekt, oder sie macht sich zu einem Objekt für ihn. In den Dialogen, die sie schreibt, schimmert ihre Ohnmacht, sich mitzuteilen, durch: die Gesprächspartner sprechen Seite an Seite und antworten sich nicht; jeder hat seine Sprache, sie verstehen einander nicht. Sogar in der Liebe, besonders in der Liebe, ist ein Austausch unmöglich, weil Violette Leduc keine Zweisamkeit zuläßt, in der die Drohung einer Trennung lauert. Jeder Abbruch läßt in unerträglicher Weise das Drama ihrer vierzehn Jahre wieder aufleben: die Heirat der Mutter. «Ich will nicht, daß man mich verlasse»: das ist das Leitmotiv von «Ravages». Also soll das Paar nichts anderes als ein einziges Wesen sein. In Momenten trachtet Violette Leduc danach, sich zu vernichten, sie spielt das Spiel des Masochismus. Doch sie hat zuviel Kraft und Klarheit, um sich lange darin zu halten. Sie ist es, die das geliebte Wesen verschlingen wird.

Eifersüchtig, exklusiv, verträgt sie nur schlecht die Zuneigung Hermines für ihre Familie, die Beziehungen Gabriels zu ihrer Mutter und ihrer Schwester, seine Männerfreundschaften. Sie verlangt von ihrer Freundin, sobald deren Arbeitstag vorüber ist, ihr all ihre Augenblicke zu widmen; Hermine kocht und näht für sie, hört ihre Klagen an, taucht mit ihr im Vergnügen unter und gibt allen Kapricen nach, Hermine beansprucht nichts: außer, in der Nacht, zu schlafen. Eine Schlaflose, rebelliert Violette gegen diese Desertion. Später verbietet sie es auch Gabriel: «Ich hasse Schläfer.» Sie schüttelt sie, weckt sie und zwingt sie mit Tränen oder Liebkosungen, die Augen offenzuhalten. Weniger gelehrig als Hermine, trachtet Gabriel, seinen Beruf auszuüben und mit seiner Zeit nach seinem Belieben zu verfahren; jeden Morgen, wenn er fortgehen will, versucht Violette mit allen Mitteln, ihn in ihr Bett zurückzubringen. Die Schuld an dieser Tyrannei schiebt sie ihren «unersättlichen Eingeweiden» zu. In Wirklichkeit wünscht sie etwas ganz anderes als Wollust: den Besitz. Wenn sie Gabriel den geschlechtlichen Genuß verschafft, wenn sie ihn in sich empfängt, so gehört er ihr; die Vereinigung ist realisiert. Sobald er ihr aus den Armen kommt, ist er von neuem dieser Feind: ein anderer. [...]

In ihren Beziehungen zu anderen hatte sie lediglich ihr Schicksal auf sich genommen. Sie erfindet dafür einen unvorhergesehenen Sinn, als sie sich zur Literatur hin orientiert. Alles hat an dem Tage begonnen, da sie in eine Buchhandlung trat, um ein Buch von Jules Romains zu verlangen. In ihrer Erzählung unterstreicht sie nicht die Wichtigkeit dieser Tatsache, deren Folgen sie im Augenblick nicht ahnte. Ein unaufmerksamer Leser wird in ihrer Geschichte nichts als eine Reihenfolge von Zufälligkeiten erblicken. In Wirklichkeit handelt es sich um eine Auswahl, die sich an die fünfzehn Jahre hindurch erhält und erneuert, bis sie zu einem Werk wird.

Solange sie im Schatten ihrer Mutter lebte, hat Violette Leduc Bücher verachtet; sie zog es vor, einen Krautkopf von einem Handkarren zu stibitzen, Gras für ihre Kaninchen zu rupfen, zu schwatzen, zu leben. Von dem Tage an, da sie sich ihrem Vater zuwandte, haben sie die Bücher – die er geliebt hatte – fasziniert. Solid, glänzend, schlossen sie in ihrem kalten Einband Welten ein, wo das Unmögliche möglich wird. Sie kaufte und verschlang «Jemand stirbt». Romains. Duhamel. Gide. Sie wird sie nicht mehr loslassen. Als sie beschließt, einen Beruf zu ergreifen, gibt sie eine Annonce in der «Bibliographie de la France» auf. Sie tritt in ein Verlagshaus ein, redigiert die Rubrik «Echos»; noch wagt sie nicht daran zu denken, Bücher zu schreiben, doch nährt sie sich von berühmten Namen und Figuren. Nach ihrem Bruch mit Hermine sucht sie Arbeit bei einem Film-Impresario; sie liest Synopsen, sie macht Vorschläge zu Weiterentwicklungen. So hat sie den Lauf ihrer Existenz umgebogen und eine Chance provoziert, durch die sie Maurice Sachs begegnete. Sie interessiert ihn, er schätzt ihre Briefe, er gibt ihr den Rat zu schreiben. Sie debütiert mit Novellen und Reportagen, die sie einem Frauenmagazin übergibt. Später wird er, übersättigt von ihren Kindheitserinnerungen, zu ihr sagen: schreiben Sie sie doch auf. Dies wird dann «L'Asphyxie».

Sofort hatte sie begriffen, daß das literarische Schaffen für sie eine Rettung sein könnte. «Ich werde schreiben, werde die Arme öffnen, werde die Obstbäume verschlingen, werde sie auf meinen Papierbogen bringen.» Zu einem Toten sprechen, zu Tauben, zu Dingen, das ist ein knirschendes Spiel. Der Leser vollbringt die unmögliche Synthese von Abwesenheit und Anwesenheit. «Der Monat August heut, o Leser, ist eine Rosette von Hitze. Ich bringe sie dir dar, ich schenke sie dir.» Er empfängt dies Geschenk, ohne die Einsamkeit der Autorin zu stören. Er lauscht ihrem Monolog; er antwortet nicht darauf, aber er rechtfertigt ihn.

Und noch muß man ihm etwas zu sagen haben. Von dem Unmöglichen begeistert, hat Violette Leduc indes nicht den Kontakt mit der Welt verloren; im Gegenteil, sie umschlingt sie, um ihre Einsamkeit zu erfüllen. Ihre einzigartige Situation schützt sie gegen Wunschdenken. Hin und her geworfen zwischen Scheitern und Sehnen, nimmt sie nichts als selbstverständlich hin; unermüdlich fragt sie und erschafft wieder mit den Worten, die sie entdeckt hat. Darum, weil sie derart viel zu sagen hatte, hatte ihr ermüdeter Zuhörer ihr eine Feder in die Hand gegeben. Besessen von sich selbst, sind alle ihre Werke – außer «Boutons dorés» – mehr oder weniger autobiographisch: Erinnerungen, Tagebuch einer Liebe, oder vielmehr einer Abwesenheit; Tagebuch einer Reise; ein Roman, der eine Periode ihres Lebens transponiert; eine lange Novelle, die Phantasmen in Szene setzt; «Die Bastardin» schließlich, die ihre vorherigen Bücher wieder aufnimmt und übertrifft.

Der Reichtum ihrer Erzählungen entspringt weniger den Umständen als vielmehr der brennenden Intensität ihres Gedächtnisses: jeden Augenblick ist es restlos und völlig da, durch die dicken Schichten der Jahre hindurch. Jede geliebte Frau läßt Isabelle wieder aufleben, in der eine junge vergötterte Mutter wieder auflebte. Das Blau der Schürze Fidélines illuminiert alle Himmel des Sommers. Manchmal tut die Autorin einen Sprung in die Gegenwart; sie lädt uns ein, uns neben sie auf die Fichtennadeln zu setzen; so hebt sie die Zeit auf: das Vergangene nimmt die Farben der Stunde an, die eben schlägt. Ein Schulmädchen von fünfundfünfzig Jahren kritzelt Wörter in ein Heft. Auch kommt es vor, wenn ihre Erinnerungen nicht ausreichen, um ihre Erregungen zu erhellen, daß sie uns in ihre Delirien mit hineinzieht; sie beschwört die Abwesenheit durch heftige lyrische

Phantasmagorien. Das gelebte Leben umhüllt das erträumte Leben, das als Filigran in ihren allernacktesten Erzählungen durchschimmert.

Sie ist ihre eigene Hauptheldin. Doch ihre Protagonisten existieren intensiv. «Grausamer Pointillismus der Empfindung.» Eine Betonung der Stimme, ein Brauenrunzeln, eine Stille, ein Seufzer, alles ist Verheißung oder Abweisung, alles nimmt ein dramatisches Relief an für sie, die sich leidenschaftlich engagiert hat in ihrem Verhältnis zu anderen. Die «grausame» Besorgtheit, die sie wegen der geringsten Gesten anderer verspürt, ist ihr Schriftstellerglück. Sie macht sie in ihrer beunruhigenden Undurchsichtigkeit und ihrem minuziösen Detail für uns lebendig. Die Mutter, kokett und heftig, Gebieterin und Komplizin; Fidéline; Isabelle; Hermine; Gabriel; Sachs, ebenso erstaunlich wie in seinen eigenen Büchern: unmöglich, sie zu vergessen.

Weil sie «niemals zufrieden» ist, bleibt sie disponibel; jede Begegnung kann ihren Hunger stillen oder sie zumindest von ihm ablenken: allen, deren Weg sie kreuzt, widmet sie eine scharfe Aufmerksamkeit. Sie demaskiert die Tragödien, die Farcen, die sich hinter banalem Anschein verstecken. Auf wenigen Seiten, in wenigen Zeilen belebt sie die Personen, die ihre Neugier oder ihre Freundschaft erweckt haben: die alte Albigenser Näherin, die für die Mutter von Toulouse-Lautrec geschneidert hatte; den einäugigen Eremiten von Beaumes-de-Venise; Fernand, den «Entzinker», der heimlicherweise Rinder und Schafe schlachtet, einen Zylinderhut auf dem Kopf, eine Rose zwischen den Zähnen. Erregend, ungewöhnlich, fesseln sie uns wie sie.

Leute interessieren sie. Sie liebt die Dinge. Sartre erzählt in «Die Wörter», daß sie, durch Littré genährt, ihm wie prekäre Inkarnationen ihres Namens erscheinen. Für Violette Leduc, im Gegenteil, steckt in ihnen die Sprache, und das Risiko, das der Schriftsteller eingeht, ist, sie zu verraten. «Töte nicht diese Hitze oben in einem Baum. Die Dinge reden ohne dich, vergiß nicht, deine Stimme wird sie ersticken.» – «Der Rosenbusch neigt sich unter dem Taumel der Rosen: was willst du ihn singen lassen?» Sie entschließt sich, dennoch zu schreiben und ihr Gemurmel einzufangen: «Ich werde das Herz eines jeden Dinges an die Oberfläche bringen.» Wenn Abwesenheit sie verwüstet, flüchtet sie zu ihnen: sie sind solide, reell, und sie haben eine Stimme. Es passiert ihr, sich an schönen, seltsamen Dingen zu begeistern; eines Jahres hat sie aus dem Süden hundertzwanzig Kilo Steine mitgebracht, Steine von der Farbe des Morgenrots, auf denen Fossilien ihren Abdruck hinterlassen hatten; ein andermal kam sie zurück mit Holzstückchen von raffinierten Grau-Tönen, von inspirierten Formen. Doch ihre beliebtesten Gesellschafter sind familiäre Gegenstände: eine Zündholzschachtel, ein Kanonenofen. Einem Kindersocken entnimmt sie seine Wärme, seine Zärtlichkeit. In ihrem alten Kanin-Mantel erschnuppert sie zärtlich den Geruch ihrer nackten Hilflosigkeit. Sie findet Hilfe bei einem Kirchenstuhl, einer Standuhr: «Ich habe die Lehne in meine Arme genommen. Ich habe das gewachste Holz berührt. Es tut lieb mit meiner Wange.» – «Die Standuhren trösten mich. Das Pendel geht hin und her, außerhalb des Glücks, außerhalb des Unglücks.» In der Nacht, die ihrer Fehlgeburt folgte, glaubte sie zu sterben, und sie drückte liebevoll die kleine elektrische Birne, die über ihrem Bett hing. «Verlaß mich nicht, kleine, geliebte Birne. Du bist pausbäckig, ich erlösche mit einer Backe in meiner hohlen Hand, einer lackierten Backe, die mich erwärmt» («Ravages»). Weil sie die Dinge zu lieben versteht, läßt sie uns sie sehen: niemandem vor uns hat sie diese ein wenig verloschenen Pailletten gezeigt, die, in die Stufen der Métro inkrustiert, glitzern.

Alle Bücher von Violette Leduc könnten «L'Asphyxie» heißen. Sie erstickt an der Seite von Hermine in ihrem Vorstadt-Pavillon und später in dem Kabuff Gabriels. Das ist Symbol einer tieferen Einzelhaft: sie welkt in ihrer Haut dahin. Doch momentweise springt ihre robuste Gesundheit auf; sie sprengt die Sperrwände, sie befreit den Horizont, sie entwischt, sie öffnet sich der Natur, und die Wege rollen unter ihren Füßen ab. Vagabundieren, Herumstreifen. Weder das Grandiose noch das Außergewöhnliche zieht sie an. Sie fühlt sich wohl in der Île-de-France, in der Normandie: Wiesen, Koppeln, Äcker, eine von Menschen bearbeitete Erde mit ihren Bauernhöfen, ihren Obstgärten, ihren Häusern, ihren Tieren. Oft dramatisieren der Wind, ein Gewitter, die Nacht, ein feuriger Himmel diese Ruhe. Violette Leduc malt sturmgequälte Landschaften, die an die von van Gogh erinnern. «Die Bäume haben ihre Verzweiflungskrise.» Doch versteht sie auch den Frieden der Herbstzeiten zu beschreiben, den schüchternen Frühling, die Stille eines Hohlwegs. Manchmal läßt ihre etwas preziöse Simplizität an Jules Renard denken: «Eine Muttersau ist zu nackt, ein Lamm zu bekleidet.» Aber mit einer ganz und gar persönlichen Kunst koloriert sie die Geräusche, «den funkelnden Schrei der Lerche». Das Abstrakte bei ihr wird spürbar, wenn sie zitiert «die Heiterkeit der Doldengewächse ... der Beklemmungsgeruch frischen Sägemehls ... der mystische Dunst blühenden Lavendels». Nichts Forciertes in ihren Beziehungen: spontan spricht das Land von den Menschen, die es bearbeiten und bewohnen. Durch sich hindurch versöhnt sich Violette Leduc mit ihnen. Sie schlendert gern umher in ihren Dörfern, offenen oder verschlossenen, in sich verschlossenen, wo aber jeder Einwohner die Wärme einer Beziehung mit allen kennt. In den Kneipen machen sie die Bauern, die Fuhrleute nicht scheu; sie stößt mit an, sie ist vertrauensvoll und fröhlich, sie gewinnt sie zu Freunden. «Was liebe ich von meinem ganzen Herzen? Das Land. Die Wälder, die Gebüsche ... Mein Platz ist bei ihm, bei ihm ...»

Jeder Schriftsteller, der sich erzählt, trachtet nach Aufrichtigkeit: ein jeder nach der seinen, die keiner anderen ähnelt. Ich kenne keine ehrlichere als die von Violette Leduc. Schuldig, schuldig, schuldig: die Stimme ihrer Mutter hallt noch in ihr; ein mysteriöser Richter verfolgt sie. Dennoch, oder gerade deswegen, schüchtert sie niemand ein. Das Unrecht, dessen wir sie beschuldigen werden, wird niemals so schwer sein wie das, mit dem unsichtbare Verfolger sie beladen. Sie breitet alle Aktenstücke vor uns aus, damit wir sie von dem Übel befreien, das sie nicht begangen hat.

Die Erotik nimmt einen großen Platz in ihren Büchern ein; weder zufällig noch zur Provokation. Violette Leduc ist nicht von einem Paare geschaffen, sondern von zwei Geschlechtern. Durch das ewige Gerede ihrer Mutter hatte sie das eigene Geschlecht zuerst als ein verfluchtes betrachtet, das von dem männlichen bedroht ist. Als klösterlich erzogenes junges Mädchen verharrte sie in einem verdrießlichen Nazißmus, bis Isabelle ihr das Vergnügen beibrachte; sie war wie vom Blitz gerührt durch diese lustvolle Transfiguration ihres Körpers. Liebschaften geweiht, die man anomal nennt, forderte sie diese für sich. Andrerseits, auch wenn sie unter den Namen, die sie ihrer Einsamkeit gibt, manchmal den Gottes leiht, ist sie auf solide Art Materialistin. Sie sucht nicht anderen ihre Ideen oder ihr eigenes Bild aufzuzwingen. Ihre Beziehung zu diesem ist fleischlich. Die Anwesenheit – das ist der Körper; die Mitteilung wird Körper an Körper bewerkstelligt. Fidéline liebhaben – das ist, sich in ihrem Rock vergraben; von Sachs zurückgestoßen werden – ist seine «abstrakten» Küsse erdulden; der Narzißmus endet in Onanie. Die Empfindungen sind die Wirklichkeit der Gefühle. Violette Leduc weint, frohlockt, zuckt mit ihren Eierstöcken. Sie würde nichts über sich sagen, wenn sie uns nicht davon spräche. Sie sieht die anderen durch ihre Begierden hindurch: Hermine und deren friedliches Ungestüm; den ironischen Masochismus Gabriels; die Päderastie von Sachs. Sie interessiert sich, im Zufall der Begegnungen, für alle Leute, die die Sexualität auf eigene Rechnung wiedererfunden haben: so am Anfang von «Die Bastardin» für Cataplame. Die Erotik mündet bei ihr in keinem Mysterium und gibt sich nicht mit faden Albernheiten ab, sondern ist der privilegierte Schlüssel zur Welt; in ihrem Licht entdeckt sie die Stadt und die Landgebiete, die Dichte der Nächte, die Zerbrechlichkeit des Morgengrauens, die Grausamkeit eines Glockengebimmels. Um davon zu sprechen, hat sie eine Sprache ohne Zügellosigkeit oder Vulgarität geschmiedet, die ich für einen bemerkenswerten Erfolg halte. Dennoch hat sie die Verleger erschreckt. Sie haben aus «Ravages» die Schilderung ihrer Nächte mit Isabelle verbannt, wovon sie einen Teil in «Die Bastardin» wieder aufgenommen hat. Die komplette Erzählung ist in einer beschränkten Auflage unter dem Titel «Thérese et Isabelle» erschienen. Punktreihen ersetzen hie und da die fortgelassenen Passagen. In «Die Bastardin» haben sie alles akzeptiert. Die gewagteste Episode zeigt Violette und Hermine vor den Augen eines Voyeurs beieinanderliegend; sie ist mit einer Schlichtheit erzählt, welche die Zensur entwaffnet. Die beherrschte Kühnheit von Violette Leduc ist eine ihrer ergreifendsten Qualitäten, die ihr aber ohne Zweifel einen schlechten Dienst erwies: sie skandalisiert die Puritaner, und die Frivolen kommen nicht auf ihre Rechnung.

In unseren Tagen wuchern die sexuellen Bekenntnisse. Viel seltener geschieht es, daß ein Schriftsteller frei und offen von Geld spricht. Violette Leduc verheimlicht nicht die Wichtigkeit, die es für sie hat: in ihm sind ihre Beziehungen zu anderen materialisiert. Noch Kind, träumt sie davon, zu arbeiten, um ihrer Mutter Geld zu geben; zurückgewiesen, spottet sie ihrer, indem sie ihr mal hier, mal da einiges stibitzt. Gabriel erhebt sie auf ein Piedestal, als er für sie sein Portemonnaie leert: er erniedrigt sie, sobald er spart. Einer der Züge, die sie an Sachs faszinieren, ist seine Verschwendungssucht. Sie gefällt sich im Betteln: das ist Rache nehmen an denen, die besitzen. Vor allem liebt sie es zu gewinnen: sie bestätigt sich, sie existiert. Sie rafft mit Leidenschaft zusammen; seit ihrer Kindheit ist sie von der Furcht besessen, zu versagen; und sie mißt ihre Wichtigkeit an der Dicke der Notenbündel, die sie mit einer Nadel unter ihrem Rock feststeckt. In der Brüderlichkeit der Dorfkneipen passiert es ihr, daß sie fröhliche Runden zahlen muß. Doch sie verbirgt nicht, daß sie geizig ist: aus Vorsicht, aus Egozentrik, aus Groll. «Meinen Nächsten helfen. Hat man mir geholfen, als ich vor Kummer krepierte?» Härte, Habgier: sie steht dazu mit einer überraschenden Gutgläubigkeit.

Sie gesteht andere Kleinigkeiten, die man gewöhnlich sorgfältig verbirgt. Zahlreich waren die Erbitterten, die zornig aus der Niederlage Nutzen zogen: ihre erste Sorge in der Folge war dann, es vergessen zu machen. Violette Leduc gibt ruhig zu, daß die Okkupation ihr Chancen bot, die sie nützte; sie nahm es nicht übel, wenn einmal das Unglück andere traf und nicht sie; Mangeworben von einer Frauenzeitschrift und überzeugt, ein Nichts zu sein, fürchtete sie das Ende des Krieges, das die Rückkehr der «Werte» und ihre Entlassung nach sich ziehen würde. Sie entschuldigt sich weder, noch beschuldigt sie sich; so war sie nun mal; sie begreift, warum, und läßt es uns begreifen.

Indes verringert oder beschönigt sie nichts. Die meisten Schriftsteller, wenn sie üble Empfindungen beichten, nehmen ihnen alleine schon durch ihre freie Offenheit die Dornen. Sie zwingt uns, die Dornen in uns anzufassen in ihrer brennenden Herbheit. Sie bleibt Komplicin ihrer Gelüste, ihrer Bosheiten, ihrer Knausereien; dadurch nimmt sie die unseren auf sich und erlöst uns von der Schande: niemand ist ungeheuerlich, wenn wir alle es sind.

Diese Kühnheit erwächst ihr aus moralischer Unbefangenheit. Es geschieht äußerst selten, daß sie sich einen Vorwurf macht oder einen Versuch, sich zu verteidigen, andeutet. Sie verurteilt sich nicht, sie verurteilt niemanden. Sie beklagt sich; sie ist aufgebracht gegen ihre Mutter, gegen Hermine, Gabriel, Sachs; sie verurteilt sie nicht. Sie ist oft gerührt; manchmal bewundert sie; niemals entrüstet sie sich. Ihr Schuldigwerden ist ihr von außerhalb gekommen, ohne daß sie dafür verantwortlicher wäre als für die Farbe ihres Haars; so sind denn auch das Gute, das Böse nur leere Worte für sie. Die Dinge, durch die sie am meisten gelitten hat – ihr «unverzeihliches» Gesicht, die Heirat ihrer Mutter –, sind nicht als Fehler katalogisiert. Umgekehrt: alles, wodurch sie nicht persönlich berührt wird, läßt sie gleichgültig. Sie nennt die Deutschen «die Feinde», um zu zeigen, daß dieser entliehene Begriff ihr etwas Äußerliches bleibt. Sie ist mit keinem Lager solidarisch. Sie hat weder Sinn für das Universelle noch für das Simultane; sie ist dort, wo sie ist, mit der Last ihrer Vergangenheit auf den Schultern. Niemals schwindelt sie; niemals gibt sie Ansprüchen nach oder beugt sie sich Konventionen. Ihre skrupulöse Ehrlichkeit hat den Wert eines Bezweifelns.

In dieser von moralischen Kategorien gesäuberten Welt wird sie allein von ihrer Sensibilität geleitet. Geheilt von ihrer Neigung zu Luxus und Mondänem, reiht sie sich mit Entschiedenheit auf der Seite der Armen, der Verlassenen ein. So ist sie der Dürftigkeit und den bescheidenen Freuden ihrer Kindheit treu; und auch ihrem gegenwärtigen Leben, denn nach den Triumphjahren des schwarzen Marktes fand sie sich ohne einen Groschen wieder. Sie verehrt die Besitzlosigkeit eines van Gogh, eines Pfarrers von Ars. Alle Nöte finden in ihr ein Echo: die der Verlassenen, der Verirrten, der Kinder ohne Elternhaus, der Alten ohne Kinder, der Vagabunden, der Clochards. Sie ist untröstlich, wenn sie – in «Trésors à prendre», vor dem Krieg mit Algerien – sieht, wie die Wirtin eines Restaurants einem algerischen Teppichhändler die Bedienung verweigert. Mit einem Unrecht konfrontiert, nimmt sie sogleich Partei für den Unterdrückten, für den Ausgenützten. Es sind ihre Brüder, sie erkennt sich in ihnen wieder. Und außerdem: die Leute am Rande der Gesellschaft scheinen ihr wahrhaftiger als die wohlsituierten Bürger, die sich jeder Rolle fügen. Ein kleines, ländliches Wirtshaus ist ihr lieber als eine elegante Bar; dem Komfort der ersten Klasse zieht sie ein Abteil dritter vor, in dem es nach Knoblauch und Flieder riecht. Ihr Rahmen, ihre Person gehören zu jener Welt kleiner Leute, welche die heutige Literatur gewöhnlich mit Schweigen übergeht.

Trotz «Tränen und Schreien» sind die Bücher von Violette Leduc *ravigotants* (scharf und pikant) – sie liebt dieses Wort – durch das, was ich ihre Unschuld im Bösen nennen möchte, und weil sie dem Schatten so viele Reichtümer entreißen. Muffige Stuben, untröstliche Herzen; die kleinen japsenden Sätze packen uns an der Gurgel: plötzlich trägt uns ein starker Wind zu einem endlosen Himmel, und Fröhlichkeit pulst in unseren Adern. Der Ruf der Lerche funkelt über kahler Ebene. In der Tiefe der Verzweiflung rühren wir an die Leidenschaft zu leben, und der Haß ist nur einer der Namen der Liebe.

«Die Bastardin» macht halt in dem Moment, da die Autorin den Bericht über die Kindheit beendet hat, von der sie am Anfang dieses Buches erzählt. So ist der Knoten geschürzt. Das Mißlingen der Beziehung zu anderen hat in dieser privilegierten Form des Sich-Mitteilens geendet: einem Œuvre. Ich möchte den Leser verführt haben, darauf einzugehen: er wird noch weit mehr finden, als ich ihm versprochen habe.

Monolog

Mit dem Problem des Alterns befaßt sich Simone de Beauvoir auch in der Geschichtensammlung ‹Eine gebrochene Frau›, 1967 erschienen. Sie greift hier noch einmal Scheitern und Einsamkeit von alternden Frauen auf. Ihnen wird in privaten Krisen die Erkenntnis eingeätzt, daß die Sicherheit ihrer relativen Existenz jederzeit aufkündbar ist. Der ‹Monolog› Murielles ist das Symptom einer ins Wahnhaften gesteigerten Egozentrik. Murielle, 43 Jahre alt, lebt von ihrem zweiten Mann Tristan getrennt. Sylvie, die Tochter aus erster Ehe, hat sich ihretwegen umgebracht, Murielles Sohn Francis wohnt beim Vater. Murielle ist allein, ohne Beruf, ohne Perspektive. Sie ist die Verkörperung der egoistischen Mutterschaft, die Beauvoir in ‹Das andere Geschlecht› kritisiert hat.

Aber im Gegensatz zu vielen anderen weiblichen Romangestalten bei Simone de Beauvoir ist Murielle nicht Leidende, sondern Rasende. Zwar zielen ihre Feindseligkeit und Verachtung gegen jedermann – und somit ins Leere, zwar ist ihre Haßtirade gegen die Welt von «mauvaise foi» angetrieben, aber Murielles selbstgerechte Angriffslust ist Ausdruck der Weigerung, sich mit der Opferrolle abzufinden. Im Stakkato ihrer Wut offenbart sich eine nüchterne Wahrheit: Selbstverwirklichungschancen oder auch nur Würde werden einer Frau, die sich zugunsten der Ehe und Familie aufgegeben hat, von der bürgerlichen Gesellschaft schändlich vorenthalten.

Sie rächt sich durch den Monolog.
Flaubert

Diese Idioten! Ich habe die Vorhänge zugezogen das blöde Licht der Lampions und der Weihnachtsbäume fällt nicht ins

Zimmer aber die Geräusche dringen durch die Mauern. Die Motoren und die Bremsen und jetzt fangen sie auch noch an zu hupen die halten sich wohl für ganz große Herren diese Kerle in ihren Peugeot 404 Familiale in ihren affigen Sportwagen in ihren popligen Dauphine in ihren weißen Kabrios. Ein weißes Kabrio mit schwarzen Lederpolstern das ist todschick und die Männer pfiffen wenn ich vorbeifuhr mit Sonnenbrille in Schmetterlingsform und einem sündhaft teuren Kopftuch von Hermès und jetzt wollen sie Eindruck schinden mit ihren dreckbespritzten Klapperkästen und dem Hupengeheul. Wenn sie doch unten vor meinen Fenstern zusammenstießen also das würde mir Spaß machen. Die Idioten werden's noch schaffen daß mir das Trommelfell platzt und mein Ohropax ist alle. Mit den beiden letzten Kügelchen habe ich die Telefonklingel lahmgelegt sie sind nicht mehr zu gebrauchen außerdem will ich lieber Ohrenschmerzen haben als hören daß das Telefon nicht läutet. Schluß machen mit dem Lärm mit der Stille: schlafen. Aber ich werde kein Auge zutun gestern habe ich's auch nicht gekonnt weil ich immerzu dran denken mußte daß es der Vorabend von heute war. Die Schlaftabletten wirken nicht mehr ich habe mich zu sehr an sie gewöhnt und dieser Doktor ist ein Sadist jetzt verschreibt er mir nur noch Zäpfchen ich kann mich ja nicht vollstopfen wie eine Kanone. Dabei brauche ich unbedingt Schlaf ich will mir doch morgen wenn Tristan kommt nicht meine Chancen versauen. Keine Tränen kein Geschrei. «Diese Situation ist unnatürlich. Und vom geldlichen Standpunkt aus absoluter Unsinn. Ein Kind braucht die Mutter.» Jetzt werde ich wieder eine schlaflose Nacht haben und morgen bin ich dann mit den Nerven fertig und die Sache geht schief. Miststücke! Sie wollen mir nicht aus dem Kopf ich sehe sie ich höre sie. Heute abend stopfen sie sich mit schlechter Gänseleberpastete voll und mit angebranntem Putenbraten sie lecken sich die Lippen: Albert und seine Frau mein Bruder und Étiennette und ihre Bälger und meine Mutter. Das ist doch gegen die Natur daß mein leiblicher Bruder und meine leibliche Mutter meinen Geschiedenen lieber haben als mich. Ich will gar nichts von ihnen sie sollen mich nur nicht am Schlafen hindern man wird ja reif fürs Irrenhaus man gesteht alles ob es nun wahr ist oder nicht darauf sollen sie bloß nicht rechnen ich bin widerstandsfähig und mich werden sie nicht unterkriegen. [...]

Das will und will nicht aufhören. Wie viele mögen es sein? In den Straßen von Paris bestimmt Hunderttausende. Und in allen Städten auf der ganzen Welt geht's genauso zu: drei Milliarden und von Tag zu Tag werden es mehr – es gibt eben immer noch nicht genug Hungersnöte. Die Menschen vermehren sich rapide sogar am Himmel kutschieren sie schon herum bald wird im Weltraum so ein Gedränge herrschen wie auf den Autobahnen und man wird den Mond nicht mehr anschauen können ohne sich zu sagen daß irgendwelche Idioten gerade dabei sind über ihn zu verhandeln. Ich habe den Mond immer so gern gemocht weil er mir irgendwie ähnelte aber die haben ihn in den Dreck gezogen wie sie es mit allem machen. So was Gräßliches diese Fotos: ein armseliges staubgraues Etwas auf dem jeder x-beliebige herumtrampeln kann.

Ich war sauber ehrlich unnachgiebig. Von Kind auf habe ich das im Blut gehabt: nicht schwindeln. Ich sehe mich noch als kleine Göre in meinem zerknitterten Kleidchen – Mama ließ mich ja immer so ungepflegt herumlaufen – und irgendeine Bekannte von uns flötete: «Na hast du deinen kleinen Bruder lieb?» Und ich antwortete bedächtig: «Ich hasse ihn.» Diese Kälte; die Augen von Mama. Daß ich eifersüchtig war ist ganz normal man liest es ja in allen Büchern; erstaunlich und erfreulich finde ich daß ich es ohne weiteres zugab. Keine Konzessionen kein Getue: so war Papas gutes Mädelchen und so bin ich noch heute. Ich bin sauber ich bin aufrichtig ich kann nicht heucheln und deswegen geifern sie ja so sie mögen es nicht daß man sie durchschaut sie wollen man soll ihren schönen Worten glauben oder wenigstens so tun. [...]

Tristan hat Francis nicht erzogen: diese Schlampe Mariette läßt mich im Stich; morgen wenn sich die beiden verabschiedet haben wird der Salon aussehen wie ein Schweinestall. Sie werden mir ein wahllos gekauftes Geschenk mitbringen nach der Begrüßung biete ich die Petitfours an und Francis gibt mir die Antworten die sein Vater ihm eingetrichtert hat das Kind lügt wie ein Alter. *Ich* hätte einen netten Jungen aus ihm gemacht. Ich werde zu Tristan sagen: Mit einem Jungen der ohne Mutter aufwächst nimmt es immer ein schlechtes Ende entweder wird er ein Strolch oder ein Schwuler und das willst du doch nicht. Wie sie mich anekelt meine ruhige Stimme; ich möchte ihm viel lieber ins Gesicht schreien: Es ist gegen die Natur einer Mutter den Sohn zu nehmen! Aber ich bin ja von ihm abhängig. «Drohe ihm doch mit Scheidung», hat mir Dédé geraten. Nein das ist Unsinn. Die Männer halten so fest zusammen und das Gesetz ist derart ungerecht und Tristan hat so gute Verbindungen daß ich bestimmt zum schuldigen Teil erklärt werden würde. Dann könnte er Francis behalten brauchte mir keinen Sou mehr zu geben und die Wohnung wäre ich auch los. Eine widerliche Erpressung: Unterhalt und Wohnung gegen Francis. Aber ich kann nichts dagegen tun ich bin ihm ja wehrlos ausgeliefert. Ohne Zaster kann man sich nicht verteidigen man ist da weniger als nichts: eine doppelte Null. Was für eine dumme Gans bin ich gewesen: uninteressiert leichtsinnig gleichgültig in Geldsachen. Ich habe bei den Kerlen längst nicht genug kassiert. Wäre ich bei Florent geblieben dann hätte ich mein Schäfchen ins trockne bringen können. Tristan hat mich mit seiner Leidenschaft erobert ich war so gerührt daß ich ihm sofort nachgab. Und das habe ich nun davon! Dieser Größenwahnsinnige, der den kleinen Napoleon spielt hat mich sitzenlassen weil ich keine Hysterikerin bin und nicht dauernd vor ihm auf den Knien liegen wollte. Aber den werde ich in die Enge treiben. Ich werde ihm sagen daß ich dem Kleinen die Wahrheit sagen werde: Ich bin nicht krank ich lebe allein weil dein Vater dieser gemeine Kerl mich im Stich gelassen hat ich bin auf sein Geschwätz hereingefallen aber dann hat er mich gequält und mich schließlich sogar geschlagen. Ja das ist die richtige Methode: mich in Gegenwart des Kleinen in eine Nervenkrise hineinsteigern mir vor Tristans Wohnungstür die Pulsadern aufschneiden oder irgendwas in der Art wenn ich solche Mittel anwende kommt er bestimmt zu mir zurück dann läßt er mich nicht mutterseelenallein verfaulen in dieser Bude wo das Pack über mir wie eine Elefantenherde herumstampft und die Leute von nebenan mich jeden Morgen mit ihrem Radio aus dem Schlaf reißen und niemand mir was zu essen bringt wenn ich Hunger habe. Alle diese Nutten haben einen Mann der sie beschützt und Kinder die ihnen helfen bloß ich habe null Komma nichts – das kann nicht so weitergehen. Der Klempner hält mich jetzt schon seit vierzehn Tagen hin bei einer alleinstehenden Frau nehmen die sich alles heraus die Menschen sind doch ein feiges Gesindel wenn einer am Boden liegt treten sie ihn mit Füßen. Ich halte stand ich biete ihnen die Stirn aber die lassen sich doch von einer alleinstehenden Frau nichts sagen. Der Portier grinst bloß höhnisch: Um zehn Uhr morgens ist jeder Mieter *befugt* das Radio laufen zu lassen. Wenn der denkt er könnte mich mit seinen affigen Ausdrücken einschüchtern! Ich hab's ihnen ja mit dem Telefon heimgezahlt vier Nächte hintereinander sie wußten daß ich es war konnten mir aber nichts nachweisen und ich habe mir ins Fäustchen gelacht; nachher hat sich dann immer nur der Kundendienst gemeldet. Muß ich mir eben was anderes einfallen lassen. Ja was nur? In der Nacht schlafen sie am Tag arbeiten sie am Sonntag gehen sie spazieren man kann diesem Pack einfach nichts anhaben. Ein Mann unter meinem Dach. Dann wäre der Klempner schon längst gekommen der Portier würde mich höflich grüßen die Nachbarn würden das Radio leiser stellen. Verdammter Mist! Ich will daß man mich respektiert ich will mit meinem Mann und meinem Sohn in unserem gemeinsamen Heim leben wie alle es tun. [...]

Keine Autohupen mehr. Die waren immer noch besser als dieser Lärm auf dem Boulevard. Da werden Wagentüren zugeknallt die Leute schreien sie lachen manche singen sie sind schon betrunken und über mir geht der Spektakel weiter. Das macht mich noch krank ich habe so einen teigigen Geschmack im Mund und diese beiden Pickel auf meinem Oberschenkel sind mir unheimlich. Ich passe ja auf und esse nur Reformkost aber es gibt doch immer Menschen die mit ihren mehr oder weniger schmierigen Händen die Waren befingern auf dieser Erde ist keine Hygiene möglich die Luft ist nicht nur wegen der Autos und der Fabriken verseucht sondern auch wegen der Millionen von dreckigen Mündern die sie von früh bis spät einatmen und ausstoßen; wenn ich daran denke daß ich in dem Atem all dieser Leute bade möchte ich auf der Stelle in die Wüste fliehen; wie soll man sich denn einen sauberen Körper bewahren wenn die Welt so ekelhaft ist und der Schmutz durch alle Poren der Haut dringt dabei war ich immer frisch und gesund ich will nicht daß sie mich anstekken. Wenn ich bettlägerig würde könnte ich lange warten bis sich jemand um mich kümmerte. Bei meinem armen überanstrengten Herzen ist es leicht möglich daß ich eines Tages plötzlich abkratze und niemand was merkt mir wird angst und bange wenn ich dran denke. Hinter der Tür werden sie meinen stinkenden Kadaver finden ich werde unter mich gemacht haben meine Nase wird von den Ratten angeknabbert sein. Allein krepieren allein leben nein ich will das nicht. Ich brauche einen Mann ich will daß Tristan zurückkommt diese Idioten grölen und lachen und ich sitze hier und gehe langsam ein; dreiundvierzig Jahre das ist zu früh das ist ungerecht ich will leben. Das vornehme Leben – dafür war ich gemacht: das Kabrio die Wohnung die schönen Kleider und was weiß ich. Florent bezahlte und keiner machte dem anderen etwas vor – höchstens im Bett denn was sein muß muß sein – er wollte bloß mit mir schlafen und mich in mondänen Nachtlokalen herumzeigen ich war schön damals es war meine schönste Zeit alle meine Freundinnen platzten vor Neid. Wie weh das tut daran zurückzudenken jetzt geht niemand mehr mit mir aus ich hocke zu Hause und sterbe vor Langeweile. Ich hab's satt ich hab's satt.

Dieser Schweinehund Tristan ich will daß er mich ins Restaurant einlädt und ins Theater ich werde das von ihm fordern ich fordere längst nicht genug. Was tut er denn schon für mich? Er kommt her – entweder allein oder mit dem Jungen – er lächelt mich honigsüß an und nach einer Stunde haut er wieder ab. Nicht mal heute am Silvesterabend hat er sich gemuckst. Der Mistkerl! Ich langweile mich so es ist schon nicht mehr menschlich wie sehr ich mich langweile. Wenn ich schlafen könnte würde die Zeit schneller vergehen. Aber wer kann denn schlafen bei dem Lärm da draußen? Und in meinem Kopf höre ich sie höhnisch sagen: «Sie ist ganz allein.» Das Lachen wird ihnen vergehen wenn Tristan zu mir zurückkommt. Er wird zurückkommen ich werde ihn schon dazu zwingen. Dann lasse ich wieder bei den besten Schneidern arbeiten gebe Cocktail-Empfänge und ein Foto von mir in großem Dekolleté – mein Busen braucht die Öffentlichkeit nicht zu scheuen – ein Foto von mir wird in *Vogue* erscheinen. «Hast du das Foto von Murielle gesehen?» Der blasse Neid wird sie packen und wenn Francis ihnen erzählt daß ich mit ihm im Zoo war im Zirkus im Eispalast und wie ich ihn verwöhne dann sind sie als Verleumder und Lügner entlarvt. Wie sie mich hassen! Weil ich sie durchschaue ganz und gar durchschaue. Sie mögen es nicht daß man so genau über sie Bescheid weiß aber ich bin für Wahrhaftigkeit ich spiele keine Komödie ich reiße ihnen die Masken ab. Das können sie mir nicht verzeihen. [...]

Die ganze Menschheit ist mir gleichgültig – hat sie vielleicht was für mich getan ich kann mich nicht erinnern. Wenn die dämlich genug sind sich gegenseitig umzubringen zu bombardieren mit Napalm auszurotten dann werde ich meine Augen bestimmt nicht zum Weinen benutzen. Eine Million Kinder ermordet – na und? Kinder sind doch nichts als die Sprößlinge von Schweinehunden und wenn sie sterben wird's auf der Erde ein bißchen leerer es heißt doch immer sie sei übervölkert also bitte. Wenn ich die Erde wäre würde mich dieses ganze Geschmeiß auf meinem Buckel so ankotzen daß ich es abschüttelte. Ich will gern krepieren wenn die anderen auch krepieren. Was gehen mich fremde Kinder an? Ihr Schicksal kann mich nicht rühren. Meine Tochter ist tot und meinen Sohn hat man mir gestohlen.

Ich hätte Sylvie zurückerobert. Und einen anständigen Menschen aus ihr gemacht. Aber dazu hätte ich Zeit gebraucht. Tristan hat mir kein bißchen geholfen dieser dreckige Egoist meine Auseinandersetzungen mit ihr gingen ihm auf die Nerven und er sagte immer nur: «Laß sie doch in Ruhe.» Man sollte wirklich keine Kinder haben in gewisser Weise hat Dédé ganz recht sie machen einem nichts als Ärger. Aber wenn man nun mal welche hat muß man sie auch richtig erziehen. Tristan nahm immer Sylvies Partei. Vielleicht war ich manchmal wirklich im Unrecht – so etwas kann jedem passieren – aber es ist doch pädagogisch ganz falsch daß ein Elternteil den anderen bloßstellt. [...]

Oben ist es jetzt ein bißchen ruhiger geworden. Schritte und Stimmen auf der Treppe das Knallen von Autotüren und immer noch diese idiotische Musik aber sie tanzen nicht mehr. Ich kenne das. Jetzt ist die Zeit wo sie's in den Betten auf den Sofas auf dem Fußboden in den Autos miteinander treiben jetzt ist die Stunde des großen Kotzens wo man den Truthahn und den Kaviar ausspuckt widerlich ist das ich habe den Eindruck hier riecht alles nach Kotze ich werde gleich mal ein Räucherstäbchen anzünden. Wenn ich bloß schlafen könnte aber ich bin hellwach es ist noch lange hin bis zum Morgen um diese Zeit ist es immer so unheimlich und Sylvie ist gestorben ohne mich verstanden zu haben darüber komme ich nie hinweg. Dieser Weihrauchduft erinnert mich so an die Trauerfeier: die Kerzen die Blumen der Sarg meine Verzweiflung. Tot – das war doch nicht möglich! Stunden und Stunden habe ich neben ihrem Leichnam gesessen und immer gedacht nein das kann nicht stimmen gleich wird sie aufwachen gleich werde ich aufwachen. So viele Anstrengungen Kämpfe Szenen Opfer: vergebens. Mein Lebenswerk in nichts aufgelöst. Nie hatte ich etwas dem Zufall überlassen und dann durchkreuzte der grausamste Zufall alle meine Pläne. Sylvie ist tot. Schon seit fünf Jahren. Sie ist tot. Für immer. Ich ertrage das nicht. Zu Hilfe es tut so weh es tut so furchtbar weh stellt das doch ab ich will nicht daran denken ich will es nicht noch mal durchmachen müssen nein nein helft mir ich kann nicht mehr laßt mich doch nicht allein …
[…]
Armer weißer Rabe: ganz allein auf der Welt. Ich bin zu anständig und darüber ärgern sie sich. Sie möchten mich ausschalten und deshalb haben sie mich in einen Käfig gesetzt. Ich bin eingesperrt ich bin gefangen und schließlich werde ich vor Langeweile sterben wirklich sterben. Das soll ja sogar bei Säuglingen vorkommen wenn sich niemand mit ihnen beschäftigt. Das perfekte Verbrechen das keine Spuren hinterläßt. Diese Qual dauert nun schon fünf Jahre. Und der Idiot Tristan rät mir: Geh doch auf Reisen du hast ja genug Geld. Ja genug Geld um so ärmlich zu reisen wie früher mit Albert – da kann ich bloß sagen ohne mich. Armut ist immer scheußlich und nun erst auf Reisen! Ich bin bestimmt kein Snob und ich habe Tristan oft gesagt daß

Luxushotels mit affigen Kammerzofen und devot scharwenzelnden Portiers mir absolut nicht imponieren. Aber miese Gasthöfe und billige Eßlokale – nein nein nein! Zweifelhafte Bettwäsche bekleckerte Tischtücher es ist doch ekelhaft im Schweiß und im Schmutz fremder Leute zu schlafen und mit schlecht abgewaschenen Bestecks zu essen da kann man sich ja Filzläuse oder die Syphilis holen und von den Gerüchen wird mir speiübel; hinzu kommt noch daß ich die ganze Zeit gräßlich verstopft bin denn auf den Abtritten die von Krethi und Plethi benutzt werden bringe ich einfach nichts raus; ich halte nichts von Verbrüderung durch gemeinsames Scheißen. Und was hat es für einen Sinn allein durch die Gegend zu gondeln? Mit Dédé hat es Spaß gemacht: zwei schöne Mädchen im offenen Sportwagen schick sieht das aus wenn die Haare im Wind flattern; nachts auf der Piazza del Popolo in Rom haben wir mächtig angegeben. Aber allein? Wie sieht denn das aus wenn man in meinem Alter am Strand oder in den Kasinos aufkreuzt und hat keinen Mann bei sich? Mit Museen und Ruinen hat mich Tristan schon mehr als genug angeödet. Ich bin keine Hysterikerin ich kann nicht verzückt auf kaputte Säulen oder alte verkommene Häuser starren. Die Leute aus früheren Jahrhunderten sind mir Wurst was haben die unsereinem schon voraus? Nichts als den Tod; zu ihren Lebzeiten waren sie genauso idiotisch wie die Heutigen. Fürs Malerische bin ich erst recht nicht zu haben man muß schon ein schrecklicher Snob sein, um sich für stinkenden Dreck für schmutzige Wäsche für Kohlstrünke zu begeistern. Und ob sie nun Pommes frites essen oder Paella oder Pizza immer und überall ist es das gleiche Pack das gleiche widerliche Pack: reiche Leute die einen wie den letzten Dreck behandeln arme Leute die einem das Geld abnehmen möchten alte Leute die albernes Zeug schwatzen junge Leute die sich über alles mokieren Männer die großtun Frauen die die Beine breit machen. Da bleibe ich schon lieber zu Hause und lese die Hefte der schwarzen Reihe obgleich die immer blöder werden. Das Fernsehen wird auch nur noch von Idioten für Idioten gemacht. Ich war für einen anderen Planeten bestimmt und habe den Weg verfehlt. [...]

Wie still es ist! Auf der Straße keine Autos und keine Schritte mehr im Haus kein Geräusch – eine Todesstille. So still war es auch im Sterbezimmer und all die Blicke durchbohrten mich diese Blicke die mich verurteilten ohne daß man mich angehört hätte ohne daß man mir erlaubt hätte Berufung einzulegen. Ach sie sind so gerissen! Alle ihre Gewissensbisse haben sie mir aufgeladen ich war für sie der ideale Sündenbock und bei dieser Gelegenheit konnten sie endlich einen Vorwand für ihren Haß finden. Mein Unglück hat sie nicht weich gegen mich gestimmt. Dabei scheint mir daß sogar der Teufel vor Mitleid hätte zerfließen müssen.

Mein Leben lang wird es zwei Uhr nachmittags an einem Dienstag im Juni sein. «Mademoiselle schläft so fest daß ich sie nicht wach bekomme.» Mein Herzschlag setzte aus ich stürzte in ihr Zimmer und rief: «Sylvie bist du krank?» Sie sah aus wie eine Schlafende sie war noch warm. Aber der Arzt sagte sie sei schon seit mehreren Stunden tot. Ich weinte und schrie ich führte mich auf wie eine Wahnsinnige. Sylvie Sylvie warum hast du mir das angetan? Ich sehe das alles vor mir: Sie lag so ruhig und entspannt da und ich war völlig durcheinander und da war noch das Briefchen für ihren Vater das aber gar nichts besagte ich hab's zerrissen es war nur ein Teil der Inszenierung denn natürlich war die ganze Sache sorgfältig inszeniert ich war sicher ich bin sicher – eine Mutter kennt doch ihre Tochter – daß sie gar nicht sterben wollte aber sie hatte aus Versehen zuviel von dem Zeug genommen und war gestorben. Grauenhaft grauenhaft! Mit diesen Giften ist das so einfach man verschafft sie sich irgendwie und wegen einer Lappalie spielen die Mädchen die Selbstmordkomödie. Sylvie hat die Mode mitgemacht aber sie ist nicht wieder wach geworden. Die anderen sind gekommen und haben Sylvie geküßt niemand hat mich geküßt und meine Mutter hat gerufen: «Du hast sie getötet!» Meine Mutter meine eigene Mutter. Sie haben gesagt sie soll still sein aber ihre Gesichter ihr Schweigen der Druck ihres Schweigens … Wäre ich eine von diesen Müttern gewesen die morgens um sieben aufstehen dann hätte man sie retten können aber ich habe einen anderen Lebensrhythmus und das ist doch kein Verbrechen wie hätte ich's denn ahnen sollen? Ich war immer zu Hause wenn sie aus der Schule kam und das können nicht viele Mütter von sich sagen ich war auch immer bereit mit ihr zu schwatzen ihr Fragen zu stellen aber das wollte sie ja nicht sie zog sich in ihr Zimmer zurück weil sie angeblich arbeiten mußte. Immer war ich für sie da. Und meine Mutter die mich so schändlich vernachlässigt hat wagt es! ... Ich habe nichts darauf antworten können mir drehte sich alles im Kopf es flimmerte mir vor den Augen. [...]

Unglaublich was ich mir alles für Fragen gestellt habe es war zum Verrücktwerden. Ein vorgetäuschter Selbstmord das heißt also sie wollte jemandem eins auswischen: wem? Ich habe sie nicht gut genug überwacht ich hätte sie keine Sekunde allein lassen dürfen ich hätte einen Detektiv hinter ihr herschicken müssen damit er den Schuldigen oder die Schuldige entlarvte – vielleicht war's diese Schlampe von Lehrerin. «Nein Madame es gab niemanden in ihrem Leben.» Davon sind sie nicht abgegangen die beiden Frauenzimmer und ihre Blicke erdolchten mich; sie waren noch über den Tod hinaus eine verschworene Lügnergemeinschaft. Aber mir haben sie nichts vormachen können. Ich weiß Bescheid. Ein Mädchen in Sylvies Alter und bei den heutigen Sitten – es ist doch ausgeschlossen daß da niemand war. Vielleicht hatte ihr irgendwer ein Kind gemacht vielleicht war sie einer Lesbierin oder einer Bande von Wüstlingen in die Hände gefallen vielleicht hatte so ein Kerl sie verführt und erpreßte sie mit der Drohung mir alles zu sagen. Nein ich will mir das nicht ausmalen. Du hättest mir doch alles erzählen können meine Sylvie ich hätte dir geholfen heil und gesund aus dieser schmutzigen Sache herauszukommen. Denn es war bestimmt eine schmutzige Sache sonst hätte sie nicht an Albert geschrieben: «Papa verzeih mir bitte ich halte es nicht länger aus.» Ihm konnte sie sich nicht anvertrauen und anderen auch nicht; alle Leute umschmeichelten sie aber es waren und blieben doch Fremde. Nur mir allein hätte sie alles gestehen können. [...]

Die Tränen waren eine Erleichterung und jetzt fange ich an müde zu werden. Nur nicht im Sessel einnicken dann wache ich nämlich gleich wieder auf und mit dem Schlaf ist es Essig. Am besten nehme ich die Zäpfchen und lege mich ins Bett. Den Wekker werde ich auf zwölf stellen damit ich genügend Zeit für die Vorbereitungen habe. Ich *muß* siegen. Ein Mann im Haus mein kleiner Junge den ich abends beim Gutenachtsagen küssen werde all diese Zärtlichkeit die zu nichts nütze ist. Und dann wäre ich auch rehabilitiert ... Was denn? Ich bin wohl schon halb im Schlaf ich rede ungereimtes Zeug. Für die anderen wird's jedenfalls ein harter Brocken werden. Tristan ist ja nicht irgendwer sie haben Achtung vor ihm. Ich will daß er sich zu mir bekennt und sie damit zwingt mir Gerechtigkeit widerfahren zu lassen. Ich werde ihn sofort anrufen. Ihn heute nacht davon überzeugen daß...

«Hast du eben bei mir angerufen? ... Ach so ich dachte du wärst es gewesen. Du hast geschlafen o entschuldige bitte aber ich freue mich trotzdem deine Stimme zu hören für mich ist das heute eine schlimme Nacht und kein Mensch hat was von sich hören lassen dabei wissen sie doch alle wie unerträglich solche Feste sind wenn einen ein schwerer Schicksalsschlag getroffen hat all der Lärm und die Lichter ist dir aufgefallen daß Paris noch nie so strahlend beleuchtet war wie in diesem Jahr die können das Geld anscheinend mit vollen Händen zum Fenster hinauswerfen besser wär's ja wenn sie die Steuern senkten ich hocke zu Hause damit ich das nicht zu sehen brauche. Schlafen kann ich nicht ich bin so traurig und so allein und mir geht alles mögliche im Kopf herum ich muß unbedingt mit dir sprechen aber ohne daß wir uns streiten alles in Frieden und Freundschaft hör mir bitte gut zu denn es ist wirklich sehr wichtig ich kann kein Auge zutun bevor wir das geregelt haben. Hörst du zu ja? Ich habe die ganze Nacht darüber nachgedacht ich hatte ja nichts anderes zu tun und ich muß dir sagen diese Situation ist wirklich nicht normal so kann das nicht weitergehen schließlich sind wir noch immer verheiratet und mit den zwei Wohnungen das ist die reine Verschwendung du könntest dein Appartement für mindestens zwanzig Millionen verkaufen und zu mir ziehen ich würde dich bestimmt nicht stören da brauchst du keine Angst zu haben natürlich kommt es nicht in Frage daß wir wieder wie Eheleute zusammen leben das ist ein für allemal vorbei ich würde mich im Hinterzimmer einrichten nein unterbrich mich nicht du könntest dir so viele Mädchen mitbringen wie du willst mir ist das egal aber da wir Freunde geblieben sind spricht doch nichts dagegen daß wir unter demselben Dach wohnen. Weißt du das wäre vor allem für Francis so wichtig. Du solltest auch mal an ihn denken ich habe die ganze Nacht nichts anderes getan und ich bin restlos erledigt. Für ein Kind ist es nicht gut wenn die Eltern getrennt leben so ein Junge wird dann duckmäuserisch lasterhaft lügnerisch steckt voller Komplexe kann sich nicht entfalten. Ich will daß sich Francis entfaltet. Du hast nicht das Recht ihn eines wirklichen Heims zu berauben ... Doch doch ich *muß* darauf zurückkommen du machst ja immer Ausflüchte aber diesmal verlange ich daß du mich anhörst. Das ist doch zu egoistisch und beinahe schon ungeheuerlich: einen Sohn seiner Mutter berauben und eine Mutter ihres Sohnes. Ohne jeden Grund. Ich habe keine Laster ich bin nicht süchtig und du hast anerkannt daß ich eine vorbildliche Mutter war. Also? Unterbrich mich nicht. Wenn du Bedenken hast wegen deiner kleinen Affären dann kann ich dir nur wiederholen daß ich dich nicht hindern werde mit jeder x-beliebigen zu schlafen. Erzähl mir jetzt nicht daß ich unerträglich bin daß ich deine Nerven aufgerieben und dich zu einem Wrack gemacht habe. Gewiß ich war ein bißchen schwierig es liegt nun mal in meiner Natur von Zeit zu Zeit über die Stränge zu schlagen aber du hättest ein wenig Geduld haben müssen du hättest versuchen sollen mich zu verstehen und dich mit mir auszusprechen statt immer gleich loszubrüllen dann wären wir besser miteinander ausgekommen schließlich bist du ja auch kein Heiliger das dürfte wohl klar sein. [...]

Nein sag nicht: Hör doch zu Murielle ich kenne deine Erklärungen auswendig du hast sie mir ja schon hundertmal vorgekaut mach Schluß mit dem dummen Gerede bei mir zieht das nicht und setz gefälligst nicht diese gequälte Miene auf ja ich sagte diese gequälte Miene ich kann dich im Hörer sehen. Nicht mal Albert hat mich so schlecht behandelt wie du und Albert war ja noch jung als wir heirateten du dagegen warst schon fünfundvierzig und hättest dir über deine Verantwortung im klaren sein müssen. Na schön vorbei ist vorbei. Ich verspreche dir daß ich dir keine Vorwürfe mehr machen werde. Wir löschen das alles aus wir fangen ganz neu an du weißt ja ich kann sehr sanft sehr lieb sein wenn man mich nicht zu gemein behandelt. Also sag mir daß die Sache in Ordnung geht und morgen besprechen wir dann die Einzelheiten...

Du Schuft! Jetzt rächst du dich und quälst mich weil ich dir die Wahrheit gesagt habe ich bin nun mal keine Speichelleckerin und mir kann man weder mit Geld noch mit vornehmem Getue und großen Worten imponieren. ‹Niemals›, sagst du, ‹um nichts in der Welt› – na das wird sich ja zeigen. Ich werde mich verteidigen. Ich werde mit Francis sprechen und ihm sagen was für ein Mensch du bist. Und glaubst du es wäre eine schöne Erinnerung für ihn wenn ich mich vor seinen Augen umbrächte? ... Nein du blöder Hund das ist keine Erpressung bei dem Leben das ich führe würde es mich gar keine Überwindung kosten mich umzubringen. Man darf die Leute nicht zum Äußersten treiben weil sie dann vor nichts zurückschrecken es kommt ja sogar vor daß Mütter gemeinsam mit ihrem Kind in den Tod gehen ...»

Dreckskerl! Miststück! Er hat aufgelegt ... Er meldet sich nicht er wird sich nie mehr melden. Dieser Schuft. Ach mein Herz setzt aus ich sterbe. Es tut so weh so schrecklich weh sie martern mich langsam zu Tode ich halte es nicht mehr aus ich werde mich in seinem Salon umbringen die Pulsadern werde ich mir aufschneiden und wenn sie hereinkommen ist alles voll Blut und ich liege tot da. Ah ... ich habe zu stark gestoßen mein Schädel blutet und dabei sind sie es die blutig geschlagen werden müßten. Mit dem Kopf gegen die Wand nein nein ich werde nicht verrückt sie sollen mich nicht unterkriegen ich werde schon Waffen finden und mich verteidigen. Was für Waffen denn nur? Schweinehunde Schweinehunde ich ersticke mein Herz setzt aus ich darf mich nicht so aufregen ...

Mein Gott! Mach daß es dich gibt! Mach daß es einen Himmel gibt und eine Hölle ich werde mit meinem kleinen Sohn und meiner geliebten Tochter in den Alleen des Paradieses spazierengehen und die anderen werden sich jammernd in den Flammen des Neides winden ich werde zusehen wie sie dort schmoren und ich werde lachen lachen lachen und die Kinder werden in mein Lachen einstimmen. Diese Rache schuldest du mir o Gott. Ich fordere von dir daß du mich rächst.

Das Alter

Das Alter ist – wie das Geschlecht – nicht nur biologischer, sondern vor allem kultureller Zustand. Und wie über die Frauen, so haben Menschen Mythen über die Alten entwickelt. Daß sie alte Leute als Mangelwesen deuten, dient den Noch-Jungen als Legitimierung einer kriminellen Gleichgültigkeit und einer unsozialen Alterspolitik.

Um der offensichtlichen Misere des Altwerdens auf den Grund zu gehen, wendet sich Beauvoir in ihrer 1970 veröffentlichen Studie ‹Das Alter› der Methodik von ‹Das andere Geschlecht› zu: Geschichte, Psychologie, Soziologie und Literatur werden auf die objektive und subjektive Wirklichkeit des Altseins befragt. Mit der üblichen Gründlichkeit untersucht Simone de Beauvoir den Verfall des Körpers und Geistes, den Haß und Selbsthaß, mit denen alte Menschen fertig werden müssen. Leitmotivisch finden wir hier auch wieder den existentialistischen Begriff des Anderen: Sein Blick ist es, der uns als Altgewordene definiert. Sie beläßt es aber nicht dabei, den Skandal anzuklagen, sondern sie stellt die Frage, wie «ein Mensch auch im Alter Mensch bleiben kann». Alle Menschen müssen damit rechnen, Opfer der Jugendfetischisierung westlicher Konsumgesellschaften zu werden. Wenn wir der drohenden Falle der Entfremdung entgehen wollen, bietet sich uns nur eine Perspektive an: planen, handeln, den Lebensentwurf nicht aufgeben.

Vorzeitig sterben oder altern – eine andere Wahl haben wir nicht. Und dennoch überkommt uns das Alter überraschend, so hat es auch Goethe empfunden. Jeder ist für sich das einzige Subjekt, und oft wundert man sich, wenn das allgemeine Schicksal – Krankheit, Trennung, Trauer – zum eigenen wird. Ich erinnere mich noch an mein Erstaunen, als ich zum erstenmal in meinem

Leben ernstlich krank wurde und mir sagte: «Diese Frau, die man da auf der Bahre transportiert, bin ich.» Indes vermögen wir die unvorhersehbaren Unglücksfälle leicht in unsere Lebensgeschichte einzubeziehen, da sie uns in unserer Eigenart betreffen; das Alter hingegen ist schicksalhaft, und wenn es sich unseres eigenen Lebens bemächtigt, sind wir bestürzt. «Was ist denn geschehen? Das Leben – und ich bin alt geworden», schreibt Aragon. Daß das Verstreichen der Zeit schließlich auch zu einer persönlichen Veränderung geführt hat – das bringt uns aus der Fassung. Schon mit 40 Jahren konnte ich es nicht glauben, wenn ich mir, vor einem Spiegel stehend, sagte: «Ich bin 40 Jahre alt.» Das Kind und der Jugendliche leben wirklich ihr Alter; all die Verbote und Pflichten, denen sie unterworfen sind, das Benehmen anderer ihnen gegenüber, lassen es sie nie vergessen. Als Erwachsene denken wir kaum daran: diese Vorstellung scheint für uns nicht zu gelten. Sie setzt voraus, daß man sich der Vergangenheit zuwendet und sich Rechenschaft ablegt, während wir, der Zukunft zugewandt, unmerklich von einem Tag zum andern, von einem Jahr zum andern gleiten. Das Alter ist besonders schwer zu bewältigen, weil wir es immer als etwas Fremdes betrachtet haben: bin ich denn wirklich eine andere geworden, da ich doch ich selbst blieb?

«Gar kein Problem», bekomme ich zu hören, «solange Sie sich jung fühlen, sind Sie es auch.» Das aber bedeutet, die komplexe Wahrheit des Alters zu verkennen: das Alter ist ein dialektischer Bezug zwischen meinem Sein in den Augen anderer, so wie es sich objektiv darstellt, und dem Bewußtsein meiner selbst, das ich durch das Alter gewinne. Es ist der andere in mir, der alt geworden ist, das heißt jener, der ich für die anderen bin: und dieser andere – bin ich. Gewöhnlich erscheint unser Sein den anderen so vielfältig, wie diese selbst sind. Jede Meinung über uns kann im Namen eines anderen Urteils verworfen werden. In diesem Fall aber ist kein Widerspruch erlaubt: der Begriff ‹ein Sechziger› hat für alle dieselbe Bedeutung. Er bezeichnet biologische Erscheinungen, die eine ärztliche Untersuchung bestätigen würde. Unsere persönliche Erfahrung hingegen zeigt uns die Zahl unserer Jahre nicht an. Keine körperliche Empfindung enthüllt uns die Regressionsvorgänge des Alterns. Das ist eines der

Merkmale, durch die sich Alter und Krankheit voneinander unterscheiden. Die Krankheit macht sich bemerkbar, und der Organismus wehrt sich gegen sie auf eine Weise, die manchmal sogar schädlicher ist als die Ursache; die Krankheit tritt für das Individuum, das sie befällt, klarer zutage als für die Umgebung, die oft die Schwere des Leidens verkennt. Das Alter hingegen ist offensichtlicher für die anderen als für den Betroffenen selbst; es ist ein neuer Zustand des biologischen Gleichgewichts: geht die Anpassung ohne Schwierigkeiten vonstatten, so merkt der alternde Mensch kaum etwas davon. Die ‹Montagen›, die Gewohnheiten gestatten es, die psychomotorischen Mängel lange Zeit zu überspielen.

Selbst wenn uns der Körper Anzeichen liefert, so sind diese zweideutig. Es kann geschehen, daß man versucht ist, eine heilbare Krankheit von einem unabänderlichen Altersprozeß zu verwechseln. Trotzki, der ganz seiner Arbeit und seinem Kampf lebte, fürchtete das Alter sehr. Beklommen erinnerte er sich an einen Satz von Turgenjew, den Lenin oft zitierte: «Wissen Sie, welches das größte aller Laster ist? Älter sein als 55 Jahre.» 1933, genau mit 55 Jahren, klagte Trotzki in einem Brief an seine Frau über Müdigkeit, Schlaflosigkeit, Gedächtnisschwund; es schien ihm, als nähmen seine Kräfte ab, und beunruhigt fragte er sich: «Ist es das Alter, das nun im Ernst beginnt, oder handelt es sich um einen vorübergehenden, wenngleich jähen Verfall, von dem ich mich wieder erhole? Wir werden sehen.» Traurig beschwor er die Vergangenheit: «Ich habe große Sehnsucht nach deiner alten Fotografie, nach unserer Fotografie, die uns zeigt, als wir jung waren.» Trotzki wurde wieder gesund und nahm alle seine Tätigkeiten wieder auf.

Umgekehrt kann es geschehen, daß Unpäßlichkeiten, die mit dem Altersprozeß zusammenhängen, kaum wahrgenommen und schweigend übergangen werden. Man hält sie für harmlose und heilbare Störungen. Man muß sich bereits seines Alters bewußt sein, um die körperlichen Anzeichen deuten zu können. Und selbst dann hilft uns das nicht immer, uns mit unserem Zustand innerlich vertraut zu machen. Rheumatismus und Arthritis sind Folge des Alterns, das wissen wir; und doch bringen wir es nicht fertig, in ihnen einen neuen Status zu erkennen. Wir bleiben, was wir waren, nur daß wir nun außerdem Rheumatismus haben. [...]

Es ist – da es der andere in uns ist, der alt ist – ganz normal, daß wir durch andere Menschen zur Erkenntnis unseres Alters gelangen. Gern gestehen wir es nicht ein: «Jeder fährt zusammen, wenn er das erste Mal hört, daß er als alt bezeichnet wird», bemerkt O. W. Holmes[3]. Ich erschrak im Alter von 50 Jahren, als eine amerikanische Studentin mir von dem Ausruf einer Kommilitonin berichtete: «Was, Simone de Beauvoir ist schon so alt!» Eine ganze Tradition hat dieses Wort mit einem herabsetzenden Sinn beladen, es klingt wie eine Beleidigung. Deshalb reagiert man, wenn man als alt angesprochen wird, oft zornig. Madame de Sévigné war äußerst gereizt, als sie in einem Brief der Madame de La Fayette, die sie überreden wollte, nach Paris zurückzukehren, die Worte las: «Sie sind nun alt.» Sie beklagte sich bei ihrer Tochter darüber am 30. November 1689: «Denn ich merke mir keinerlei Verfall an, der mich daran erinnerte. Indes stelle ich des öfteren Überlegungen und Berechnungen an, und ich finde die Umstände des Lebens ziemlich hart. Mir will scheinen, ich sei wider meinen Willen bis zu jenem schicksalhaften Punkt geschleift worden, da man sich in das Alter ergeben muß. Ich sehe es vor mir, und da stehe ich nun und wollte, ich könnte zum wenigsten bewerkstelligen, daß ich nicht viel weiter gehen, nicht zu weit voranschreiten muß auf dem Weg der Gebrechlichkeit, der Schmerzen, der Gedächtnisschwächen, der körperlichen Entstellungen, die im Begriffe sind, mich zu verhöhnen, und ich höre eine Stimme sagen: ‹Du mußt weitergehen, ob du willst oder nicht, du mußt sterben›, was ein Äußerstes ist, gegen welches die Natur sich sträubt. Doch das ist nun einmal das Los alles dessen, das ein wenig zuviel voranschreitet.»

Mit 68 Jahren antwortet Casanova einem Korrespondenten, der ihn mit «verehrungswürdiger Greis» angeredet hat: «Ich bin noch nicht in dem miserablen Alter angelangt, in dem man keinen Anspruch mehr auf das Leben erheben kann.»

Ich bin mehrfach Frauen begegnet, die das unangenehme Be-

3 Oliver Wendell Holmes (1809–94), amerikanischer Arzt und Schriftsteller. (Anm. d. Übers.)

wußtsein ihres Alters einer Erfahrung verdankten, ähnlich jener, von der Marie Dormoy Léautaud berichtete: Ein Mann war ihr, von ihrer jugendlichen Figur getäuscht, auf der Straße nachgegangen; als er sie überholte, sah er ihr Gesicht, und statt sie anzureden, eilte er an ihr vorbei.

Wir sehen unsere Nächsten *sub specie aeternitatis*, und die Entdeckung, daß sie alt sind, versetzt uns deshalb einen Schlag. Man denke an den Schock, den Proust empfand, als er unvermittelt in ein Zimmer trat und dort an Stelle seiner Großmutter, die für ihn kein Alter besaß, eine uralte Frau gewahrte. Bei einer Reise vor dem Krieg verkündete uns ein Freund von Sartre, der uns begleitete, eines Tages, als er in den Speisesaal eines Hotels trat: «Ich habe gerade euren Freund Pagniez in Begleitung einer alten Dame getroffen.» Wir waren sprachlos; Madame Lemaire war uns noch nie wie eine alte Dame vorgekommen – sie war eben einfach Madame Lemaire. Der Blick eines Fremden verwandelte sie in eine andere. Ich habe geahnt, daß mir die Zeit auch noch oft genug einen Streich spielen würde. Noch peinlicher ist die Überraschung, wenn es sich um gleichaltrige Leute handelt. Jeder von uns macht diese Erfahrung: Man begegnet jemandem, den man kaum wiedererkennt und der uns seinerseits betroffen ansieht. Man sagt sich: wie hat er sich verändert – wie muß ich mich verändert haben! Léautaud schreibt am 25. Februar 1945, als er von einer Beerdigung heimkehrt, das Schrecklichste sei «der Anblick jener Leute, die man kennt, die man seit fünf oder sechs Jahren nicht mehr gesehen hat, die man nicht nach und nach älter werden sah – was man auf diese Weise auch kaum bemerkt hätte – und die man nun plötzlich um fünf oder sechs Jahre gealtert wiedersieht. Was für ein Anblick – und welchen Anblick muß man im übrigen selber bieten!» Und das Erstaunen, das einen erfaßt, wenn man sich gewisse Fotografien wieder ansieht! Ich konnte mich nur mit Mühe an den Gedanken gewöhnen, daß meine frühere Studienfreundin vom Cours Désir, die ich immer ihrer Siege bei den Golfmeisterschaften und ihrer Ungezwungenheit wegen bewundert hatte, nicht jene junge triumphierende Sportlerin auf dem Foto war – nun ihrerseits Golfmeisterin –, sondern die alte, weißhaarige Dame, die neben ihr stand, die Mutter. [...]

Eines Tages wohnte ich in Rom einer Verwandlung im umgekehrten Sinne bei: eine hochgewachsene Amerikanerin in den Sechzigern nahm in dem Terrassencafé, wo ich saß, Platz und unterhielt sich mit einer Freundin; plötzlich lachte sie hell auf. Es war das Lachen einer jungen Frau, das sie verwandelte und mich 20 Jahre zurückversetzte nach Kalifornien, wo ich ihr begegnet war. Auch hier hat mir ein unvermitteltes Zusammenschrumpfen der Zeit mit schmerzlicher Klarheit ihre verheerende Macht enthüllt. Die alten Berühmtheiten unter meinen Zeitgenossen sehe ich gewöhnlich auf der Leinwand oder in Zeitschriften mit den Gesichtern von heute und zucke jedesmal zusammen, wenn ich sie in alten Filmen oder Zeitungen in ihrer vergessenen Jugendfrische wiedersehe.

Ob wir wollen oder nicht, wir fügen uns endlich und teilen den Standpunkt der anderen. Jouhandeau gelangt mit 70 Jahren zu der Einsicht: «Fast ein halbes Jahrhundert hindurch bin ich unveränderlich ein Zwanzigjähriger geblieben. Jetzt ist die Zeit gekommen, dieser Anmaßung zu entsagen.» Dieses ‹Entsagen› ist jedoch nicht so einfach. Wir stoßen uns da an einem intellektuellen Ärgernis: wir müssen uns einer Realität stellen, die unzweifelhaft wir selber sind, während sie uns doch von außen erfaßt und unbegreiflich für uns bleibt. Es besteht ein unüberwindbarer Widerspruch zwischen der inneren Evidenz, die unser Fortdauern verbürgt, und der objektiven Gewißheit unserer Verwandlung. Wir können lediglich von einer zur andern schwanken, ohne jemals beide fest zusammenhalten zu können.

Der Grund dafür liegt darin, daß das Alter zu jener Kategorie gehört, die Sartre[4] die Unrealisierbaren genannt hat. Ihre Zahl ist unendlich, denn sie stellen die Kehrseite unserer Situation dar. Was wir für die anderen bedeuten, können wir unmöglich in der Art des *Für-sich-Seins* erleben. Das Unrealisierbare ist «ein Sein in Entfernung, das alle meine Wahlen begrenzt und ihre Kehrseite ausmacht». Ich mag Französin, Schriftstellerin, eine 60jährige sein: diese Situation, die ich *erlebe*, ist inmitten der Welt eine objektive Form, die mir entgeht. Aber das Unrealisierbare enthüllt sich als solches nur im Licht eines Entwurfs, der darauf abzielt, es zu realisieren. Wenn ich als Französin in Frankreich

4 In *Das Sein und das Nichts*

lebe, veranlaßt mich nichts dazu, mich nach der Bedeutung dieser Eigenschaft zu fragen; sobald ich mich in einem fremden oder feindlichen Land befinde, existiert meine Nationalität für mich, muß ich eine bestimmte Haltung ihr gegenüber einnehmen: sie bekunden, verhehlen oder vergessen usw. In unserer Gesellschaft wird der alte Mensch durch seine Lebensweise, durch die Verhaltensweisen der Umwelt und sogar durch das Vokabular als solcher gekennzeichnet: diese Realität hat er auf sich zu nehmen. Es gibt unendlich viele Arten und Weisen, dies zu tun – keine jedoch wird mir erlauben, mit der Realität, die ich auf mich nehme, übereinzustimmen. Das Alter ist etwas, das jenseits meines Lebens liegt, etwas, wovon ich keine innere Gesamterfahrung haben kann. Allgemeiner gesehen ist mein *ego* ein transzendentes Objekt, das nicht in meinem Bewußtsein lebt und das nur aus der Entfernung anvisiert werden kann.

Dies geschieht mittels eines Bildes: wir versuchen uns vorzustellen, wie wir in der Sicht der anderen sind. Es handelt sich nicht um ein im Bewußtsein vorhandenes Bild, sondern vielmehr um ein Bündel von Intentionalitäten, die durch ein Analogon auf ein abwesendes Objekt gerichtet sind. Es ist ein generisches, widersprüchliches und vages Bild. Immerhin gibt es Perioden, in denen dieses Bild genügt, uns unserer Identität zu versichern: das gilt zum Beispiel für Kinder, wenn sie genug Liebe erhalten. Sie sind zufrieden mit diesem Widerschein ihrer selbst, den sie in den Worten und dem Verhalten ihrer Nächsten entdecken; sie gleichen sich ihm an und bedienen sich seiner wiederum. An der Schwelle der Jugend zerbricht das Bild: das linkische Betragen während der Flegeljahre rührt daher, daß man nicht sogleich weiß, wodurch man es ersetzen kann. Es kommt zu einem Schwebezustand analog dem an der Schwelle des Alters. In beiden Fällen sprechen die Psychiater von einer ‹Identitätskrise›. Dennoch bestehen große Unterschiede. Der heranwachsende junge Mensch ist sich bewußt, daß er eine Übergangsperiode durchmacht; sein Körper verändert sich und stört ihn. Der gealterte Mensch fühlt sich alt auf Grund der anderen, ohne entscheidende Veränderungen erfahren zu haben[5]; innerlich ist er nicht

5 Die Wechseljahre sind für die Frau eine physische Erfahrung, treten aber lange vor dem Alter ein.

einverstanden mit dem Etikett, mit dem man ihn versehen hat – er weiß nicht mehr, wer er ist. In *Leere Spiegel* hat Aragon diese Unkenntnis und die daraus entstehende Verwirrung symbolisch dargestellt: der Held erblickt im Spiegel nicht mehr sein Bild, er ist nicht mehr fähig, sich zu sehen.

Der tiefere Grund für diese Asymmetrie ist im Unbewußten zu suchen. Freud hat das ausgeführt: das Unbewußte unterscheidet nicht Wahres und Falsches; es ist eine Gesamtstruktur von Trieben; es ist unreflektiert. Aber es kann zum Hindernis für die Reflexion werden, braucht es allerdings nicht. Der Übergang von der Jugend zum Erwachsenenalter wird durch das Unbewußte nicht gestört. Vielmehr ist die Sexualität des Erwachsenen in der des jungen Menschen, ja sogar in der des Kindes bereits vorweggenommen. Das Erwachsensein erscheint ihnen im allgemeinen als wünschenswert, weil es die Befriedigung ihrer Triebe verspricht. Der Junge lebt in männlichen Phantasievorstellungen, das kleine Mädchen träumt von künftiger Weiblichkeit. Mit Vergnügen nehmen sie in Spielen und in Geschichten, die sie sich erzählen, diese Zukunft vorweg. Im Gegensatz dazu assoziiert der Erwachsene das hohe Alter mit Kastrationsvorstellungen. Und unser Unbewußtes weiß nichts vom Alter, wie der Psychoanalytiker Grotjahn unterstreicht; es nährt die Illusion von einer ewigen Jugend. Wenn diese Illusion zerstört wird, entsteht bei vielen Menschen ein von Narzißmus geprägtes Trauma, das zu einer depressiven Psychose führt.

Man sieht, wie diese ‹Überraschung› zustande kommt, diese Ungläubigkeit, diese Entrüstung, die den alternden Menschen befällt, wenn er sich seines Alters bewußt wird. Unter den Unrealisierbaren, die uns umgeben, ist es diese Offenbarung, die zu realisieren wir am dringlichsten getrieben sind und die zu akzeptieren wir, bewußt oder unbewußt, den stärksten Widerwillen hegen. Diese Tatsache ermöglicht es uns, die Verhaltensweisen des alten Menschen, die im Verhältnis zu seinen Lebensbedingungen auf den ersten Blick oft unangemessen erscheinen, besser zu verstehen. [...]

Ob wir nun ein mehr oder weniger überzeugendes Bild finden, das uns mehr oder weniger von uns überzeugt – wir müssen dieses Alter, das wir nicht zu *realisieren* vermögen, *leben*. Vor allem leben wir es in unserem Körper. Nicht daß dieser uns darüber Aufschluß gäbe; aber wenn wir einmal wissen, daß das Alter in ihm ist, dann sorgen wir uns um ihn. Die Gleichgültigkeit alter Leute in bezug auf ihre Gesundheit ist mehr eine scheinbare als eine wirkliche; bei näherem Hinsehen entdeckt man ihre Ängstlichkeit. Sie zeigt sich in ihren Reaktionen auf den Rorschach-Test. Im allgemeinen sehen die meisten Versuchspersonen in den Tintenklecksen körperliche Bilder. Bei alten Leuten sind anatomische Interpretationen sehr selten und sehr karg. Ihre Deutungen haben einen morbiden Charakter: sie sehen zum Beispiel Lungen oder Mägen in Röntgenaufnahmen, häufig auch Verunstaltungen. So glauben sie in den Klecksen Skelette, Monstren oder schauerliche Gesichter zu erkennen. Diese Ängstlichkeit geht manchmal bis zur Hypochondrie. Oft wendet der im Ruhestand lebende Mensch seinem Körper all die Aufmerksamkeit zu, die er vorher auf seine Arbeit konzentriert hat. Er klagt über Schmerzen, um zu verbergen, daß er unter einem Prestigeverlust leidet. Vielen dient die Krankheit als Entschuldigung für die gesellschaftlich niedrigere Stufe, die von nun an ihr Los ist. Krankheit kann auch eine Rechtfertigung ihrer Egozentrik sein – der Körper verlangt jetzt ihre ganze Fürsorge. Aber die Angst, die diesem Verhalten zugrunde liegt, ist absolut real.

Bei einigen gealterten Schriftstellern findet man Geständnisse dieser Verängstigung. Edmond de Goncourt notiert am 10. Juni 1892 in seinem *Journal*: «Jahre voller Angst, Tage voller Beklemmungen, da ein kleines *Wehweh* oder Unwohlsein uns sogleich an den Tod denken läßt.» Man weiß, daß man nicht mehr so viel Widerstandskraft gegen Angriffe von außen hat, man fühlt sich verletzbar: «Bei der kleinsten Unpäßlichkeit fragt man sich, was nun über einen herfällt – das ist das Unangenehme in einem gewissen Alter», schreibt Léautaud in seinem Tagebuch. Die physischen Veränderungen, die man feststellt, sind an sich schon betrüblich, und sie kündigen noch weitere, endgültige an. «Abnutzung, Verfall, Abstieg können nur noch schlimmer werden», sagt Léautaud weiter. Und das ist vielleicht das Härteste am Altwerden: das Gefühl, daß man nicht mehr umkehren kann, daß etwas Endgültiges geschieht. Eine Krankheit läßt noch die Möglichkeit offen, daß sie heilbar oder zumindest aufzuhalten ist. Führt ein Unfall zu einem Gebrechen, so tritt danach gewöhnlich nicht noch eine Verschlimmerung ein. Die altersbedingten physischen Involutionen sind irreparabel, und wir wissen, daß sie von Jahr zu Jahr zunehmen.

Dieser Verfall ist schicksalhaft, keiner entgeht ihm. Aber es hängt von zahlreichen Faktoren ab, ob er schnell oder langsam vor sich geht, den ganzen Organismus oder nur Teile erfaßt und ob er einen mehr oder weniger großen Einfluß auf die Gesamtexistenz hat. Für die Privilegierten, denen ihre Situation eine gewisse Handlungsfreiheit läßt, hängt dann viel davon ab, wie der einzelne sein Schicksal in die Hand nimmt.

Oft genug zählt die körperliche Belastung weniger als die Einstellung, die man dazu einnimmt. Claudel, stets Optimist, schreibt in seinem Tagebuch: «Achtzig Jahre! Keine Augen mehr, keine Ohren mehr, keine Zähne mehr, keine Beine mehr, kein Atem mehr! Und das Erstaunliche ist, daß man letztlich auch ohne das alles auskommt!» Jemand wie Voltaire, der sein Leben lang von seinem Körper geplagt wurde und sich von früher Jugend an als todkrank bezeichnete, kommt besser als andere mit den Plagen des Alters zurecht. Mit 70 Jahren und noch später nennt er sich den «alten Kranken», dann den «achtzigjährigen Kranken». Hier hat er sich selbst gegenüber den Standpunkt der anderen eingenommen – nicht ohne an seiner Rolle Gefallen zu finden. Wenn er sein *Ich* zu Worte kommen läßt, erklärt er, sich an seinen Zustand gewöhnt zu haben: «Ich leide seit 81 Jahren, und ich sehe soviel Leiden und Sterben rings um mich.» Er schreibt: «Das Herz altert nicht, aber es ist traurig, es in Ruinen zu beherbergen.» Er stellt fest: «Ich mache alle Kalamitäten durch, die mit der Altersschwäche verbunden sind.» Aber er ist reich, berühmt, geehrt, tätiger denn je und mit Leidenschaft bei seiner Arbeit, und so akzeptiert er seine Lage mit Gelassenheit: «Es stimmt, ich bin etwas taub, etwas blind, etwas impotent, und das alles wird von drei oder vier abscheulichen Gebrechen gekrönt: aber nichts hindert mich, zu hoffen.» [...]

Für diejenigen, die nicht aufgeben wollen, bedeutet alt sein den Kampf gegen das Alter. Dies ist dann die harte neue Bedingung ihrer Existenz: leben versteht sich nicht mehr von selbst. Mit 40 Jahren kann ein Mensch mit guter Gesundheit biologisch über sich verfügen. Er kann bis an die Grenze seiner Kräfte gehen, denn er weiß, er wird sie bald wieder erlangen. Die Gefahren einer Krankheit oder eines Unfalls erschrecken ihn nicht über die Maßen, denn wenn es nicht ungewöhnlich schwere Fälle sind, wird er genesen und wieder sein wie zuvor. Der alte Mensch ist gezwungen, mit seinen Kräften hauszuhalten; ein übermäßiger Kräfteverbrauch könnte einen Herzschlag zur Folge haben; eine Krankheit könnte ihn endgültig schwächen; ein Unfall würde möglicherweise Siechtum bedeuten oder ihn sehr lange ans Bett fesseln, die Wunden würden nur sehr allmählich vernarben. Handgreifliche Auseinandersetzungen kommen für ihn nicht in Frage: er weiß von vornherein, daß er der Unterlegene wäre, er würde sich lächerlich machen, einen Kampf zu provozieren. Um an einer Kundgebung teilnehmen zu können, geht er nicht schnell genug: er würde nur die jüngeren Gefährten behindern. Geistige oder körperliche Arbeit, Sport, selbst Unterhaltung haben Müdigkeit zur Folge. Oft leidet der alte Mensch unter bestimmten oder unbestimmten Schmerzen, die ihm jede Freude am Leben nehmen. Colette wurde vom Rheumatismus gepeinigt. Einer Bewunderin, die ihr zu ihrem Ruhm, zu ihrem scheinbaren Glück gratulierte, antwortete sie: «Ja, mein Kind, wenn das Alter nicht wäre.» – «Aber abgesehen vom Alter?» – «Ist immer das Alter da.» Meine Mutter litt in ihren letzten Lebensjahren grausam unter einer Arthritis – trotz der zehn Aspirintabletten, die sie täglich schluckte. Sartres Mutter hatte fast jeden Lebensmut verloren, so sehr quälte sie der Rheumatismus. Auch wenn der alte Mensch solche Leiden ergeben erträgt, so stellen sie sich doch zwischen ihn und die Welt; sie sind der Preis, mit dem er die meisten seiner Tätigkeiten bezahlt. Er kann also nicht mehr seinen Einfällen nachgeben, seinen spontanen Neigungen folgen: er muß die Folgen in Betracht ziehen und sieht sich vor Entscheidungen gestellt. Geht er spazieren, weil ein schöner Tag ist, tun ihm bei der Heimkehr die Beine weh; nimmt er ein Bad, quält ihn seine Arthritis. Oft braucht er Hilfe beim Gehen, beim Ankleiden: er zögert, sie zu fordern, zieht es vor, zu verzichten. Der Feindseligkeits-Koeffizient der

Dinge steigt: Treppen sind schwerer zu erklimmen, es dauert länger, Entfernungen zu überwinden, es ist gefährlicher, Straßen zu überqueren, und mühseliger, Pakete zu tragen. Die Welt ist voller Hindernisse und gespickt mit Bedrohungen. Man darf nicht mehr dahinschlendern. Jeder Augenblick bringt Probleme, und ein Irrtum muß teuer bezahlt werden. Für die Ausübung der natürlichen Funktionen bedarf man künstlicher Hilfsmittel: Prothesen, Brillen, Hörgeräte, Gehstöcke. «Auch das ist das Alter, dieses ganze Arsenal von Brillen auf meinem Arbeitstisch», notiert Léautaud. Das Elend ist, daß die meisten Alten zu arm sind, sich gute Brillen und die sehr teuren Hörgeräte zu kaufen; so sind sie oft dazu verurteilt, halbblind oder völlig taub zu leben. Auf sich selbst beschränkt, verfallen sie in einen Marasmus, der sie vom Kampf gegen den Untergang abhält. Oft zieht ein partieller Ausfall eine Entsagung nach sich, der dann ein rascher Abbau auf allen Ebenen folgt.

Das Altern ist nicht ein *notwendiger* Abschluß der menschlichen Existenz. Es stellt nicht einmal wie der Körper das dar, was Sartre die «Notwendigkeit unserer Kontingenz» genannt hat. Sehr viele Tiere – so die Ephemeriden, die Eintagsfliegen – sterben, nachdem sie sich fortgepflanzt haben, und machen kein Verfallstadium durch. Doch ist es eine empirische und allgemeingültige Wahrheit, daß der menschliche Organismus von einer bestimmten Anzahl von Jahren an einer Involution unterliegt. Dieser Vorgang ist unvermeidlich. Er bringt nach einer gewissen Zeit eine Reduktion der Aktivität des Individuums mit sich und sehr oft auch eine Verminderung seiner geistigen Fähigkeiten und eine Veränderung seiner Einstellung gegenüber der Welt.

Zuweilen ist das hohe Alter aus politischen oder gesellschaftlichen Gründen aufgewertet worden. Manche Menschen – so zum Beispiel die Frauen im alten China – fanden in ihm eine Zuflucht vor der Härte der normalen Lebensbedingungen. Andere finden auf Grund einer Art Lebenspessimismus Gefallen daran: wenn das Leben-wollen als Quelle des Unglücks erscheint, ist es nur logisch, einem Halbtot-sein den Vorzug zu geben. In der überwiegenden Mehrzahl jedoch erwarten die

Menschen das Alter in Traurigkeit oder voller Auflehnung. Es flößt ihnen noch mehr Widerwillen ein als der Tod.

Und tatsächlich muß man das Alter, mehr noch als den Tod, als Gegensatz zum Leben betrachten. Es ist die Parodie des Lebens. Der Tod verwandelt das Leben in Schicksal, und in gewisser Hinsicht rettet er es, indem er ihm die Dimension des Absoluten verleiht: «So wie die Ewigkeit in sich das Leben endlich ändert.» Er hebt die Zeit auf. Die letzten Tage eines Menschen, den man zu Grabe trägt, haben nicht mehr Wahrheit besessen als alle anderen Tage; seine Existenz ist nun zu einer Gesamtheit geworden, in der alle Teile gleichermaßen anwesend sind – insofern sie vom Nichts ergriffen wurden. Victor Hugo ist für alle Zeiten ein 30jähriger und zugleich ein 80jähriger. Als er jedoch tatsächlich 80 Jahre alt war, verwischte bei ihm die gelebte Gegenwart die Vergangenheit. Diese Oberherrschaft ist niederdrückend, wenn – wie es fast immer der Fall ist – die Gegenwart einer Herabsetzung oder sogar einer Widerlegung dessen, was gewesen ist, gleichkommt. Die früheren Ereignisse, das erworbene Wissen behalten ihren Platz in einem erloschenen Leben: sie sind gewesen. Sobald die Erinnerung zerbröckelt, versinken sie in höhnischem Dunkel: das Leben löst sich Masche um Masche auf, wie ein abgetragenes Trikot, so daß der greise Mensch am Ende nur noch Fasern in den Händen hält. Schlimmer noch: die Gleichgültigkeit, die ihn überkommt, leugnet seine Leidenschaften, seine Überzeugungen, sein ganzes Tun; so, wenn Monsieur de Charlus mit einem Hutabnehmen den aristokratischen Hochmut, der sein Seinsgrund gewesen ist, zerstört; oder wenn Arina Petrowna sich mit einem gehaßten Sohn aussöhnt. Wozu hat man so viel gearbeitet, wenn man feststellen muß, wie Rousseau sagte, daß die Mühe vergeblich war, da man den erzielten Resultaten nicht mehr den geringsten Wert beimißt? Michelangelos Verachtung für seine ‹Hampelmänner› ist herzzerreißend; wenn wir ihn durch seine letzten Jahre begleiten, empfinden wir traurig mit ihm die Vergeblichkeit seiner Anstrengungen. Im Tod aber vermögen solche Augenblicke der Entmutigung nichts gegen die Größe seines Werks.

Nicht alle Greise danken ab, entsagen. Im Gegenteil, viele zeichnen sich durch ihre Hartnäckigkeit aus. Dann aber werden sie oft zu Karikaturen ihrer selbst. Ohne Grund oder sogar gegen jeden Grund bleibt ihr Wille kraft einer Art Trägheitsgesetz bestehen. Anfangs *wollten* sie im Hinblick auf ein bestimmtes Ziel. Jetzt wollen sie, weil sie gewollt *haben*. Ganz allgemein treten bei ihnen Gewohnheiten, Automatismen und verschiedene Formen der Verkalkung an die Stelle der Erfindungskraft. Es ist schon etwas Wahres daran, wenn Émile Faguet[6] sagt: «Das Alter ist eine fortwährende Komödie, die der Mensch spielt, um den anderen und sich selbst etwas vorzumachen – komisch vor allem deshalb, weil er sie so schlecht spielt.»

Die Moral predigt das gelassene Hinnehmen der Übel, denen Wissenschaft und Technik nicht abzuhelfen vermögen: Schmerz, Krankheit, Alter. Ja, das beherzte Ertragen eines solchen Zustands, der uns vermindert, verleihe uns, so behauptet sie, innere Größe. Und mangels anderer Pläne solle der alte Mensch dies zu seinem Vorhaben machen. Das ist ein Spiel mit Worten: Pläne, Entwürfe beziehen sich nur auf unser Tun. Das Alter ertragen ist keine Tätigkeit. Wachsen, reifen, altern, sterben – die Vergänglichkeit der Zeit ist ein Verhängnis.

Wollen wir vermeiden, daß das Alter zu einer spöttischen Parodie unserer früheren Existenz wird, so gibt es nur eine einzige Lösung, nämlich weiterhin Ziele zu verfolgen, die unserem Leben einen Sinn verleihen: das hingebungsvolle Tätigsein für einzelne, für Gruppen oder für eine Sache, Sozialarbeit, politische, geistige oder schöpferische Arbeit. Im Gegensatz zu den Empfehlungen der Moralisten muß man sich wünschen, auch im hohen Alter noch starke Leidenschaften zu haben, die es uns ersparen, daß wir uns nur mit uns selbst beschäftigen. Das Leben behält einen Wert, solange man durch Liebe, Freundschaft, Empörung oder Mitgefühl am Leben der anderen teilnimmt. Dann bleiben auch Gründe, zu handeln oder zu sprechen. Es wird den Menschen oft geraten, sich auf ihr Alter ‹vorzubereiten›. Wenn es sich aber nur darum handelt, Geld auf die Seite zu legen, einen Alterssitz zu wählen oder Hobbies anzufangen, dann wird einem, wenn es soweit ist, wenig geholfen sein. Besser ist es, nicht zuviel ans Alter zu denken, sondern ein möglichst enga-

6 Er schrieb einen wütenden kleinen Essay gegen das Alter: *Les dix Commandements de la vieillesse* [Die zehn Gebote des Alters].

giertes und möglichst gerechtfertigtes Menschenleben zu leben, an dem man auch dann noch hängt, wenn jede Illusion verloren und die Lebenskraft geschwächt ist.

Nur werden diese Möglichkeiten lediglich einer Handvoll von Privilegierten eingeräumt, und gerade im hohen Alter vertieft sich noch der Graben zwischen ihnen und der riesigen Mehrheit der Menschen. Wenn wir die einen mit den anderen vergleichen, können wir die am Anfang dieses Buches gestellte Frage beantworten: Was ist am Verfall des Individuums unvermeidlich? In welchem Maße ist die Gesellschaft dafür verantwortlich?

Wir haben gesehen: Das Lebensalter, in dem der Altersabbau einsetzt, hängt seit jeher davon ab, welcher Klasse man angehört. Heute ist ein Bergarbeiter mit 50 Jahren ein erledigter Mann, während man unter den Privilegierten viele muntere und rüstige 80jährige trifft. Beim Arbeiter setzt der Verfall nicht nur früher ein, sondern er vollzieht sich auch schneller. In den Jahren des ‹Überlebens› ist sein zerrütteter Körper für Krankheiten und Gebrechen anfällig. Dagegen kann ein Greis, der immer die Möglichkeit hatte, auf seine körperliche Verfassung Rücksicht zu nehmen, sich bis zu seinem Tod eine nahezu unversehrte Gesundheit erhalten.

Die Ausgebeuteten sind im Alter, wenn nicht zu Elend, so doch zumindest zu großer Armut verurteilt, zu unbequemen Unterkünften, zur Einsamkeit. All das ruft bei ihnen ein Gefühl der Herabsetzung und eine allgemeine Angst hervor. Sie versinken in einer Stumpfheit, die sich auf den ganzen Organismus auswirkt; selbst die Geisteskrankheiten, die bei ihnen auftreten, sind zu einem großen Teil ein Produkt des Systems.

Auch wenn der Rentner oder Pensionär sich seine Gesundheit und seinen klaren Verstand erhalten hat, ist er dennoch einer schrecklichen Plage ausgesetzt: der Langeweile. Er hat seinen Einfluß auf die Welt verloren und vermag keinen wiederzugewinnen, da die Beschäftigungen, denen er in seiner Freizeit nachgegangen ist, entfremdet waren. Dem Handarbeiter gelingt es nicht einmal, die Zeit totzuschlagen. Sein verdrossener Müßiggang mündet in eine Apathie, die das, was ihm an physischem und geistigem Gleichgewicht noch bleibt, in Gefahr bringt.

Der Schaden, den er im Verlauf seiner Existenz erlitten hat, ist noch sehr viel radikaler. Wenn der Rentner an der Sinnlosigkeit seines gegenwärtigen Lebens verzweifelt, so deshalb, weil ihm die ganze Zeit hindurch der Sinn seiner Existenz gestohlen worden ist. Ein Gesetz, ebenso unerbittlich wie das *eherne Gesetz*, hat ihm nur gestattet, sein Leben zu reproduzieren, und ihm die Möglichkeit, Rechtfertigungen dafür zu finden, verwehrt. Wenn er nun den Zwängen seines Berufes entrinnt, sieht er um sich her nur Wüste; es war ihm nicht vergönnt, sich Entwürfen zu widmen, die die Welt mit Zielen, Werten, Seinsgründen bereichert hätten.

Und hier liegt das Verbrechen unserer Gesellschaft. Ihre ‹Alterspolitik› ist ein Skandal. Skandalöser aber noch ist die Behandlung, die sie der Mehrzahl der Menschen in ihrer Jugend und im Erwachsenenalter angedeihen läßt. Dadurch bereitet sie schon früh die verstümmelten und elenden Lebensbedingungen vor, die das Los dieser Menschen in ihren letzten Jahren ist. Es ist Schuld der Gesellschaft, wenn der Altersabbau bei ihnen vorzeitig einsetzt und wenn er sich so rasch vollzieht, in einer physisch schmerzhaften und seelisch grauenvollen Weise, weil sie ihm mit leeren Händen gegenüberstehen. Als ausgebeutete, entfremdete Individuen werden sie, wenn ihre Kräfte sie verlassen, zwangsläufig zum ‹Ausschuß›, zum ‹Abfall› der Gesellschaft.

Deshalb sind alle Mittel, die zur Linderung der Not der Alten empfohlen werden, so unzulänglich: keines davon vermag die systematische Zerstörung, der manche Menschen während ihrer gesamten Existenz ausgesetzt sind, wiedergutzumachen. Auch wenn man sie pflegt – ihre Gesundheit kann man ihnen nicht zurückgeben. Damit, daß man ihnen menschenwürdige Altersheime baut, kann man ihnen nicht die Bildung, die Interessen und die Verantwortung vermitteln, die ihrem Leben einen Sinn gäben. Ich sage nicht, daß es vergeblich wäre, ihre Lebensbedingungen heute verbessern zu wollen; doch trägt dies in keiner Weise zu einer Lösung des eigentlichen Problems bei: wie müßte eine Gesellschaft beschaffen sein, damit ein Mensch auch im Alter ein Mensch bleiben kann?

Die Antwort ist einfach: er muß immer schon als Mensch behandelt worden sein. Das Schicksal, das sie ihren nicht mehr arbeitsfähigen Mitgliedern bereitet, enthüllt den wahren Charakter der Gesellschaft; sie hat sie immer als Material betrachtet. Sie gesteht damit ein, daß für sie nur der Profit zählt und daß ihr ‹Humanismus› reine Fassade ist. Im 19. Jahrhundert haben die herrschenden Klassen das Proletariat ausdrücklich der ‹Barbarei›, der ‹Unkultur› zugeordnet. Durch ihre Kämpfe haben die Arbeiter es erreicht, das Proletariat der Menschheit zu integrieren. Doch nur, soweit es leistungsfähig ist. Von den *gealterten* Werktätigen kehrt sich die Gesellschaft wie von einer fremden Gattung ab.

Und hier haben wir den Grund, warum die Frage in konzertiertem Schweigen übergangen wird. Die Situation der alten Menschen zeigt deutlich das Scheitern unserer Zivilisation auf. Der ganze Mensch muß erneuert werden, alle zwischenmenschlichen Beziehungen müssen neu geschaffen werden, wenn die Lebensbedingungen des alten Menschen annehmbar werden sollen. Der Mensch dürfte seinem Lebensende nicht einsam und mit leeren Händen entgegensehen. Wenn Bildung nicht ein lebloses, ein für allemal erworbenes und dann vergessenes Gut, sondern ein praktisches und lebendiges Wissen wäre, und wenn der Mensch dank dieses Wissens einen ständigen und sich im Laufe der Jahre immer wieder erneuernden Einfluß auf seine Umwelt hätte, dann würde er in jedem Alter ein aktives, nützliches Mitglied der Gesellschaft sein. Wenn er nicht von Kindheit an ‹atomisiert› wäre, abgesondert und isoliert unter anderen Atomen, wenn er an einem kollektiven Leben teilhätte, das ebenso selbstverständlich und wesentlich für ihn wäre wie sein eigenes Leben, dann würde er nie das ‹Exil› kennenlernen. Nirgendwo und zu keiner Zeit ist dieser Zustand je geschaffen worden. Die sozialistischen Länder kommen ihm zwar etwas näher als die kapitalistischen Länder, sind aber noch weit davon entfernt.

In der idealen Gesellschaft, die ich hier beschworen habe, würde, so kann man hoffen, das Alter gewissermaßen gar nicht existieren: der Mensch würde, wie es bei manchen Privilegierten vorkommt, durch Alterserscheinungen unauffällig geschwächt, aber nicht offenkundig vermindert, und eines Tages einer Krankheit erliegen; er stürbe also, ohne zuvor Herabwürdigung erfahren zu haben. Das letzte Lebensalter entspräche dann wirklich dem, als was es gewisse bürgerliche Ideologen definieren: eine

Existenzphase, die sich von der Jugend und dem Erwachsenenalter unterscheidet, aber ihr eigenes Gleichgewicht besitzt und dem Menschen eine weite Skala von Möglichkeiten offenläßt.

Davon sind wir weit entfernt. Die Gesellschaft kümmert sich um den einzelnen nur in dem Maße, in dem er ihr etwas einbringt. Die Jungen wissen das. Ihre Angst in dem Augenblick, da sie in das soziale Leben eintreten, entspricht genau der Angst der Alten in dem Augenblick, da sie aus dem sozialen Leben ausgeschlossen werden. In der Zwischenzeit werden die Probleme durch die Routine verdeckt. Der junge Mensch fürchtet sich vor dieser Maschinerie, die nach ihm greift, und manchmal versucht er, sich mit Steinwürfen zu wehren; der alte Mensch, von der gleichen Maschinerie ausgespien, erschöpft und nackt, hat noch seine Augen zum Weinen, sonst nichts. Zwischen beiden läuft die Maschinerie und zermalmt Menschen, und die Menschen lassen sich zermalmen, weil sie sich nicht einmal vorstellen, daß sie ihr entrinnen könnten. Wenn man begriffen hat, was die Lebensbedingungen der alten Menschen bedeuten, wird man sich nicht damit begnügen, eine großzügigere ‹Alterspolitik›, eine Erhöhung der Renten, gesunde Wohnungen und Freizeitgestaltung zu fordern. Es geht um das ganze System, und die Forderung kann nur radikal sein: das Leben verändern.

Die Zeremonie des Abschieds

«In meinem Leben habe ich einen unstreitbaren Erfolg zu verzeichnen: meine Beziehungen zu Sartre.» Am 15. April 1980 stirbt Simone de Beauvoirs geliebter Partner und Kampfgefährte. In ‹Die Zeremonie des Abschieds›, der als der fünfte Memoirenband Simone de Beauvoirs gelten kann, beschreibt sie die letzten zehn Jahre ihrer Gemeinschaft mit Jean-Paul Sartre. Tagebuchähnlich berichtet sie von den Aktionen, Alltagserlebnissen und Reisen dieser Zeit. Diese Erinnerungen leisten eine politische Standortbeschreibung zweier alter Radikaler, denen die solidarische Tat und die geistige Arbeit selbstverständlich bleiben. Wohl der Vollständigkeit halber publiziert Simone de Beauvoir im umfangreichen Anhang etwas weitschweifige Gespräche, die sie mit Sartre über Politik, Literatur, Sexualität und Freundschaft geführt hat.

Daß sie den allmählichen körperlichen und geistigen Verfall des großen Intellektuellen genau protokolliert, wird ihr nach der Veröffentlichung im Jahre 1981 als Indiskretion verübelt. Aber gerade der Verzicht auf Schönfärberei und Kritiklosigkeit macht diesen Bericht zu einer großen Liebeserklärung an einen Menschen, der sich bis zu seinem Ende eine rührende Tapferkeit und heitere Offenheit zu bewahren versuchte.

Dezember 1974

Augenblicklich hatte er andere Interessenschwerpunkte. In *Libération* vom 21. November veröffentlichte er einen Protestbrief an die deutschen Behörden, die sich weigerten, ihm eine Begegnung mit Andreas Baader zu erlauben. Das war eine Sache, für die er sich engagiert hatte. In einem Interview mit dem *Spiegel* vom Februar 1973 hatte er die Aktionen der RAF bis zu einem gewissen Grad gerechtfertigt. Im März 1974 war in *Les Temps*

Modernes ein Artikel von Sjef Teuns über «die Folter durch sensorische Deprivation» erschienen, der Baader und seine Genossen ausgesetzt waren; in derselben Nummer standen ein anonymer Artikel über die «wissenschaftlichen Foltermethoden» und ein weiterer von Baaders Anwalt, Klaus Croissant: «Die Isolationsfolter». Im Anschluß hatte Klaus Croissant ihn ersucht, sich persönlich von den Haftbedingungen Baaders ein Bild zu machen, und er hatte beschlossen, dies zu tun. Am 4. November hatte er beantragt, Baader im Gefängnis zu besuchen, mit Daniel Cohn-Bendit als Dolmetscher. Sein Entschluß wurde bestärkt durch die Nachricht vom Tod von Holger Meins, der an den Folgen eines Hungerstreiks im Gefängnis gestorben war. In seinem Brief in *Libération* bezeichnete Sartre die Weigerung der Deutschen als «rein aufschiebend». Kurz nach dessen Veröffentlichung bat Alice Schwarzer ihn um ein Interview für den *Spiegel*, das am 2. Dezember erschienen ist. Sartre hatte endlich die Erlaubnis bekommen, mit Baader zu sprechen, und hat die Gründe für seine Einmischung dargelegt: er mißbilligte die gewalttätigen Aktionen der RAF unter den herrschenden deutschen Umständen, ihm lag aber daran, seine Solidarität mit einem inhaftierten Revolutionär zu bekunden und gegen die Behandlung, der er ausgesetzt war, zu protestieren.

Am 4. Dezember fuhr er also nach Stuttgart. In Begleitung von Pierre Victor, Klaus Croissant und Cohn-Bendit sprach er etwa eine halbe Stunde mit Baader. Das Auto, das ihn zum Stammheimer Gefängnis brachte, wurde von Bommi Baumann gefahren, einem reumütigen Terroristen, der seine Erfahrungen in einem Buch der Reihe «La France sauvage»[7] geschildert hat. Am gleichen Tag gab Sartre eine Pressekonferenz (die in Auszügen in *Libération* und *Le Monde* erschienen ist). Mit Heinrich Böll rief er im Fernsehen zur Bildung eines internationalen Komitees zum Schutz politischer Gefangener auf. Seine Intervention entfesselte in der BRD eine heftige Kampagne gegen ihn. Zusammen mit

7 Einige Jahre später hat er diesen Bericht unter dem Namen Klein in erweiterter Form wiederveröffentlicht: der Titel dieses neuen Buches ist *La Mort Mercenaire* (deutsch: *Wie alles anfing*). Beide Ausgaben haben ein Vorwort von Cohn-Bendit.

Klaus Croissant und Alain Geismar hielt er am 10. Dezember in Paris eine weitere Pressekonferenz ab. Später befaßte er sich in einem Interview der Fernsehsendung *Satellite* vom 22. Mai 1975 mit Baader. Er machte sich keine Illusionen über die Auswirkung seines Besuches in Stammheim: «Ich denke, der Besuch ist ein Mißerfolg gewesen», hat er gesagt. «Die öffentliche Meinung der Deutschen hat sich dadurch nicht geändert. Das scheint sie sogar eher gegen die Sache aufgebracht zu haben, für die ich mich einsetzen wollte. Ich konnte noch so oft sagen, daß es nicht um die Straftaten ginge, die Baader zur Last gelegt wurden, sondern nur um seine Haftbedingungen: die Journalisten waren der Ansicht, daß ich Baaders politisches Handeln guthieße. Ich glaube, es ist ein Mißerfolg gewesen, aber ich würde es trotzdem wieder tun.»[8] An anderer Stelle hat er gesagt: «Was mich interessiert, sind die Handlungsmotive der Gruppe, ihre Hoffnungen, ihre Aktivitäten und – ganz allgemein – ihre politische Idee.»

August 1977

Am nächsten Tag gegen zwei sind wir im ausgestorbenen Rom angekommen. Leider hatten wir unser Terrassen-Appartement nicht mehr, das für ein Jahr an einen Amerikaner vermietet worden war. Aber unsere neue Unterkunft hat mir ganz gut gefallen: zwei Zimmer, getrennt durch einen winzigen Salon, in dem ein Kühlschrank brummte. Sie lagen ebenfalls im fünften Stock, und wir hatten einen herrlichen Blick auf Sankt Peter, mit phantastischen Sonnenuntergängen.

Während der fünfunddreißig Tage, die wir, zuerst mit Sylvie, dann allein, zusammen verlebt haben, ist es Sartre sehr gutgegangen (außer was seine Beine betraf: er konnte kaum laufen). Er diskutierte mit viel Sachverstand über die Bücher, die ich ihm vorlas (hauptsächlich Werke von sowjetischen Dissidenten). Als Bost uns mit Olga besucht hat, war er, obwohl er in bezug auf Sartre zum Pessimismus neigte, erstaunt über dessen Vitalität.

8 Aus seinem Gespräch mit Michael Contat: *Selbstporträt mit siebzig Jahren,* a. a. O.

Am Tag nach Sylvies Abreise hat zehn Meter von unserem Hotel in einer ehemaligen Autowerkstatt ein kleines Café aufgemacht. Wir aßen jeden Mittag auf der Terrasse ein Sandwich oder ein Omelette. Abends, wenn wir im Taxi vom Restaurant zurückkamen, tranken wir dort manchmal einen Whisky, bevor wir in unsere Zimmer hinaufgingen. Dort hatten wir die meisten unserer Verabredungen.

In jenem Sommer brodelte es in Rom: in Bologna, das einen kommunistischen Bürgermeister hatte, war ein Student getötet worden. Vom 23. bis 25. September sollte dort eine riesige Demonstration von Linken stattfinden. Sartre hatte wie gesagt ein Manifest gegen die Repression in Italien unterschrieben: damit hatte er einen Sturm in der italienischen Presse, vor allem in der kommunistischen, entfesselt. *Lotta Continua*, ein linksextremistisches Blatt, zu dem *Les Temps Modernes* ausgezeichnete Beziehungen hatte, hat Sartre um ein Interview zu dieser Frage gebeten. M.-A. Macciocchi bedrängte ihn, die Versammlungen in Bologna zu unterstützen. Rossana Rossanda bat ihn, sie nicht zu unterstützen: sie sah Katastrophen vorher. Am 19. September traf Sartre in dem kleinen Café, von dem ich sprach, mit mehreren Verantwortlichen von *Lotta Continua* zusammen. Sie veröffentlichten das Gespräch auf vier Seiten ihrer Nummer vom 15. September unter dem Titel «Libertà e potere non vanno in coppia». Sartre erläuterte seine Gedanken zur KPI, zum historischen Kompromiß, zur Baader-Meinhof-Gruppe, zu den östlichen Dissidenten, zur Rolle der Intellektuellen gegenüber dem Staat und den Parteien, zu den Neuen Philosophen, zum Marxismus. Er erklärte: «Jedesmal wenn die Staatspolizei auf einen jungen Militanten schießt, bin ich auf seiten des jungen Militanten.» Er bekräftigte seine Solidarität mit den Jungen, wünschte aber, daß es in Bologna zu keinen Gewalttaten kommen würde. Seine Äußerungen haben alle Welt zufriedengestellt, Rossana Rossanda eingeschlossen.

Sartre hatte wirklich sehr gut gesprochen. Und in unseren Unterhaltungen war er ganz so wie früher. Wir redeten über unser Leben, unser Alter, über alles und nichts. Natürlich, er war gealtert, aber er war wirklich er selbst.

Sein Herz war launenhaft. Er wollte nicht mehr, daß Melina ihn in Rom besuchte, noch daß wir, wie besprochen, nach Athen fuhren. Er sagte, er würde ihr Geld geben, damit sie das nächste Halbjahr in Paris leben könnte, weil er es ihr versprochen hätte, aber er würde sie nicht mehr treffen: «Sie hat zu eigennützige Interessen, sie ist nicht interessant. Sie bedeutet mir nichts mehr.»

Sie kam kurz nach unserer Rückkehr in Paris an. «Ich habe immer noch viel Zuneigung zu dir», sagte Sartre zu ihr, «aber ich liebe dich nicht mehr.» Sie weinte ein bißchen. Von Zeit zu Zeit sah er sie noch.

Es waren viele Frauen um ihn: seine alten Freundinnen, neu dazugekommene. Er sagte freudig zu mir: «Nie bin ich so von Frauen umgeben gewesen!» Er wirkte überhaupt nicht unglücklich. «Ja», hat er zu mir gesagt, als ich ihn danach fragte, «es gibt jetzt ein solches Ausmaß von Unglück in der Welt, aber ich bin nicht unglücklich.» Er bedauerte, daß er so schlecht sah, vor allem, daß er die Gesichter nicht sah. Aber er fühlte sich ganz lebendig. Seine Lektüren mit Victor interessierten ihn, das Fernsehen machte ihm Spaß. In den Sitzungen der *Temps Modernes* beteiligte er sich viel mehr an den Diskussionen als in den vergangenen Jahren.

Auch die politischen Ereignisse verfolgte er mit großer Aufmerksamkeit, insbesondere die Affäre Klaus Croissant, dem Anwalt Baaders. Am 1. Juli hatte er einen Aufruf gegen dessen Auslieferung unterschrieben; am 11. Oktober unterzeichnete er mit dem Komitee gegen ein deutsch-amerikanisches Europa einen weiteren Protest. Am 18. November veröffentlichte dasselbe Komitee ein Kommuniqué zur Affäre Schleyer. Am 28. Oktober unterzeichnete er mit P. Halbwachs, Daniel Guérin und mir eine Warnung vor Gewaltanwendung gegen den Polisario. Am 30. Oktober schickte er ein Solidaritätstelegramm an iranische Intellektuelle und Regimegegner. Und am 10. Dezember unterschrieb er einen Aufruf gegen die Ausweisung des Malers Antonio Saura.

Er wirkte immer erschöpfter. Er bekam allmählich Schorf vom Liegen, und seine Blase funktionierte schlecht: man mußte ihm einen Katheter machen, und wenn er aufstand – was jetzt sehr selten vorkam –, zog er einen kleinen Plastikbeutel voll Urin hinter sich her. Ab und zu ging ich aus seinem Zimmer, um einen Besucher einzulassen: Bost oder Lanzmann. Ich setzte mich dann solange in einen Warteraum. Dort habe ich gehört, wie Professor Housset und ein anderer Arzt miteinander sprachen und dabei das Wort «Urämie» fallenließen. Ich habe begriffen, daß Sartre verloren war, und ich wußte, daß Urämie oft zu gräßlichen Schmerzen führt. Ich habe angefangen zu schluchzen und habe mich Housset in die Arme geworfen: «Versprechen Sie mir, daß er nichts von seinem Sterben merkt, daß er keine Angst hat, daß er nicht leiden muß!» – «Ich verspreche es Ihnen, Madame», hat er ernst gesagt. Etwas später, als ich wieder in Sartres Zimmer war, hat er mich herausgerufen. Auf dem Flur hat er mir gesagt: «Ich möchte, daß Sie wissen, daß ich Ihnen kein leeres Versprechen gemacht habe: ich werde es halten.»

Die Ärzte haben mir dann erklärt, daß die Nieren nicht mehr durchblutet würden und dadurch nicht mehr funktionierten. Sartre urinierte noch, aber ohne den Harnstoff auszuscheiden. Um eine Niere zu retten, wäre eine Operation nötig gewesen, die er nicht überstanden hätte. Und dann wäre das Gehirn nicht mehr richtig mit Blut versorgt worden, was zu Senilität geführt hätte. Es gab keine andere Lösung, als ihn friedlich sterben zu lassen.

Während der Tage, die nun kamen, hat er nicht gelitten: «Es gibt nur einen etwas unangenehmen Moment, morgens, wenn mein Schorf behandelt wird», hat er mir gesagt. «Aber das ist alles.» Dieser «Schorf» war ein erschreckender Anblick (aber glücklicherweise konnte er es nicht sehen): große violett und rot unterlaufene Flecken. Die Mangeldurchblutung hatte nämlich zu Gangrän geführt.

Er schlief viel, aber wenn er mit mir sprach, war er klar. Zeitweise konnte man glauben, daß er hoffte, wieder gesund zu werden. Als Pouillon ihn an einem der letzten Tage besuchte, hat er ihn um ein Glas Wasser gebeten und heiter zu ihm gesagt: «Das nächste Mal, wenn wir zusammen etwas trinken, das wird bei mir zu Hause sein, und zwar Whisky.»[9] Aber am nächsten Tag hat er mich gefragt: «Wie machen wir das nur mit den Begräbniskosten?» Ich habe natürlich protestiert und habe auf die Krankenhauskosten abgelenkt, indem ich ihm versicherte, daß die Krankenkasse sie bezahlen würde. Aber ich habe begriffen, daß er wußte, daß er verloren war und daß es ihn nicht erschütterte. Er kam nur auf eine Sorge zurück, die ihn in den letzten Jahren gequält hatte: den Geldmangel. Zu seiner Gesundheit hat er sich nicht weiter geäußert, hat er mir keine Fragen gestellt. Am nächsten Tag hat er mein Handgelenk genommen und hat gesagt: «Ich liebe Sie sehr, mein kleiner Castor.» Als ich am 14. April zu ihm kam, schlief er. Er ist aufgewacht und hat, ohne die Augen zu öffnen, ein paar Worte gesagt, dann hat er mir den Mund hingehalten. Ich habe seinen Mund geküßt, seine Wange. Er ist wieder eingeschlafen. Diese Worte, diese Geste, ungewöhnlich für ihn, wiesen auf seinen nahen Tod hin.

Einige Monate später hat Professor Housset, den ich zu treffen gewünscht hatte, mir erzählt, daß Sartre ihm manchmal Fragen stellte: «Wohin wird das alles führen? Was wird aus mir werden?» Aber es war nicht der Tod, der ihn beunruhigte, es war sein Gehirn. Den Tod hat er sicher vorausgeahnt, aber ohne Angst. Er war «resigniert», hat Housset gesagt, oder vielmehr «vertrauensvoll», hat er sich verbessert. Ohne Zweifel haben die Beruhigungsmittel, die er bekommen hat, zu diesem friedlichen Zustand beigetragen. Aber vor allem hatte er – außer in der ersten Zeit seiner Erblindung – das, was mit ihm geschah, immer voller Bescheidenheit ertragen. Er wollte die anderen mit seinen Problemen nicht belasten. Und das Aufbegehren gegen ein Schicksal, an dem er nichts ändern konnte, erschien ihm müßig. Zu Contat[10] hatte er gesagt: «So ist es eben, und ich kann nichts tun, also habe ich auch keinen Grund zu klagen.» Er liebte das Leben noch glühend, aber der Gedanke an den Tod war ihm

9 Georges Michel, dessen Bericht insgesamt zutreffend ist, irrte sich in der Annahme, das wären Sartres letzte Worte gewesen.
10 *Selbstporträt mit siebzig Jahren*, a. a. O.

vertraut, wenn er dessen Eintreten auch gern bis zu seinem achtzigsten Lebensjahr hinausgezögert hätte.

Er hat ihn ohne weiteres angenommen, dankbar für die Freundschaft und die Zuneigung, die ihn umgaben, und mit seiner Vergangenheit zufrieden: «Ich habe getan, was ich zu tun hatte.»

Housset hat mir auch versichert, daß der Ärger, den er erlebt hatte, seinen Zustand in keiner Weise verschlimmert hätte. Eine heftige emotionale Krise hätte wahrscheinlich auf der Stelle verheerende Auswirkungen gehabt, aber über einen längeren Zeitraum verteilt, hätten Sorgen und Ärgernisse das, was auf dem Spiel stand, nämlich das Gefäßsystem, nicht verschlechtert. Er hat hinzugefügt, daß dieses sich in der nahen Zukunft in unvermeidlicher Weise verschlechtert hätte: in maximal zwei Jahren hätte es sich auf das Gehirn ausgewirkt, und Sartre wäre nicht mehr er selbst gewesen.

Als ich mich am Morgen des 15. April, einem Dienstag, wie gewöhnlich erkundigte, ob Sartre gut geschlafen habe, hat die Krankenschwester mir geantwortet: «Ja. Aber ...» Ich bin sofort hingegangen. Er schlief und atmete ziemlich schwer: offensichtlich lag er im Koma. So lag er schon seit dem Vorabend. Ich bin viele Stunden bei ihm geblieben und habe ihn angesehen. Gegen sechs Uhr habe ich Arlette den Platz überlassen und habe sie gebeten, mich anzurufen, wenn etwas geschehe. Um neun Uhr hat das Telefon geklingelt. Sie hat mir gesagt: «Es ist zu Ende.» Ich bin mit Sylvie hingegangen. Er sah aus wie immer, aber er atmete nicht mehr.

Sylvie hat Lanzmann, Bost, Pouillon, Horst benachrichtigt, die herbeigeeilt sind. Uns wurde erlaubt, bis fünf Uhr morgens im Zimmer zu bleiben. Ich habe Sylvie gebeten, Whisky zu holen, wir haben ihn getrunken und haben über Sartres letzte Tage, über vergangene Tage und über die notwendigen Maßnahmen gesprochen. Sartre hatte mir mehrmals gesagt, daß er nicht auf dem Père-Lachaise-Friedhof zwischen seiner Mutter und seinem Stiefvater beerdigt werden wollte. Er wünschte, eingeäschert zu werden. Es wurde beschlossen, ihn vorübergehend auf dem Friedhof Montparnasse zu bestatten, von wo er zur Einäscherung auf den Père-Lachaise überführt werden sollte. Seine Asche sollte in einem endgültigen Grab auf dem Friedhof Montparnasse beigesetzt werden. Während wir Totenwache bei ihm hielten, belagerten Journalisten das Gebäude. Bost und Lanzmann haben sie aufgefordert wegzugehen. Sie haben sich versteckt. Aber es ist ihnen nicht gelungen hineinzugelangen. Als Sartre eingeliefert wurde, hatten sie auch versucht, Fotos zu machen. Zwei von ihnen hatten versucht, sich als Pfleger verkleidet ins Zimmer zu schmuggeln, aber sie wurden vertrieben. Die Krankenschwestern waren darauf bedacht, die Rollos herunterzuziehen und Gardinen an die Türen zu machen, um uns abzuschirmen. Trotzdem ist ein Foto, wahrscheinlich von einem benachbarten Dach aus aufgenommen, das den schlafenden Sartre zeigte, in *Paris-Match* erschienen.

Irgendwann habe ich gebeten, man möge mich mit Sartre allein lassen, und habe mich neben ihn unter die Decke legen wollen. Eine Krankenschwester hat mich zurückgehalten: «Nein. Vorsicht ... die Gangrän.» Erst da habe ich begriffen, was sein «Schorf» wirklich war. Ich habe mich auf die Decke gelegt und habe ein wenig geschlafen. Um fünf Uhr sind Pfleger gekommen. Sie haben ein Tuch und eine Art Hülle über Sartres Leichnam gebreitet, und sie haben ihn fortgebracht.

Simone de Beauvoir heute

Anfang der siebziger Jahre lernt Simone de Beauvoir in Paris Alice Schwarzer kennen, die Mitinitiatorin der ‹Mouvement de la Liberation des femmes (MLF)›, der französischen Frauenbewegung. Die deutsche Journalistin ist Zeugin von Beauvoirs Entwicklung zur entschiedenen Frauenrechtlerin. Ihre intensiven Gespräche, 1983 von Schwarzer unter dem Titel ‹Simone de Beauvoir heute› herausgegeben, dokumentieren die Entwicklung der neuen Frauenbewegung und ihrer Symbolfiguren über einen Zeitraum von einem Jahrzehnt hinweg. Mit Zuneigung und mit Respekt macht Schwarzer die historische Bedeutung Simone de Beauvoirs kenntlich, unbestechlich und kraftvoll nimmt hier ein Vorbild Stellung.

Alice: Wie erklären Sie sich, daß Sie selbst mit jemandem wie Sartre – der menschlich und intellektuell sehr anziehend war – nicht in die Falle gegangen sind, «seine Frau» sein zu wollen? Daß Sie eben nicht zum relativen Wesen, zur «Frau an seiner Seite» degradierten? Was scheint Ihnen in Ihrem Leben ausschlaggebend dafür, daß Sie eine der wenigen Frauen sind, die es schafften, autonom zu existieren?

Simone: Die Prägungen meiner ersten Lebensjahre. Daß ich immer schon meinen eigenen Beruf haben wollte! Daß ich immer schon schreiben wollte, lange bevor ich Sartre kannte! Daß ich Träume hatte, keine Phantasien, sehr kühne Träume, Wünsche, die längst vor der Begegnung mit Sartre feststanden! Zum Glücklichsein war ich es mir also schuldig, mein Leben zu erfüllen. Und Erfüllung war für mich in erster Linie die Arbeit.

Alice: Und Sartres Haltung dazu?

Simone: Er vor allem war es, der mich dazu ermunterte. Nach meiner Promotion, ich hatte sehr viel gearbeitet, hatte ich Lust, mich ein wenig fallen zu lassen, ins Glück, in Sartres Liebe ... Da war er es, der mir gesagt hat: Aber Castor, warum denken Sie nicht mehr! Warum arbeiten Sie nicht mehr! Sie wollten doch schreiben! Sie wollen doch wohl keine Hausfrau werden, oder ...?! Er hat sehr darauf bestanden, daß ich meine Autonomie erhalte und schaffe, vor allem durch das Schreiben.

Alice: Das war wohl gegenseitig. Ohne die Begegnung mit Ihnen hätte Sartre sich vermutlich in sehr klassischen Liebesstrukturen wiedergefunden ...

Simone: Ein verheirateter Sartre? Das hätte ihm ganz sicherlich gestunken. Aber es stimmt, man hätte ihn leicht in die Enge treiben können. Das schlechte Gewissen ... Aber er pflegte sich dann auch schnell wieder davon zu befreien.

Alice: Kennen Sie das, das bei Frauen so weitverbreitete schlechte Gewissen, diese Schuldgefühle?

Simone: Nein, ich hatte noch nie ein schlechtes Gewissen in diesem Sinne. Manchmal Gewissensbisse, wenn ich Freundschaften auf brutale Art beendete. Darauf war ich nicht immer gerade stolz. Aber alles in allem hatte ich immer ein gutes Gewissen – das ist manchmal fast ein Unbewußtsein, denke ich.

Alice: Sie sind, glaube ich, ganz allgemein ein Mensch, der sich nicht so gern den Kopf über sich selber zerbricht ...

Simone: Das stimmt. Meine Analysen wende ich nicht allzusehr auf mich selbst an. Das ist mir fremd.

Alice: Genet hat einmal von Ihnen beiden gesagt, in Ihrer Beziehung seien Sie der Mann und Sartre sei die Frau. Was meinte er damit?

Simone: Er wollte damit sagen, daß Sartre seiner Meinung nach eine reichere Sensibilität hatte als ich, eine Sensibilität, die man also «weiblich» nennen könnte. Ich hingegen hätte viel schroffere Verhaltensweisen. Aber das hatte auch viel mit Genets Beziehung zu Frauen zu tun, die er nicht gerade sehr liebt ...

Alice: Aber es ist ja was dran. Sie können ein wahrer Maulesel sein – das sagen Sie ja auch selbst. Ihre Energie und Ihre scharfe Intelligenz, Ihre Heftigkeit und auch die Eisigkeit, mit der Sie Situationen und Menschen begegnen können, die Sie nicht mögen ... Da ist nichts von einer «weiblichen» Verbindlichkeit. Sie sind ein sehr absoluter Mensch.

Simone: Das stimmt.

Alice: Ich kenne nicht wenige Fälle, in denen Frauen, die sich eine solch unverhüllte Energie und Intelligenz erlauben, dafür sozusagen bestraft werden. Die Umwelt läßt sie spüren: Du bist «so gut wie ein Mann»? Dann bist du «als Frau» nicht begehrenswert! – Kennen Sie das?

Simone: Nein.

Alice: Sie sind also niemals in die Versuchung gekommen, zur Kompensation Ihrer «männlichen» Züge die «kleine Frau» zu spielen?

Simone: O nein, nie! Ich arbeitete, und ich hatte Sartre. Und die Dinge kamen, wie sie kamen, ich rannte ihnen nicht nach. Das heißt, als ich mich in Amerika in Algren verliebte – in diesem fremden Land, mit seinem Charme, mit all den Qualitäten, die er hatte –, da habe ich nicht viel anstellen, mich nicht verstellen müssen! Er war auch in mich verliebt.

Alice: War erotisches Begehren für Sie immer mit Gefühlen verknüpft?

Simone: Ich glaube, ja. Übrigens: ich begehrte keinen Mann, wenn ich nicht auch begehrt wurde. Es war immer eher das Begehren des anderen, das mich mitriß.

Alice: Ganz schön vorsichtig ...

Simone: Ja. Vielleicht hatte ich manchmal andere Phantasien ... Aber in der Realität gab es keinen Mann, der mich berührt hätte, bevor uns nicht schon eine große Freundschaft verband.

Alice: Keine raschen Begierden? Keine kurzen Nächte, die mit irgend jemandem befriedigt wurden, egal mit wem?

Simone: O nein, das nie! Das ist mir ganz, ganz fern. Vielleicht ist es puritanisch, vielleicht das Ergebnis meiner Erziehung. Aber wie auch immer: Es ist nie, nie passiert! Nicht einmal dann, wenn ich nichts laufen hatte, also eine Zeitlang ohne Sexualität war. Dennoch hätte ich niemals daran gedacht, mir einfach einen Mann zu suchen ...

Alice: Ist diese Zurückhaltung «weiblich» ...?

Simone: Ich weiß es nicht.

Alice: Wenn Sie von Ihrer Sexualität sprechen, sprechen Sie immer nur von Männern. Haben Sie niemals Sexualität mit einer Frau gelebt?

Simone: Nein. Ich hatte immer zwar wichtige Freundschaften mit Frauen, sehr zärtliche, manchmal auch körperlich zärtlich. Aber daraus ist nie eine erotische Leidenschaft geworden.

Alice: Und warum nicht?

Simone: Das hat sicherlich mit meiner Konditionierung durch die Erziehung zu tun. Ich meine damit die gesamte Erziehung, nicht nur die häusliche, all die Lektüren und Einflüsse, die mich als Kind prägten und die mich in die Heterosexualität gestoßen haben.

Alice: Wollen Sie damit sagen, daß Sie die Homosexualität konkret nie gelebt haben, sie aber theoretisch voll akzeptieren, auch für sich selbst?

Simone: Ja, ganz und gar. Frauen sollten sich nicht länger ausschließlich auf das Begehren der Männer hin konditionieren lassen. Und überhaupt denke ich, daß schon heute jede Frau ein bißchen ... ein bißchen homosexuell ist. Ganz einfach, weil Frauen begehrenswerter sind als Männer.

Alice: Wie das?

Simone: Weil sie schöner sind, weicher, ihre Haut ist angenehmer. Und sie haben gemeinhin auch mehr Charme. So ist es bei einem ganz normalen Ehepaar sehr häufig der Fall, daß die Frau angenehmer ist, lebendiger, anziehender, amüsanter, selbst intellektuell.

Alice: Man könnte sagen, das sei ein bißchen sexistisch oder männerfeindlich, was Sie da sagen ...

Simone: Nein. Denn das hat natürlich auch etwas mit der unterschiedlichen Konditionierung und Realität der Geschlechter zu tun. Es ist einfach eine Tatsache, daß Männer heute oft diese ein wenig lächerlichen Züge haben, die auch Sartre so langweilten. Sie sind so abgehoben, so unlebendig, sie theoretisieren gern so wichtigtuerisch.

Alice: Stimmt. Aber ich finde, Frauen haben auch so ihre Fehler. Und neuerdings sind sie sogar wieder stolz darauf. In Deutschland zum Beispiel, und nicht nur da, haben wir es mit einer Renaissance der «Weiblichkeit» zu tun, der sogenannten «neuen Weiblichkeit» (die natürlich in Wahrheit eine uralte ist): Gefühle statt Intellekt, «natürliche» Friedfertigkeit statt Entschlossenheit zur Auseinandersetzung, Mystifizierung der Mutterschaft statt Befreiung vom Zwang zur «Mütterlichkeit» und so weiter, und so fort. Sie waren es, die in *Das andere Geschlecht* zwanzig Jahre vor Beginn der neuen Frauenbewegung das Credo des neuen Feminismus formulierte: «Man kommt nicht als Frau zur Welt, man wird es.» Was sagen Sie nun zu dieser Rückkehr gewisser Frauen zur «Natur der Frau»?

Simone: Ich denke, daß das ganz einfach eine Rückkehr in die Versklavung der Frauen ist! Die Mutterschaft ist schließlich immer noch die geschickteste Art, Frauen zu Sklaven zu machen. Damit will ich nicht sagen, jede Frau, die Mutter ist, sei damit automatisch auch Sklavin – es kann Lebensbedingungen geben, unter denen die Mutterschaft nicht diesen Preis kostet. Solange es als Hauptaufgabe der Frau gilt, Kinder zu bekommen, wird sie sich eben kaum um Politik oder Technologie kümmern, und: sie wird den Männern nicht ihre Überlegenheit streitig machen. Eine erneute Verklärung von «Mutterschaft» und «Weiblichkeit» ist der Versuch, die Frauen auf das Niveau von vorher zurückzudrängen.

Alice: Und das ist im Moment einer weltweiten ökonomischen Krise für die Männerwelt doppelt praktisch: es bindet Frauen wieder fester an die gratis geleisteten, häuslichen «weiblichen Pflichten» und macht gleichzeitig bezahlte Arbeitsplätze für Männer frei.

Simone: Genau. Da man den Frauen schlecht sagen kann, es sei eine heilige Aufgabe, Töpfe zu spülen, sagt man ihnen: Es ist eine heilige Aufgabe, Kinder zu erziehen. Aber Kinder großziehen, das hat, so wie die Welt heute ist, eben sehr viel mit dem Töpfe-Spülen zu tun. Auf die Art treibt man die Frauen zurück in die Lage eines relativen Wesens, eines zweitklassigen Menschen.

Alice: Woran liegt dieser neue Weiblichkeitswahn? Hat auch der Feminismus zum Teil versagt?

Simone: Ich denke, daß der Feminismus in der Tat bisher nur eine kleine Anzahl der Frauen wirklich tiefgreifend erreicht hat. Gewisse feministische Aktionen haben viele Frauen erreicht, so zum Beispiel der Kampf für das Recht auf Abtreibung. Aber da der Feminismus für viele Leute jetzt eine gewisse Gefahr zu sein scheint – wegen der Arbeitslosigkeit und der Infragestellung männlicher Privilegien –, reagiert man auf den Feminismus, indem man das, was ganz tief in vielen Frauen steckt, wieder hervorholt: Die meisten sind eben doch Weibchen geblieben ... Man gibt der Weiblichkeit einfach wieder einen gewissen ideologischen Wert und versucht so, das vom Feminismus angekratzte Bild der «normalen Frau» wiederzufinden: relativ, bescheiden und all das. Diesem Bild, das vom Feminismus immerhin zerstört wurde, wird jetzt nachgeweint.

Alice: Fragen an Sie als Existentialistin und Marxistin: Wie steht es unter den gegebenen Umständen mit der Freiheit der Frauen? Wo sehen Sie heute noch Raum zum Handeln? Und wo sind die Grenzen, an die wir zwangsläufig stoßen müssen? Auf welchem Weg, mit welcher Strategie könnten Frauen diesen Teufelskreis der «Weiblichkeit», in dem sie sich befinden, überhaupt durchbrechen? Und sind wir Feministinnen da Ihrer Meinung nach bisher den richtigen Weg gegangen?

Simone: Schwer zu sagen. Es ist schon gut, überhaupt etwas getan zu haben. Und die Umstände sind alles andere als günstig ... Aber es ist ja wahr, daß in dieser Bewegung schon sehr früh auch Dinge steckten, die nicht sehr gut waren. Zum Beispiel die Entschlossenheit gewisser Frauen, einfach alles, was von den Männern kam, abzulehnen. Nur nichts so machen zu wollen wie die Männer: sich nicht organisieren, keinen Beruf haben, nicht schöpferisch tätig sein, nicht handeln. Ich war immer der Meinung, daß man als Frau das Instrumentarium, das die Männer in Händen halten, einfach nehmen, sich seiner bedienen muß. Ich weiß, daß es da unter den Feministinnen eine Spaltung gibt: Sollen Frauen immer mehr Stellen einnehmen und mit den Männern in Wettstreit treten? Wenn sie das tun, werden sie ohne Zweifel gewisse Qualitäten der Männer ebenso übernehmen wie gewisse Fehler. Oder sollen Frauen sich im Gegenteil all dem ganz und gar verweigern? Im ersten Fall hätten sie mehr Macht, im zweiten verharren sie in der Ohnmacht. Sicher, wenn der Griff der Frau zur Macht nichts anderes bringt als nur eine Machtausübung nach demselben Muster wie vorher unter den Männern ... so verändert man die Gesellschaft nicht. Und die wahre Perspektive von Feministinnen kann meiner Meinung nach nur die Veränderung der gesamten Gesellschaft und damit auch die Veränderung des Platzes von Frauen in der Gesellschaft sein.

Alice: Sie selbst haben, was Ihre Arbeit angeht, den ersten Weg gewählt: Sie haben so schöpferisch geschrieben und so frei gelebt «wie ein Mann». Gleichzeitig haben Sie versucht, diese Welt zu verändern ...

Simone: Ja. Und ich glaube, daß eine solche Doppelstrategie der einzige Weg ist. Wir Frauen dürfen nicht zögern, nach den sogenannten männlichen Qualitäten zu greifen! Viele davon sind ganz einfach menschliche Qualitäten, die auch uns Frauen zustehen! Wir müssen die Einmischung in diese Männerwelt, die weitgehend eben auch ganz einfach die Welt an sich ist, riskieren! Sicher, auf diesem Weg läuft eine Frau Gefahr, andere Frauen und den Feminismus zu verraten. Sie glaubt, sie sei entkommen ... Aber auf dem anderen Weg läuft sie Gefahr, in der «Weiblichkeit» zu ersticken.

Alice: Auf dem einen wie auf dem anderen Weg sind Frauen oft zurückgestoßen und erniedrigt worden.

Simone: Mein Glück ist, daß ich nie erniedrigt wurde. Ich habe unter der Tatsache, Frau zu sein, kaum gelitten. Wenn mich auch – ich sagte das schon im Vorwort zum *Anderen Geschlecht* – Dinge wie die Tatsache, daß die Leute mir immer wieder sagten: «Sie denken das, weil Sie eine Frau sind», sehr ärgerten. Ich antwortete dann einfach: Das ist wirklich lächerlich – denken Sie dieses und jenes, weil Sie ein Mann sind?

Alice: Allgemein, aber gerade auch in bezug auf die Literatur gibt es heute unter Feministinnen auch die Kontroverse: Soll man die Quantität oder die Qualität fördern? Das heißt: soll man Frauen ebenso streng messen und kritisieren wie Männer? Oder soll man im Gegenteil zufrieden darüber sein, daß sie überhaupt schreiben, und sie zunächst einmal relativ kritiklos gewähren lassen?

Simone: Ich glaube, daß man den Frauen auch nein sagen muß. Nein, so geht es nicht! Schreibt etwas anderes, versucht, besser zu sein! Seid anspruchsvoller mit euch selbst! Frausein genügt nicht. Die mir zugeschickten Manuskripte sind sehr oft Manuskripte von Frauen, die hoffen, daß ihre Texte gedruckt würden. Es sind Hausfrauen, 40 oder 50 Jahre alt, ohne Beruf, die Kinder sind aus dem Haus, sie haben Zeit. Viele Frauen fangen dann einfach so an zu schreiben. Meistens ihre Lebensgeschichte, fast immer mit einer unglücklichen Kindheit. Und sie glauben, das sei interessant ... Die Dinge aufschreiben, das kann eine wichtige Funktion für ihre seelische Verfassung haben, aber es muß ja deswegen nicht auch noch unbedingt gedruckt werden. Nein, ich glaube, Frauen müssen sehr fordernd mit sich selbst werden!

Alice: Hat die Existenz der neuen Frauenbewegung auch direkte Auswirkungen auf Ihr eigenes Leben gehabt?

Simone: Sie hat mich sensibler für die Details werden lassen, für diesen alltäglichen Sexismus, den man sonst nicht wahrnimmt, weil er dermaßen «normal» ist. Seit Jahren schreiben Pariser Feministinnen für die *Temps Modernes* Texte über den «alltäglichen Sexismus», über diese Tatzenschläge mit Samtpfoten, die ich früher nicht gespürt habe.

Alice: Vor der Existenz der Frauenbewegung sagten Sie «sie», wenn Sie von den Frauen sprachen. Heute sagen Sie «wir».

Simone: Dieses Wir ist für mich nicht ein «wir Frauen», sondern ein «wir Feministinnen».

Alice: Der Begriff «Feminismus» ist inzwischen eine reichlich inflationäre Münze geworden. Heute gibt es zum Beispiel in der breiten bundesrepublikanischen Friedensbewegung Frauen, die unter dem Etikett Feminismus für den Frieden kämpfen: als «Frauen und Mütter, die die Welt von morgen für die Kinder retten wollen», oder als «Frauen, die dem Leben von Natur aus näher sind», oder als «Frauen, die von Natur aus friedlicher sind als Männer» – Männer, die angeblich «von Natur aus destruktiv sind» ...

Simone: Das ist absurd! Absurd, weil Frauen den Frieden als Menschen fordern müssen und nicht als Frauen. Die Argumentation «als Mütter» ist völlig unsinnig, schließlich sind die Männer auch Väter. Außerdem haben Frauen sich bisher eher viel zuviel an die Kinder, an ihre Gebärfähigkeit und ihre «Mütterlichkeit» geklammert. Mit dieser Weiblichkeitsideologie dürfen sie nun nicht auch noch selbst hausieren gehen. Die Friedensfrauen könnten, ganz wie die Männer, dafür kämpfen, daß die jungen Generationen nicht mehr geopfert werden. Aber all das hat wenig damit zu tun, ob sie nun selbst Mutter oder Frau sind. Kurzum, Frauen sollten diese «weibliche» Argumentation ganz und gar fallenlassen, auch wenn und gerade weil man sie ermutigt, im Namen ihrer Weiblichkeit oder Mütterlichkeit für den Frieden zu kämpfen: Denn das ist ja gerade der Trick der Männer, die damit die Frauen wieder mal auf ihre Gebärmutter reduzieren wollen! Übrigens sind Frauen, die an die Macht kommen, nicht anders als die Männer. Das sieht man doch bei Indira Gandhi, Golda Meir, Frau Thatcher und anderen. Sie werden dann keineswegs plötzlich zu Friedensengeln...

Lebensdaten

1908	9. Januar: Geburt in Paris, erstes Kind von Françoise und Georges de Beauvoir
1913	Eintritt in das katholische Mädcheninstitut Cours Désir
1919	Umzug in die rue de Rennes, wirtschaftliche Notlage der Familie
1922	Verlust des Glaubens an Gott
1925	Baccalauréat (Abitur)
1925–26	Studium der Philologie und der Mathematik
1926	Beginn des Philosophiestudiums an der Sorbonne
1928–29	Diplomarbeit über Leibniz, Probezeit als Lehrerin gemeinsam mit Maurice Merleau-Ponty und Claude Lévi-Strauss, Vorbereitung auf die renommierte agrégation (Prüfung für Lehramtskandidaten) an der Sorbonne und der Ecole Normale Supérieure
1929	Beginn der Beziehung zu Jean-Paul Sartre
1929–31	Auszug aus dem Elternhaus, Arbeit als Privatlehrerin
1931	Erste volle Lehrverpflichtung in Marseille
1932–36	Philosophielehrerin in Rouen
1936–43	Philosophielehrerin in Paris bis zur Entlassung durch Vichy-Regierung
1943	Veröffentlichung von L'Invitée (Sie kam und blieb)
1943–44	Programmgestalterin bei Radio Nationale

1944	Veröffentlichung von Pyrrhus et Cinéas (Pyrrhus und Cineas)
1945	Veröffentlichung von Le sang des autres (Das Blut der anderen), Uraufführung ihres einzigen Theaterstückes Les bouches inutiles (Die unnützen Mäuler), Erscheinen der von Sartre herausgegebenen ersten Nummer von Les Temps Modernes am 15.10.1945, Reise nach Portugal.
1946	Veröffentlichung von Tous les hommes sont mortels (Alle Menschen sind sterblich), sogenannte «moralische Periode» Beauvoirs, Erscheinen mehrerer Essays zur Philosophie, Politik und Literatur in Les Temps Modernes: L'Existentialisme et la sagesse des nations (Der Existentialismus und die Weisheit der Nationen), Idéalisme morale et réalisme politique (Moralischer Idealismus und politischer Realismus), L'Oeil pour l'oeil (Auge um Auge), Littérature et Métaphysique (Literatur und Metaphysik)
1947	Reise in die USA, Beginn der Beziehung zu Nelson Algren, Veröffentlichung von Pour une morale de l'ambiguite (Für eine Moral der Doppelsinnigkeit)
1948	Veröffentlichung von L'Amérique au jour le jour (Amerika – Tag und Nacht)
1949	Veröffentlichung von Le Deuxième Sexe (Das andere Geschlecht)
1950	Reisen nach Afrika, in die USA, in Europa als halboffizielle Kulturbotschafterin
1951	Ende der Beziehung zu Nelson Algren
1952	Beginn der Beziehung zu Claude Lanzmann, Bruch von Jean-Paul Sartre und Simone de Beauvoir mit Albert Camus
1953	Öffnung zum Marxismus

1954 Veröffentlichung von Les Mandarins (Die Mandarins von Paris), Prix Goncourt, Beginn der Opposition gegen die Algerienpolitik Frankreichs

1955 Reisen in die UdSSR und nach China, Veröffentlichung der Aufsatzsammlung Privilèges (Privilegien), darin das 1951 entstandene Faut-il brûler Sade? (Soll man de Sade verbrennen?)

1957 Veröffentlichung von La Longue Marche (China – das weitgesteckte Ziel)
Veröffentlichung von Mémoires d'une jeune fille rangée (Memoiren einer Tochter aus gutem Hause), Trennung von Claude Lanzmann, Demonstrationen gegen den Algerienkrieg
Veröffentlichung von La force de l'âge (In den besten Jahren), Reisen nach Brasilien und Kuba, Solidaritätskampagne zum Fall Djamila Boupacha, einer FLN-Agentin

1966 jährliche Reise in die UdSSR
Veröffentlichung der Dokumentation Djamila Boupacha, gemeinsam mit der französischen Rechtsanwältin Gisèle Halimi, Teilnahme an zahlreichen Kongressen und Demonstrationen
Veröffentlichung von La force des choses (Der Lauf der Dinge)
Veröffentlichung von Une mort très douce (Ein sanfter Tod) sowie Vorwort zu La bâtarde (Die Bastardin) von Violette Leduc
Veröffentlichung von Les belles images (Die Welt der schönen Bilder)
Veröffentlichung von La femme rompue (Eine gebrochene Frau), Teilnahme am Russell-Tribunal gegen die amerikanische Intervention in Vietnam, gemeinsam mit Sartre
Solidarität mit der Studenten- und Arbeiterrevolte in Frankreich, Protest gegen die Intervention der

UdSSR in der Tschechoslowakai, Solidarität mit dem «Prager Frühling».

1972 Veröffentlichung von La viellesse (Das Alter), mehrere Solidaritätsaktionen gemeinsam mit Sartre zugunsten maoistischer Gruppen und Zeitungen, Kontaktaufnahme mit Mitgliedern der Frauenbewegung, Teilnahme an der Selbstbezichtigungskampagne «Ich habe abgetrieben», Demonstrationen gegen das Abtreibungsverbot, Öffnung zum Feminismus
Gründung der «Liga für Frauenrechte»
Preis von Jerusalem

1980 15. April: Tod des Lebensgefährten Jean-Paul Sarte in Paris.

1981 Veröffentlichung von La cérémonie des adieux (Die Zeremonie des Abschieds)

1983 Herausgabe von Jean-Paul Sartre, Lettres au Castor et à quelques autres (Briefe an Simone de Beauvoir)

1985 Vorwort zu Shoah von Claude Lanzmann

1986 14. April: Tod Simone de Beauvoirs in Paris

Quellen- und Übersetzernachweis

Memoiren einer Tochter aus gutem Hause, Rowohlt 1960, rororo 1066, S. 181–184, S. 228–229, S. 254 u. S. 325–331, Deutsch von Eva Rechel-Mertens (Mémoires d'une jeune fille rangée, Gallimard 1958)
Marcelle, Chantal, Lisa ..., Rowohlt 1981, rororo 4755, S. 211–216, Deutsch von Uli Aumüller (Quand prime le spirituel, Gallimard 1979)
In den besten Jahren, Rowohlt 1961, rororo 1112, S. 23–26 u. S. 55–59, Deutsch von Rolf Soellner (La Force de l'âge, Gallimard 1960)
Sie kam und blieb, Rowohlt 1953, rororo 1310, S. 190–196, S. 271–273, u. S. 281–283, Deutsch von Eva Rechel-Mertens (L'Invitée, Gallimard 1943)
Pyrrhus und Cineas in: Soll man de Sade verbrennen?, Rowohlt 1964 und 1983, rororo 5174, S. 256–262, Deutsch von Alfred Zeller (Pyrrhus et Cinéas, Gallimard 1944)
Das Blut der anderen, Rowohlt 1966, rororo 1250, S. 209–214, Deutsch von Klaudia Reinhold (Le sang des autres, Gallimard 1945)
Entstehung der Temps Modernes in: Die Tageszeitung vom 20. 1. 1986, S. 10, Deutsch von Thierry Chervel (Copyright Les Temps Modernes)
Alle Menschen sind sterblich, Rowohlt 1949, rororo 1302, S. 10–11 u. S. 47–49, Deutsch von Eva Rechel-Mertens (Tous les hommes sont mortels, Gallimard 1946)
Amerika – Tag und Nacht, Rowohlt 1950, S. 14–19, S. 32–35, S. 50–51, S. 59–60, S. 295–297 u. S. 365–367, Deutsch von Heinrich Wallfisch (L'Amérique au jour le jour, Paul Morihien 1948)
Das andere Geschlecht, Rowohlt 1951, rororo 6621, S. 8–21, S. 469–472 u. S. 482–484, Deutsch von Eva Rechel-Mertens und Fritz Montfort (Le Deuxième Sexe, Gallimard 1949)

Soll man de Sade verbrennen?, Rowohlt 1964 u. 1983, rororo 5174, S. 38–41, S. 73–75, Deutsch von Alfred Zeller (Faut-il brûler Sade in: Privilèges, Gallimard 1955)
Die Mandarins von Paris, Rowohlt 1955, rororo 761, S. 68–71, S. 315–316, S. 335-337, S. 341–343 u. S. 467–471, Deutsch von Ruth Ücker-Lutz u. Fritz Montfort (Les Mandarins, Gallimard 1954)
Der Lauf der Dinge, Rowohlt 1966, rororo 1250, S. 265–267, S. 417–419, S. 614–616, S. 619–620 u. S. 622, Deutsch von Paul Baudisch (La Force des choses, Gallimard 1963)
Ein sanfter Tod, Rowohlt 1965, rororo 1016, S. 58–60, S. 62-64 u. S. 85–87, Deutsch von Paul Mayer (Une Mort très douce, Gallimard 1964)
Vorwort in: Violette Leduc, Die Bastardin, Piper 1965 u. Rowohlt 1978, rororo 4179, S. 7–9 u. S. 11–18, Deutsch von Walter Tiel (La Bâtarde, Gallimard 1964)
Monolog in: Eine gebrochene Frau, Rowohlt 1969, rororo 1489, S. 64–66, S. 68-71, S. 76–79 u. S. 82–88, Deutsch von Ulla Hengst (La Femme Rompue, Gallimard 1967)
Das Alter, Rowohlt 1972, rororo 7095, S. 240–241, S. 244–248, S. 256–259 u. S. 463–467, Deutsch von Anjuta Aigner-Dünnwald u. Ruth Henry (La Viellesse, Gallimard 1970)
Die Zeremonie des Abschieds, Rowohlt 1983, S. 100–102, S. 138–140 u. S. 159–162, Deutsch von Uli Aumüller (La cérémonie des adieux, Gallimard 1981)
Frausein genügt nicht, Interview in Paris 1982 in: Alice Schwarzer, Gespräche mit Simone de Beauvoir heute, Rowohlt 1983, S. 114–123

Simone de Beauvoir

Romane · Essays · Erzählungen

Das Blut der anderen
rororo 545

Die Mandarins von Paris
Roman
rororo 761

Ein sanfter Tod
rororo 1016

Alle Menschen sind sterblich
Roman
rororo 1302

Sie kam und blieb
Roman
rororo 1310

Die Welt der schönen Bilder
Roman
rororo 1433

Eine gebrochene Frau
rororo 1489

Marcelle, Chantal, Lisa ...
Ein Roman in Erzählungen
rororo neue frau 4755

Das andere Geschlecht
Sitte und Sexus der Frau
rororo sachbuch 6621

Das Alter
Essay
rororo sachbuch 7095

Soll man de Sade verbrennen?
3 Essays zur Moral des Existentialismus
rororo 5174

Simone de Beauvoir

Memoiren · Über Simone de Beauvoir

Memoiren einer Tochter
aus gutem Hause
rororo 1066

In den besten Jahren
rororo 1112

Der Lauf der Dinge
rororo 1250

Alles in allem
480 Seiten. Gebunden und als
rororo 1976

Die Zeremonie des Abschieds
und Gespräche mit Jean-Paul Sartre
August – September 1974
Deutsch von Uli Aumüller und Eva Moldenhauer.
576 Seiten. Gebunden und als rororo 5747

Sartre. Ein Film
Von Alexandre Astruc und Michel Contat.
Unter Mitwirkung von Simone Beauvoir,
Jacques-Laurent Bost, André Gorz, Jean Pouillon
93 Seiten mit 12 Schwarzweißbildern.
Deutsch von Linde Birk. dnb 101

Axel Madsen
Jean-Paul Sartre und Simone de Beauvoir
Die Geschichte einer ungewöhnlichen Liebe
rororo 4921

Christine Zehl Romero
Simone de Beauvoir
rororo bildmonographien 260

Alice Schwarzer
Simone de Beauvoir heute
Gespräche aus zehn Jahren. 1971–1982
rororo 5937

Rowohlt